一遍と中世の時衆

今井雅晴

はじめに

本書は鎌倉時代の一遍と、彼を開祖とする時衆教団の中世の諸相を検討することを目的としてまとめたものである。一遍は延応元年（一二三九）に生まれ、正応二年（一二八九）に五十一歳で亡くなった。彼は強い阿弥陀信仰を有し、三十六歳の時から十数年間にわたって全国を布教して歩いた。家族・衣食住すべてを捨てて念仏のみに生きることを信条としたため、世の人からは捨聖《すてひじり》と呼ばれて尊敬された。やがて彼のもとに弟子入りする者が現れた。彼らのことを時衆という。「時衆」とは個人を指す場合と複数の者（集団）を指す場合とがあり、いずれも区別なく時衆と呼ばれた。やがて時衆は全国に展開した。彼らは単に信仰に生きる人間であったのみならず、新しい文化集団であるとみられ、朝廷・幕府、あるいは貴族・武士、また庶民のなかで種々の役割を果たしていった。彼らの展開の諸相を探ることは、鎌倉時代に誕生した新しい仏教宗派がどのように発展していったのかを見る上で興味深い例を提供することになる。またその諸相をとおして、日本の中世社会の新しい部分が見えてくることも期待できよう。このような成果を期待し、今までに公《おおやけ》にした論考をあらためて検討しつつ、本書を完成させた。以下、本書の構成について説明しておきたい。

「第一章　一遍と時衆の信仰」においては、一遍をどのように把握したらよいか、最近の私の問題関心に即して、捨てる思想（第一節　一遍と捨てる思想）・遊行《ゆぎょう》（第二節　一遍と遊行）・尼（第三節　一遍と時衆の尼および女性）のことなどを中心に検討した。特に第一節から第三節までは、詳しく論証するというより、私の考えをおおまかに述べるといった方式を取った。その次からは厳密に論証していく方式にしている（第四節　一遍と捨身往生の世界）。

「第二章　時衆と他宗派との交流」においては、時衆と禅宗・浄土真宗・浄土宗との交流について検討した。いうまでもなく、時衆はそれ自身だけで中世に存在していたのではない。他宗派との交流や衝突があったはずである。本章では、まず一遍が禅宗でそれと知られた法燈《ほっとう》国師心地覚心に参禅したという伝説について、その事実関係およびその伝説の持つ意味について考えた（第一節　時衆と禅宗――法燈国師伝説考――）。次に一遍の後継者である他阿弥陀仏真教の思想・行動と浄土真宗との関連性について調べた。室町・戦国時代に浄土真宗の勢力がかなり時衆を取り込んだと思われるので、その前提の事がらを検討したいと考えたからである（第二節　時衆と浄土真宗――他阿弥陀仏真教の遊行をめぐって――）。次に中世では浄土宗西山派の流れをくんでいて、近世では時衆に編入されて時衆〈解意《げい》派〉と称した宗教集団について考察した（第三節　時衆と浄土宗――宍戸氏と新善光寺――）。

「第三章　時衆と武将たち」では、時衆が中世の武将やその一族とどのように関わったかについて考察した。まず鎌倉幕府の執権北条氏の有力一族が時衆を保護した気配があるので、そのことを検討した。その一族とは北条義時の弟時房を祖とする人たちである（第一節　時衆と時房流北条氏）。一方、常陸国北部の平安時代末期以来の豪族である佐竹氏も、時衆との結びつきが強かった。その結びつきの具体的なありさまを窺うために、中世前期から後期にかけての佐竹氏のあり方を調査した（第二節　常陸と鎌倉の佐竹氏）。その佐竹氏の時衆との交流を中心に検討したのが次節である（第三節　佐竹氏と時衆）。また佐竹氏傘下の武士たちの間にも、時衆との交流の史料がある。まず佐竹氏の北方の豪族岩城氏の家来であって、しだいに佐竹氏に忠誠を誓うようになった岡本氏について考える（第四節　岡本氏と遊行上人）。次に同じく佐竹氏の家臣であった大和田重清の九州から常陸までの旅日記をもとに、彼と時衆との関係を見ることとした（第五節　大和田氏と遊行上人）。

「第四章　時衆と芸能」においては、時衆がいかに芸能に関わったかを検討する。本来、芸能はすぐれて宗教的な行いだったのであって、僧侶や神官あるいは巫女・遊女たちと強い結びつきを有するものであった。京都の時衆でも特にそれが目立った。本章ではまずこのことを検討する（第一節　京都の時衆と芸能）。また時衆は各地に根ざす伝説の普及に一役買った。時衆が遊行し、または遊行すると思われていたことがそのようにできた理由であろう。本書では小栗判官と照手姫で知られた小栗伝説を取り扱った（第二節　小栗伝説とその展開）。

「第五章　時衆の変質――中世から近世へ――」においては、中世の時衆がどのように近世的なあり方に変質したかを検討した。中世末において、時衆最大の派である遊行派の本山（相模国藤沢にあった）が戦乱のなかで焼失し、一世紀の間復興されることはなく、本山の役割を果たす場所（寺）は各地を転々とせざるを得なかった。本章では、まずその一端を検討した（第一節　相模と常陸の時衆本山「藤沢」）。次に時衆のもっとも大きな特色の一つである遊行が、近世ではどのような様子であったのかを在地の史料も使いつつ考えた（第二節　近世遊行上人の廻国）。

中世の時衆の歴史的研究には常にといっていいほど、一つの障害がつきまとっている。それは記録・文書・日記等の文字に書かれた史料の不足ということである。直接、時衆に関わる史料を探そうとする限り、すぐに行く手をさえぎる壁にぶつかることになる。そこで時衆研究のためには、間接的に時衆のあり方を浮かび上がらせる方法を取らざるを得ない。またそのようにすることによって、逆に中世社会のなかでの時衆の位置を正確に把握していくことが可能となる。

本書でも右のような方法を取っている。たとえば第三章第二節・第三節において、時衆と佐竹氏との関わりを検討するために、佐竹氏の考察に多くの枚数を費やした。同章第四節で岡本氏との関わりをいうためにも、岡本氏のそもそもの発生から説き起こしている。他の章・節でも、多かれ少なかれ同様である。

また、「時衆」と「時宗」というまぎらわしい用語の問題がある。「時衆」とは一遍の弟子、さらにはその系統を引く人たちのことをいう。これは個人であっても複数（集団）であっても同様である。宗派名的な使い方もされている。「時宗」というのは戦国時代ころから宗派名として使われ始め、近世幕藩体制下で確立し、今日に至っている。

本書で扱う中世・近世を通して、個人・複数を対象にして「時衆」もずっと使われていた。そこで本書ではすべて「時衆」と表記することとした。ただし、現代の宗派をいう場合のみ、「時宗」を使ったことをお断わりしておきたい。

私が時衆の調査を始めてからもう三十年になる。早いものである。この間、世の中も変わり、学界の問題関心も少しずつ変化した。私自身についても同様である。今後、一遍と時衆の研究はどのような方向に進んだらよいのか、そのようなことも考えながら本書をまとめた。本書を出版することができたのは、大蔵出版桑室一之氏の熱心なお勧めによるものである。お礼を申し上げたい。

また原稿の整理・校正等に筑波大学博士課程大学院生の阿部能久君と小山聡子さん、および筑波大学日本語・日本文化学類学生の黒田義道君の手をわずらわせた。あわせてお礼を申し上げたい。

一九九九年一〇月二〇日

今井雅晴

一遍と中世の時衆　目次

第一章　一遍と時衆の信仰

第一節　一遍と捨てる思想

(1)　一遍の修行

一遍が活躍したのは、鎌倉時代のなかばから後半である。ちょうど蒙古の二度にわたる襲来に日本が動揺していたころ、一遍は三十六歳のときから十六年間にわたって各地をめぐった。そして念仏を説いた。それは九州南端の大隅国から奥州江刺（岩手県北上市）にまで及んだ。一遍は遊行の聖《ひじり》とも呼ばれ、また捨聖とも称されて、多くの人びとをひきつけた。彼の弟子たちを時衆といい、その勢力はやがて大教団を作り上げるに至ったのである。では一遍にはどのような魅力があったのであろうか。

一遍が生まれたのは延応元年（一二三九）であった。[1] 場所は伊予国道後、現在の愛媛県松山市の市街地の東のはずれ、道後温泉街を通り抜けたところにある時宗宝厳寺《ほうごんじ》が、一遍の誕生地であると伝えられている。父は河野通広といい、そのころ全国に知られていた瀬戸内海の海賊（水軍）である河野一族出身の武士であった。[2]

しかし一遍が生まれた時代には河野氏は没落していた。彼らは、承久三年（一二二一）の承久の乱で鎌倉幕府方に対抗する朝廷方に味方して敗れ、一族は悲運のドン底に落ちていた。一族の者はあるいは討たれ、あるいは流され、領地の多くは奪われていた。このなかで辛うじて残った一人である河野通広の次男が一遍である。通広は、かつて京都で浄土宗西山《せいざん》派の祖である証空に入門していたことがあり、法名を如仏といった。一遍の母は、十歳のときに亡くなった。

これらの状況のなかで、一遍は十歳のときに出家した。やがて九州太宰府において、十余年の間、浄土宗西山派の華台《けだい》や聖達《しょうたつ》という僧に学んだ。彼らは証空の門弟で、如仏のかつての同輩である。正確にいえば、一遍は証空の孫弟子にあたる。これを系譜で示せば次のようになる。

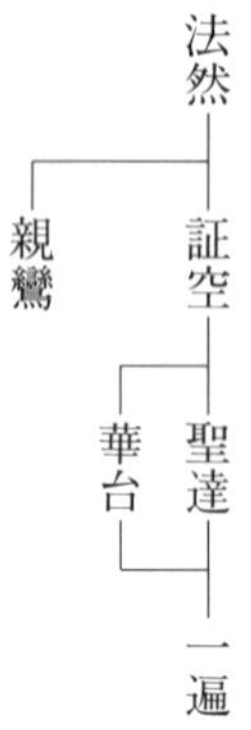

一遍は、二十五歳のときに父が亡くなったとの知らせを受けて帰国、そのまま還俗《げんぞく》してしまった。還俗した理由はわからないが、結婚し娘も生まれた。そして十年近くが過ぎ、再び出家の生活に入った。新たに各地で修行し直し、文永十一年（一二七四）、三十六歳のときから本格的な念仏普及の旅に出たのである。彼はこれから五十一歳で兵庫の観音島（神戸市）で亡くなるまで、住居を求めず、足に任せて全国をめぐり歩いた。はじめ四年間はたった一人で、あとの十二年間は、縁によって入門してきた数十人の門弟（時衆）とともに集団で念仏を説いてまわった。

既成教団に本拠を置かない民間の僧を聖というが、一遍はそのなかでも念仏に重きを置いて生きた念仏聖である。また、教えのために各地を歩きまわることを遊行《ゆぎょう》というので、一遍は遊行の聖ともいわれた。さらに一遍は、念仏以外は救いのために不必要であると、すべてを捨てることに徹したので、捨聖とも呼ばれている。一遍は家を捨てている。なぜそのようにしなければならなかったのだろうか。まず一遍の念仏信仰について見てみよう。

財産を捨て、身にはぼろをまとい、十六年間ひたすら歩き続けた。この行動をとる最後の決断として、妻子を捨て

⑵　一遍の名号信仰

文永八年（一二七一）、再出家した一遍は信濃国善光寺に参籠し、最初の安心《あんじん》（悟り）を得ている。三十三歳であった。善光寺は古代から大きな勢力を有していた。伝によれば、本尊は欽明天皇のときに百済《くだら》の聖明王から献上された三尊仏である。最初は宮中に安置されたが、のちに悪疫流行の禍根とみなされ、摂津国難波の堀江に捨てられた。それを善光なる人物が拾い、現在の長野市の地まで背負ってきて寺を建てて安置したのが善光寺の始まりであるという。

本尊の如来は日本に初めて渡来した仏であるという伝説がある。また三国伝来（インド・中国・日本）の生身の阿弥陀如来でもあるとされた。つまり西方十万億土のかなたの浄土に住むのではなく、善光寺に住んで衆生を救っている現在仏であるという。さらには信仰生活上の重要な指針を与えてくれる仏としても知られる秘仏である。この善光寺に参籠して安心《あんじん》を得た一遍は、感じるところがあって「二河白道《にがびゃくどう》」の図を描いている。

「二河白道」というのは、善導の著書である『観無量寿経疏』のなかに示されている、念仏信仰に入ることを勧める比喩である。それは次のような内容である。救いを求める衆生が、人間のむさぼる心〈貪愛〉を喩えた青い水の河と、怒り憎む心〈瞋恚〉を喩えた赤い火の河に悩まされながら、中間の四、五寸ばかりの狭い幅の白い道を通り、東岸（穢土）から西岸（浄土）へ渡ろうとする。このとき、釈迦が東岸に立ち、阿弥陀仏が西岸にいて、二つの河の恐ろしさにひるむ衆生に対し、白道を渡るように励ますのである。一遍は、

中路の白道は南無阿弥陀仏なり。水火の二河は我等が心なり。二河にをかされぬは名号《みょうごう》なり。

と説いたという（『一遍上人語録』巻下二十二）。
一遍の信仰は、現世に対するすべての執着を捨てて、現在ただ今を臨終の時と心得、ひたすら念仏を称えよう、という内容である。彼は文永八年（一二七一）秋から三年間、伊予国窪寺に籠もって念仏生活を続けており、このときに「十一不二の頌《じゅ》」を作っている。それは、次のような頌である。

十劫正覚衆生界　一念往生弥陀国
十一不二証無生　国界平等坐大会

「十劫の昔に阿弥陀仏が覚りを得たのは、衆生を救おうとの誓いの結果で、衆生は一声、南無阿弥陀仏と称えれば極楽浄土に往生できる。これは生死《しょうじ》を超えた覚りの世界があることを証明している。衆生は穢土・浄土どこにいても阿弥陀仏の法会の席に座していることになる」

また一遍は文永十一年、紀伊国の熊野本宮証誠殿参籠後に、「六十万人の頌」を作っている。

六字名号一遍法　十界依正一遍体
万行離念一遍証　人中上々妙好華

「南無阿弥陀仏の六字名号は宇宙に遍《あまね》く行き渡り、すべての世界の物質は偏《ひと》えに同じである。名号修行は一番すぐれていることが証明されており、これを修行する者こそまさに泥の沼から咲くすばらしい白蓮華にもたとえられる」
同じとき、一遍は「六字無生の頌」も作っている。

六字之中　本無生死
一声之間　即証無生

「南無阿弥陀仏の六字名号のなかには、生死を超越した悟りの世界がある。これを一声称えればたちまち救いの世界が現われる」

このように、一遍がいかに「南無阿弥陀仏」の六字名号を絶対の存在と考えていたかが分かろう。

この一遍の念仏は、同じ阿弥陀信仰でも、法然や親鸞の信仰とは少しく異なっているといわねばならない。法然は救われるためにはひたすら南無阿弥陀仏と称えよ、と説いた。一日に五万回、あるいは七万回も称えよと教えたのである。いわば人間の努力を要求した。親鸞は、阿弥陀仏の救済の力の偉大さを讃え、その力を信じたときに救いがあるとした。念仏は救われた喜びに思わず口をついて出る感謝の表現である、とも説いた(3)。

これに対し、一遍は「南無阿弥陀仏」の不可思議な救いの力を強調した。そして、救われるためには念仏以外はすべて不必要であり、むしろ邪魔であって積極的に捨てていくべきものであるとしたのである。

(3) 捨聖一遍

鎌倉時代の人びとが一遍にひきつけられた大きな理由の一つは、念仏を称える「捨聖」であったことである。なぜ「捨てる」思想がこの人間の魅力であったのか。一遍は捨聖となる最後の決意を固めるため、妻子を捨てている。彼は家・財産を捨てて遊行の旅に出たとき、はじめは妻子と召使(下人)を伴っていた。しかしばらくして、それではすべてを捨て切ったことにはならないと、彼らと別れて一人になったのである。一遍の伝記絵巻である『一遍聖絵』に、

今はおもふやうありて同行《どうぎょう》等をもはなちすてつ。

と、強い調子でいい切ってある。その理由について、一遍は次のようにいっている。金沢文庫本『播州法語集』に次のようにある。この書物は一遍の語録である。

念仏の機に三品あり。上根は妻子を帯し家にありながら着せずして往生す。中根は妻子をすつといへども住所と衣食とを帯し着せずして往生す。下根は万事を捨離して往生す。我等は下根の者なれば、一切をすてずばさ

だめて臨終に諸事に着して往生を損ずべきものなり。

「念仏を称える人間には、往生できるかどうかの能力に三種類ある。もっともすぐれた能力のある者（上根）は、妻子を持っていて住居があり、着物や食べ物を普通にしていても、臨終の時それらに執着することなく念仏を称えることができて、無事に極楽往生ができる。その次の能力の者（中根）は妻子は捨てなければならないが、住居を所有して、着物や食べ物は普通にしていても、同様に臨終にそれらに執着することなしに念仏を称えることができて、極楽往生できる。

しかし、まったく能力のない者（下根）は普段からすべてを捨てていなければ、未練が残って臨終に念仏を称えることができず、往生できない。自分は下根の者であるから、すべてを捨てる生活をしなければ極楽往生に失敗してしまう」

以上のように一遍は説いている。

執着心こそ恐ろしい。妻子・住居・衣食は、臨終に望む人間の心を惑わせる。それは、極楽へ行きたいという気持にためらいを生じさせる。臨終のときに、妻子と別れたくないとほんの少しでも思ったら、極楽へは往生できない。一瞬の間、念仏を忘れ、その一瞬に地獄に堕ちるかもしれない。また一瞬、この気分のいい家にもう少し住んでいたいと思ったなら、同じ結果になる。

中世の人間は、地獄は現実に存在すると考えていたし、それに対する恐怖は、今日からは想像できないほどである。地獄に堕ちる結果にならないよう、あらかじめすべてを捨てておかねばならない。一遍は、衣食住は捨てている。最後に残ったのは妻子である。こうして、捨聖として徹底するために妻子を捨てた。

ところで捨聖一遍に鎌倉時代の人びとが魅力を感じたのは、来世の極楽往生に希望が見いだせる、という理由からだけだったであろうか。捨てることは悲しく、辛いことであっても、一遍に共鳴した人びとは、来世での極楽往生を夢見て、現世のすべてを犠牲にしていたのであろうか。しかし、どうもそうではなかったようである。「捨てること」をめぐるこれらについて、昔の人間は現代人とは異なる感覚を持っていたように見える。

(4) 捨てる喜び

実をいえば、彼らにとって、捨てることは喜びであり、捨てることはうれしいことであるという気持が強かったのである。[4] 捨てることは、最終的な心の平安という結果をもたらすと彼らは考えていた。すべてのものを捨て尽くし、否定し尽くしたその最後に訪れる心のやすらぎこそ、求めるべきものであった。財産があっても、家族で奪い合ったりする。家族であっても、仲が悪くなって争ったりする。衣食住・家族があることが苦しみの原因となるのである。

人間生活において、物質的に豊かな方が貧しいことよりすばらしい、という考えが日本で支配的になったのは、十六世紀末、桃山時代あたりからなのである。一遍の時代には、貧しさは望むべき状態であったのである。もちろん、豊かな方を好み、贅沢をした者がいたことも事実である。しかし、社会全体として支配的だったのは貧しさであった。豊かさは人間を不幸にするということであろう。貧しさにつながる倹約が大切にされ、贅沢は嫌われた。いろいろな物を捨てるのは、はじめは物質的・精神的に物足りないかもしれないけれど、捨て尽くすと心のやすらぎが訪れる。もう不安になる要素がないということであろう。捨てることは、その気になれば苦しいことでもなければ辛いことでもない。捨てることは幸せに至る唯一の方法であるから、不幸ではない。

一遍は、その捨て切った心境を次のように和歌で表現した。

おもふこと　みなつきはてぬ　うしとみし
よをばさながら　秋のはつかぜ

「現世のことでいろいろ思い悩んでいたことは、すべて捨て切ってしまった。現世は憂いに満ちた世界と思っていたが、まるで今の秋風のようにさわやかな世界であった」

また、同じ境地を、淡路の二宮に参詣したときに次のように歌っている。

名にかなふ　こゝろはにしに　うつせみの
　もぬけはてたる　声ぞすゞしき

背景に何もないすずしさこそ、一遍にとっての捨て切った後の境地であった。

しかし同じく一遍の和歌に、

捨てやらで　心と世をば　なげきけり
　野にも山にも　すまれける身を

とあるように、捨て切るのはとても難しいものである。そこでなおさら、それを実行しつつある捨聖一遍に、尊敬の念が集まったのである。

(5) 踊り念仏

一遍の「捨てる」思想は、単に来世の極楽往生のためばかりではなかった。現世の心の平安をもめざしていたのであった。鎌倉時代の人びとは、二つの魅力を持つ一遍にひかれたのである。

ところで、一遍の信仰の特色の一つに、踊り念仏がある。これは踊りながら念仏を称えることである。念仏を称える喜び、救われた喜びを表現したものであるという。これがまた、一遍の人気増大に大いに役立ったのである。

一遍は弘安二年（一二七九）信濃国で踊り念仏を始めた。その時の様子が『一遍聖絵』に絵と詞書で描写されている。ある武士の館の庭である。庭には、老若男女の時衆と俗人あわせて三十人近くが描かれている。館のなかには敷きつめた畳のうえに主人とその妻が座っている。縁側の端には家来が一人いる。縁側の中央には、一遍が主人夫婦に背を向けて立ち、左手に鉢を持ち、右手でつかんだ箸で叩いて拍子を取っている。うれしそうな一遍の表情と体全体を覆う躍動感。

庭には、ひたすら念仏を称え、踊る時衆の姿。なかの一人は鉢を叩き、もう一人はささらを、さらにもう一人は笊《ざる》を叩いている。彼らは一遍以上に興奮している気配である。烏帽子をかぶった武士も何人かいっしょに踊りまわっている。地面を踏みしめているのではなく、躍りあがっている。皆、はだしである。あごをあげて空を見るような姿勢で念仏を称える者。そうでなくともあごと首を前に突き出している者が多い。時衆も俗人も、まさに愉悦の南無阿弥陀仏の世界である。

当初は自然発生的であったらしいが、念仏普及に非常に効果的であると気づいた一遍は、以後、おりに触れて踊り念仏の会を催すようになった。そしてこれもまた、一遍の魅力となって鎌倉時代の人びとはひきつけられていったのである。そして踊り念仏は日本中に広がった。それは当時の社会が蒙古の襲来によって動揺し、不安が増していた時期であるという事情もあった。

後世、踊り念仏は出雲のお国の念仏踊りを生み出した。一遍ののち三百年もたった安土桃山時代である。念仏の信仰が華やかな芸能に変わったのである。広場に櫓を組んで行う盆踊りの発生も、一遍の踊り念仏の影響である。もっとも、一遍の踊り念仏が社会に大きな影響を与えた結果、一遍を批判する声もあがった。それはすでに『一遍聖絵』や『遊行上人縁起絵（一遍上人絵詞伝）』に記されている。『一遍聖絵』第四巻には、延暦寺東塔桜本の重豪が一遍に向かって踊りながら念仏を称えるのはけしからんと非難したとある。一遍はこれに対して、

はねばはねよ　をどらばをどれ　はるこまの
のりのみちをば　しる人ぞしる

と歌で答えた。すると重豪も、

心ごま　のりしずめたる　ものならば
さのみはかくや　おどりはぬべき

と歌で問いかけると、一遍は、

ともはねよ　かくてもをどれ　こゝろこま
みだのみのりと　きくぞうれしき

と重ねて歌で返答している。

一遍没後六年目の永仁三年（一二九五）に著された『野守鏡』では、二点にわたって踊り念仏を非難している。第一点は、踊り念仏の教理上の根拠にあげている『無量寿経』の「踊躍歓喜《ゆやくかんぎ》」の文を誤って解釈している、というものである。実際に踊りだしてはいけないのだという。第二点は、踊り念仏を行う者たちが風俗的・道徳的に乱れているということである。この第二点は永仁四年に成立した『天狗草紙』でも同様である。またこの書物では「天狗の長老一遍房」と、一遍をまともな僧侶とは認めていない。

永和三年（一三七七）成立の『破邪顕正義（鹿島問答）』でも踊り念仏を批判している。一遍と時衆は新しい信仰を掲げ、社会に大きな影響を与えていた。このような新興勢力は、いつの時代でも既成の宗教教団やそれと密接なつながりのある権力者から攻撃されやすい。一遍と時衆は厳しい宗教生活を送っていたが、踊り念仏は自由奔放な印象であった。そこでこの点に攻撃が集中されたのである。

注

（1）拙著『時宗成立史の研究』（吉川弘文館、一九八一年）八頁。

（2）従来、河野氏は同じく伊予国の豪族越智氏の分流であり、推古天皇の時代に活躍した越智益躬の業績が喧伝されてきた。しかし、河野氏は越智氏の分流ではないこと、益躬は承平・天慶のころの人物とみられるとする画期的な研究が出た。詳しくは浅野純以『一遍上人と大三島』（私家版、一九九九年）七四頁以下。

（3）拙著『親鸞と東国門徒』（吉川弘文館、一九九九年）二七頁。

（4）拙著『捨聖　一遍』（吉川弘文館、一九九九年）。

第二節　遊行の誕生

(1)　遊行と旅

踊り念仏が一遍の第一のイメージであるとしたら、第二のイメージは遊行であろう。「遊行」と漢字で書いて「ゆぎょう」と読む。むずかしいことばである。意味は「僧侶が修行のために各地をめぐり歩くこと」である。もともと仏教で作られたことばである。インドや西域で作られた仏教経典が中国語に翻訳されたときに、遊行という二字の熟語が生まれたのである。また仏教が中国から朝鮮半島、日本と移ってくるに従い、遊行の意味が多少変化した。その結果の一つが一遍の遊行である。

遊行とは、現代風に旅といいかえてもよいのであるが、遊行には何かもっと違った不可思議な魅力が感じられる。人の心をひきつけてやまないような。現代の日本人は、もう古代や中世の人たちが遊行ということばに抱いた感覚がわからなくなってしまった。遊行……この二文字を分けて考えれば、「遊び」「行く」ということになる。たいした意味でもなさそうだ、ということになる。旅といいかえてもよいと書いたのは、このような観点からである。

もちろん旅が今日の私たちの生活にとって重要な意味をもっているのは明らかである。ここ何十年間かの日本の発展を支えてきた私たち。その発展と引き替えに現代社会はストレスの多い社会となってしまった。いくら気をつけても、日常生活のなかではストレスがたまる。そしてついには家庭や仕事を捨てて飛び出したい人がたくさんいる状態になってしまった。飛び出しっきりにならなくとも、しばらくの間行方不明になりたい人はもっといるだろう。家庭に疲れ、仕事に疲れ、多くの人はそれでも踏み止まっている。決心して、あるいは、ふらふらっと家を出てしまっている人は、現在もいるはずである。七百年前の一遍もそうであった。

元気を回復させるために旅に出るのが、普通の現代人にとってできることのせいぜいである。それでも、知らない所へ行って風景を楽しんだり、思わぬ人情に触れたりするのもうれしいことである。こうして現代人にとって、できることのせいぜいであるといっても、旅には毎日の日常生活を維持するうえで重要な役割がある。

ところで、「遊行」ということばのなかには現代人が忘れてしまった重要な意味があるというのは、かつて「遊ぶ」というのは単なる気晴らしではなかったのである。

(2) 神聖な「遊ぶ」

「遊ぶ」の本来の意味は、「神・仏に対する呼びかけ」であり、「神・仏に尽くすこと」であった。神・仏に呼びかけ、心からなる誠を尽くし、悩みを聞いてもらう。そして助けてもらい、恩恵を与えられることを願う。つまり、「遊ぶ」とは、本来、神に捧げる神聖な行いであった。神に対して、きれいな声で妙なる歌をうたい、音楽を奏し、天上から降りてきてもらって願いごとを聞いてもらうのである。巫女《みこ》の仕事でもある。(1) 平安時代から鎌倉時代に目立つ白拍子などの遊女も、この巫女と同様の役割を果たしていたという説もある。現代の庶民ならば、神社の前でお賽銭を投げ、鈴を鳴らして柏手を打つというところであろう。

もちろん、仏教と神道(神祇信仰)とは違う。それが融合して機能していたのは、神仏混淆《こんこう》ということばがあるように、歴史的に明らかである。仏教は無神論であって、神道の神に相当する存在はないといっても、現実には救い主的な仏が数多く存在してきたのも明らかであろう。今日でも葬式などの法要のときに、香を焚く。これは本尊の仏に対する奉仕なのである。仏さまによい香りで気分よくなってもらって、私たちに恩恵を授けてもらおうという目的からである。私たちの気分がよくなるためではない。お経をあげるのも同じ目的である。いってみれば、これらも神に対するのと同じくすべて「遊び」である。「遊び」は神・仏に近づく神聖な行いである。

こうして中世に生きた一遍にとって、「遊び」「行く」遊行は単なる旅ではなかった。阿弥陀仏に近づき、彼自身の救済を求める行動であった。そしてそこには限りない魅力があったのである。現実の世界に生きていながら、現実を超越した世界に入る。日常の世界にありながら、ひらけてくる非日常の世界。不可思議な世界に入り込む魅力。この魅力に取りつかれたのは一遍だけではなかった。一遍に帰依した多くの人びとや、さらに進んで彼のもとで出家し、遊行をともにした時衆の存在を見れば、それは明らかである。遊行は中世人にとって心惹かれる行動であった。(2)

しかしもちろん、遊行は普通の意味で楽しい行いではない。実際には毎日毎日野山を歩きまわり、野宿することも多いのである。食べるものが手に入らないこともあるだろうし、着ているものはしだいにボロボロとなる。ロマンチックな生活ではない。苦行ともいえよう。一遍はこの遊行で十六年間を過ごし、そのまま五十一歳で亡くなった。では彼はなぜこのような遊行の世界に身を投じたのであろうか。それは前項で述べた彼の捨てる思想に基づくのである。衣食住や家族という現世の執着をすべて捨て切って念仏だけに生きることは、来世の極楽往生を期す行いであると同時に、現世での究極の心の平安を得るためのものであった。遊行は衣食住のうちで特に「住」や家族を捨てることに関わる行動であった。

(3)　時衆の成立

もともと感受性の強かった一遍は、徹底的にすべてを捨てて念仏のみを擁して遊行の世界に入った。当然ながら、初めは一人きりの遊行であった。四年間にわたり、おもうさま遊行をした。『一遍聖絵』第四の第一段には、そのありさまを、九国修行の間はことに人の供養などもまれなりけり。春の霞あぢはひつきぬれば、無生を念じて永日を消し、夕の雲ころもたえぬれば、慚愧をかさねて寒夜をあかす。かくて念仏を勧進し給けるに、僧の行あひたりけるが、七条の袈裟のやぶれたるをたてまつれりけるを、腰にまとひて只縁にまかせてすゝめありき給けり。山路に日くれぬれば、苔をはらひて露にふし、渓門に天あけぬれば、梢をわけて雲をふむ。

と記述している。

ところがしだいに入門を乞う者たちが現れてきた。そこでとうとう、彼らの弟子入りを認めて一緒に遊行をすることにした。建治三年（一二七七）のことである。この弟子のことを時衆という。正確にいえば、時衆というのは一遍の造語ではない。それ以前から阿弥陀信仰の集団で使われていた。「一日六時に念仏を称える人びと」という意味である。阿弥陀信仰では一日中念仏を称えているのが理想である。しかし個人ではとてもそんなことはできないので、何人かで時間を決めて分担する。仏教では一日を晨朝《じんちょう》（朝）・日中・日没・初夜（宵の口）・中夜（夜中）・後夜（明け方直前）の六つの「時」に分けている。一つの「時」は、四時間ということになる。そのそれぞれの「時」に念仏を称える役の僧が時衆である。「時衆」の語の史料上の初見は、正嘉元年（一二五七）に成立した『私聚百因縁集』第九巻の「法然上人事」に、法然が在世中の建久七年（一一九六）、京都東山で二十一日間の念仏会を行い、「時衆十二人」を置いたとあるものである。『黒谷源空上人伝』にも、天台座主の顕真が「十二人の時衆」を置いて不断念仏を行ったとある。

一遍が念仏を重視したのは間違いないが、彼はもう少し異なる意味で時衆ということばを使ったようである。「常に現在ただ今を臨終の時と思って念仏を称える者」という意味である。彼は現在の一瞬一瞬を臨終の時と考え、油断なく念仏を称えるように努力していたのである。あるいは、現在の「時」に念仏している者、という意味であるとの説もある。一遍自身は「時衆」の意味について何も書き残していないので、正確には分からないのであるが、いずれにしても熱心に、ひたすら念仏を称える者ということで使われた用語である。

一遍は男性（僧）の時衆には法名として阿弥陀仏号を与え、他阿弥陀仏・其阿弥陀仏などと名のらせた。女性（尼）の時衆には仏房号あるいは一房号を与え、明仏房・明一房などとした。

こうして遊行の僧尼である時衆が成立した。前述のように、一遍も含めた時衆の集団も時衆と呼ばれ、多い時には僧尼合わせて数十人が集団で遊行していたのであるから、見知らぬ人にはかなりの迫力であったろう。なにせ衣が破れている者も多かったのであるから。その様子は『一遍聖絵』や『遊行上人縁起絵』の絵の部分に明らかである。この遊行の集団が社会的認知を受けるには、しばらく時間がかかった。しかし単なる旅ではなく、神仏に近づく神聖な行いを続けていた一遍と時衆は、やがて世間の人びとに歓迎されるに至るのである。

(4) 同時代に生きた一向俊聖

一遍と同時代に活動し、同じような念仏の信仰に生きた一人に一向俊聖《いっこうしゅんじょう》がいる。法然の門流の最古の系譜とされる『法水分流記』に、「一向、俊聖・筑紫草野一族・弘安十十一十八亡」とある人物である。『一向上人伝』によると、一向俊聖は暦仁二年（一二三九）に筑後竹野荘に草野永泰の次男として生まれた。幼名は松童丸。寛元元年（一二四三）、播磨国書写山にのぼり、八年後に出家した。翌年奈良に行って修行する。正元元年（一二五九）、関東の浄土宗鎮西派第三代然阿良忠《ねんなりょうちゅう》に入門し、以後十五年にわたって念仏の教えを学ぶ。

文永十年（一二七三）一向は良忠のもとを辞し、遊行に出る。九州から四国、中国地方とめぐり、弘安六年（一二八三）には京都に入った。さらに北陸を遊行し、翌年近江国坂田郡馬場《ばんば》（番場）米山の麓の草堂で、畜能と畜生の二人に出会った。その二人の要請で同所に住むことになり、弘安十年（一二八七）十一月、立ったままで亡くなったという。

同じく『一向上人伝』によると、一向俊聖は遊行や踊り念仏を行い、弟子たちを時衆と呼んでいる。考えてみれば一向は一遍と同じ年に生まれたとされているし、幼名も一遍（松寿丸）と同じような名である。その他のことも含めて、一遍の行実に酷似した内容が非常に多い。一遍を高く評価するなら、一向も無視すべきではないとされるのはもっともともいえる。

しかし一向に関する伝記である『一向上人伝』には、嘉暦三年（一三二八）の奥書があるが、その筆写本は元禄三年（一六九〇）以後のものしかない。一向俊聖に関するそれ以前の記録はまったくない。したがって一遍の行実を参考にして『一向上人伝』がまとめられた可能性がないとはいえないであろう。また江戸時代の『時宗要略譜』には、一向俊聖は一遍の門弟であると記述されているが、その確証はない。いずれにしても、現在までのところ、一向俊聖は一遍とほぼ同時代に活動し、似たような内容の信仰を持っていたらしい、とだけいえる。

注

（1）佐伯順子『遊女の文化史——ハレの女たち——』（中公新書、一九八七年）三一頁以下。

（2）拙著『一遍——放浪する時衆の祖——』（三省堂、一九九七年）一三三頁以下。

第三節　一遍と時衆の尼および女性

(1)　錯覚と研究の進展

私たちは、今から数百年以上前の鎌倉時代の日本人と同じ日本列島の上に住んでいる。そのためか、過去の時代の人びとのことについて錯覚し、誤解してしまうことも多い。単純な言葉ひとつとっても、そうである。例えば、現代語で、過去のことを指す「当時」という単語も、鎌倉時代は「今」「現在」という意味であった。当腹の嫡子といえば、夫の現在の正妻の嫡男という意味であり、当今といえば、現在の天皇という意味であったのである。鎌倉新仏教の研究においても、同じようなことがいえる。いわゆる悪人正機説は親鸞独自の思想であると、かつてはほとんどの者が錯覚していた。しかし近年、それは親鸞の専売特許ではなく、法然の弟子たちの間に広まっていた考え方であったという新説が現れた(1)。重要な研究の進展である。

鎌倉新仏教の研究史上には、もうひとつ重大な錯覚がある。それはそれまでの仏教では救済の対象外であった女性が、法然や一遍らの僧侶によって救われた、とする見方である。これは再検討されなければならないのである(2)。それまでの社会では、男性が救われていて、女性は救われていなかった、女性は気の毒な存在であるとするのは、錯覚である。宗教は、何も仏教だけではなかったのである。日本古来の神祇信仰を忘れてはなるまい。

また、はたして法然や一遍は一方的に女性を救うだけであったろうか。女性は信仰上まったく無力で、法然や一遍に与えるものは何もなかったのであろうか。実をいえば、これも錯覚であろう。法然や一遍の活動した平安時代から鎌倉時代に、女性が社会的・家庭的に大きな権利を持っていたのは歴史研究上、すでに明らかにされている。

信仰面に限り、主体的な力を持っていなかったとは、とても考えられない。
法然や一遍の立場から考えてみよう。彼らは女性から何を教えられ、どのように助けられたか。まず結婚していたことが明らかな一遍から検討する。

(2) 一遍と妻

今まで、一遍とその妻についての語られ方はどうであったか。一遍は十歳のときに出家し、故郷の伊予国や九州太宰府で浄土宗西山派の修行を積んでいた。しかし二十五歳のときに父が亡くなって故郷に帰ったのをきっかけにして還俗《げんぞく》し、結婚した。還俗した事情についてはよくわからない。一遍は熱心な修行僧だったようであり、僧侶としての人生が嫌だったのではない。その証拠に、還俗し結婚してからも頭はまるめたままであり、実際に念仏修行の生活を続けていた。つまり、僧侶と俗人とを区別する「還俗」という概念はあまり意味がなかったというべきであろう。妻を持った、いわゆる妻帯僧など、珍しくもなかった時代である。

ところが、結局のところ一遍には俗人の生活が性にあっていなかった。彼としては耐えられない、泥にまみれた体験もあったらしい。一説によれば、一遍には二人の妾があり、愛欲をめぐる女同士の嫉妬に嫌気がさしたという。男一人を奪い合う女の争いのなかに巻き込まれれば、やがては地獄に堕ちようというわけである。彼女たちを捨てて一遍は再び出家したというのである(『北条九代記』)[3]。

しかし堕地獄の危険からするりと逃れた一遍はいいとして、残された妾たちはどうなったのであろうか。また次のような話もある。三十代半ばで再出家した一遍は、全国修行の旅に出た。このとき、彼は妻と娘および下人の合わせて三人を連れていた。家族・家来同伴の修行生活である。もちろん、こんなことをしていたのでは徹底した念仏修行はできないと、やがて彼女たち三人を捨ててしまう。女や家族に対する執着は、地獄に堕ちるもとという。家を捨て家族を捨てた一遍は、思うさま、孤独となって修行に励む。何年かのち、一遍は世に知られた僧となる。一遍の妻は、その人生にとって何の役にも立たなかったことになる。では、捨てられた妻と娘に救いはあったのであろうか。

一遍は、人生のすべての問題は男女間の執着から起きると考えた。常に念仏を称え続けていかなければいけない一遍にとって、執着はいざ臨終というときに念仏を称えそこなう原因となるというのである。女性のことを想って念仏を称え忘れ、当然、極楽へ行けなくなる。

思い起すまでもなく、両親の交わりがなければ一遍のこの世における存在はなかったのである。加えて、一遍自身も執着の強い人間であった。ここに一遍の強い悩みがあったといえよう。それだからこそ、すべてを捨てることを強調し、捨聖と呼ばれたのである。

しかしその後、一遍が積極的に女性の救済を説いているようにみえるのは、いったいなぜであろうか。また、多数の女性の弟子を引き連れているのはなぜであろうか。一遍は数十人の門弟（時衆）を連れて全国をめぐった。これらの門弟のうち、実に半数は女性（尼）なのである。この理由を、鎌倉仏教史の通説のように、一遍の「女人救済」で説明するだけでよいのであろうか。それにしては『一遍聖絵』や『遊行上人縁起絵』に時衆の尼たちが大きく、存在感をもって描かれすぎていると思われる。つまり、尼は必ずしも脇役ではないのである。

発想を転換させてみれば、次のようになる。修行者であり、布教者である一遍にとって、女性である尼は必要な存在であったのである。念仏者集団のなかで、なぜ女性が必要であったのか。これは観想念仏より称名念仏の方がなぜ日本で広まったかという理由を考えれば解答が出てくる。心のなかに念じる念仏ではなく、声に出して称える念仏である。

多くの者は、難しい教理によって念仏信仰に入ったのではない。「南無阿弥陀仏」と称える妙なる声音に魅了されて、ありがたく感じ、念仏の道に引き込まれたのである。

すでに古代から、妙なる歌声（定型化されたメロディーがあるという意味ではない）は人間から神仏への願いの橋渡し役であった。そしてそれを担ったのは巫女―女性であった。一遍の念仏集団は、庶民から見れば、歌声の集団という意味を十分に持っていたのである。そのゆえにこそ、きれいな声で念仏を歌うように称える時衆の尼は、仏に近づくための重要な存在であった。神祇信仰（神道）の巫女と似た役割を果たしていたと思われる。一遍は妻を捨てたけれど、女性は必要であった。見方を変えれば、一遍の念仏集団にとって、女性こそが主役であったともいえるのである。

(3) 法然と恋人

一遍にとって女性が必要欠くべからざる存在であったとして、では法然の場合はどうであろうか。法然のイメージは念仏僧であるとともに、清僧《せいそう》である。彼は戒律を厳しく守り、結婚もせず、正統的な生き方をした。戒律を守っていたことが、その幅広い人気の一因であった。九条兼実の日記『玉葉』建久二年（一一九一）九月二十九日条に、

近代名僧等、不知一切戒律事、（中略）近代上人皆学道、又有効験

「最近の僧侶たちは皆堕落しているが、法然上人だけは誠に立派で、彼の祈禱は効果がある」と、ほめてある。近代上人というのが、この場合、法然のことである。法然の弟子は数百人以上もいた。

では法然は一遍が問題にした男女間の機微がわかっていたのであろうか。戒律を守り、結婚もしなかった法然は、自分自身、このことにフタをしたままであったのか。誤解のないようにいっておけば、結婚の経験がなくとも、このことに十分発言できる人はいる。法然はどうであったのか、という問題である。

考えてみると、私たちは法然に清僧のイメージを押しつけすぎてはいなかったであろうか。清僧の生活を強制し

てはいなかったであろうか。ところが近年の石丸晶子氏の研究によると、法然には恋人がいたという。相手の女性の名は式子内親王という。(5) 彼女は仁平三年（一一五三）ころの生まれで、後白河天皇の第三皇女である。六、七歳のころに賀茂の斎院となり、十一年間勤めた。小倉百人一首に出る情熱的な恋の歌人である。法然よりも約二十歳年下であった。

このころ、天皇の皇女である内親王は臣下とは結婚できない決まりで、しかも結婚対象の有資格者たる皇子たちは皇位継承を予測される者を除いて、多く子どものうちに出家させられた。したがって内親王の相手がいない。驚いたことに、平安末期の院政時代百年の間に内親王は三十三人生まれたが、結婚できたのはわずか一人であった。式子内親王も、独身であることが要求される賀茂斎院の任務が終わっても、独身でいなければならなかった。彼女は、情熱的な心を持ちながら、表面的には穏やかで、しかし退屈で虚しい日々を送っていた。

法然がこのような式子内親王に出会ったのは、恐らく五十代半ばである。式子内親王は三十代半ばということになる。戒律堅固の清僧として知られた法然は、しかしながら人一倍温かい人間性を有していた。二人は初めて会ったときからお互いに強くひかれるものを感じた。その気持を表現したのが式子内親王の次の歌であると、石丸氏はいう。

思ふより　見しより胸に　焚く恋の
　けふうちつけに　燃ゆるとや知る

しかし二人は結ばれるわけにはいかない。法然には戒律厳守の僧として多くの人を平等に導かねばならないという義務感があり、式子内親王は臣下とは結婚できない。結婚すれば大スキャンダルとなる。

秘める恋の苦しさを長年にわたって味わった法然は、結局、式子内親王を心の恋人とする関係を破らなかった。二人の関係が人に洩れることはなかった。

あはれ〳〵　思へば悲し　つひの果
　　忍ぶべき人　誰となき身を

これは「ああ、私には人には隠すべき、しかし実際の恋人というものをついに持つことはできなかった」と嘆いた歌であるという。

十数年後の正治三年（一二〇一）正月二十五日、式子内親王は病気で亡くなった。この時、法然は六十九歳であった。この間、式子は出家して法名を承如法と名のっていた。戒師は慣例を破って、身分からいえばずっと格下の法然であった。臨終の床にある式子内親王に送った法然の書状が「正如房へつかはす御文」(7)であるという。最後にもう一度会いたいという式子内親王の願いにつき、法然は、

マイリ候テミマイラセタク候ヘドモ、オモヒキリテシバシイデアリキ候ハデ、念仏申候バヤトオモヒハジメタル事ノ候ヲ、ヤウニコソヨル事ニテ候ヘ。コレオバ退シテモマイルベキニテ候ニ、マタオモヒ候ヘバ、セムジテハ、コノヨノ見参ハトテモカクテモ候ナム。カバネオシヨスルマドヒニモナリ候ヌベシ。（中略）タトヒヒサシト申トモ、ユメマボロシ、イクホドカハ候ベキナレバ、タヾカマヘテオナジ念仏ノクニ、マイリアヒテ、ハチスノウエニテ、コノヨイノイブセサヲモハルケ、トモニ過去ノ因縁オモカタリ、タガヒニ未来ノ化道オモタスケムトコソ、返々モ詮ニテ候ベキ、

と述べて、式子内親王の極楽往生の妨げになるからと面会に行かなかった。浄土での再会を期したのである。なお、「正如房」は「承如法」が正しいのであるが、法然の書状が転写されていくうちに誤記されたのであろう。

以上、石丸氏の研究に沿って法然と式子内親王のいきさつを略述した。二人の関係が右のとおりであるとすれば、間違いなく法然は人生体験に深みを加えている。何を加えたかといえば、それは次の事実で明らかであろう。式子内親王が亡くなってから二ヵ月もたたないうちに入門してきたのが親鸞であった。法然より四十歳年下である。法

然は信仰と結婚で悩む親鸞を温顔でくるみ、結婚したければするがよい、念仏さえ称えていれば他のことは問題ではないと説いたのである。『法然上人行状絵図』(8)巻四十五に、

現世をすぐべきやうは、念仏の申されんかたによりてすぐべし。ひじりにて申されずば、在家になりて申べし。在家にて申されずば、遁世して申べし。

とあるとおりである。在家というのは、結婚して家庭生活を送っている人を指すのである。親鸞にとってはっと目のさめるような法然の教えと、やさしさであった。自分自身が真剣に苦労したからこそ、法然のやさしさは重みを持つこととなる。そのやさしさは式子内親王という女性から教えられたものであった。

(4) 親鸞と妻

親鸞にとって女性はどのような存在であったのか。彼は延暦寺での二十年にわたる修行によっても、なお煩悩が消えず、執着心に苦しめられていたが、法然の門下に入ることによって生きるべき方向を見いだした。親鸞の十代後半からの主な悩みは性の問題であったと考えられる。延暦寺の高僧とされている僧侶でさえも、妻子を持っている者は多かった。むろん、正式に山内に住まわせることはできないから、比叡山の東麓の坂本(滋賀県大津市)の町に家を構えるのである。一説ではそれは数百軒にも及んだという。

少年期から青年期に移るにつれて親鸞は女性を求めた。このことは仏教では不淫戒として禁止されている。しかし現実にはその戒律を破っているものも多い。ただ結婚して妻子を養うには費用が必要である。没落した貴族出身の親鸞には実家からの援助は期待できない。仏教も正しく修行したい。

このように悩みつつ、修行の成果もあがらず、なおかつ気持だけはまじめな親鸞は、二十九歳のとき、京都六角堂での百日間の参籠に入る。六角堂は頂法寺といい、本尊は救世《ぐせ》観音である。観音菩薩は日本で最初に仏教を正し

く理解したとされる聖徳太子と同体であるといわれてきた。聖徳太子に対する信仰は平安時代の半ばから天台宗の世界で盛んになった。また京都において、自分の信仰生活の将来を占うには六角堂にこもって観音菩薩のお告げを受けるのが一番、という信仰もあった。

参籠九十五日目の暁、聖徳太子に捧げることばを唱え終わったとき、救世観音が出現した。年月日未詳の恵信尼書状に、

山を出でて、六角堂に百日こもらせ給て、後世を祈らせ給けるに、九十五日のあか月、聖徳太子の文を結びて、示現にあづからせ給て候、

とある。その示現の文とは、

行者宿報設女犯　我成玉女身被犯
一生之間能荘厳　臨終引導生極楽

「もしあなた（親鸞）が前世からの因縁によって女性と結ばれることになるならば、私（観音）がすばらしい女性となってあなたの妻となってあげよう。

そして現世においては一生の間よい生活をさせてあげようし、あなたが臨終のときには手を取って極楽へ導いてあげよう」

という内容であった。このお告げにより、親鸞の人生はバラ色に輝いたかに見える。女性との交わりは不婬戒の違反にはならないというのが、宿報の論理である。つまり、仏教の考え方の基本の一つである因果の論理により、結婚したいと思うのは親鸞自身の責任ではなく、前世からの因縁によってそうなるのだ、としたのである。観音菩薩の保証によって結婚は許可され、しかも観音自身が妻になってくれるというのである。そして現世ではよい生活を、後世のためには臨終の時に手を取って極楽へ導いてくれるというのである。まさに女性との交わりは極楽浄土への

確実な道ということになる。[9]『親鸞夢記』[10]によれば、

救世菩薩誦二此文言一、此文吾誓願ナリ、一切群生可レ説二聞告命一、因斯告命数千万有情令レ聞レ之、覚レ夢悟了、

「このお告げをすべての人びとに説き聞かせよ、と命じ、親鸞がいわれたとおりにしたところで夢がさめた」とある。『親鸞夢記』は親鸞の門弟真仏の書写である。観音のお告げは親鸞だけの救済ではなかった。

僧侶の間の不淫戒における新しい局面は、仏教自身の独自の展開というより、日本社会の女性の地位の高さに強く影響された結果と考えられる。女性は、男性中心の宗教である仏教においても、重要な役割を果たすべきであったのである。

こうして親鸞は結婚し、家庭生活を送り、子どもも生まれた。親鸞の妻として知られているのは、前越後介三善為教の娘恵信尼である。他にも妻がいたようであるが、名前は知られていない。親鸞の現実の結婚生活が「一生之間能荘厳」であったかどうかは、測りがたい。私見では必ずしもそうではなかったと考えている。それに結婚の結果誕生した長男善鸞と、八十歳を過ぎた晩年に意見の齟齬《そご》をきたしたという問題もある。その結果、親鸞は善鸞を勘当したといわれてきた。これも私見では勘当には至っていないと考えているが[11]、いずれにしても親鸞は気丈にもこの困難を乗り越え、後世の人びとに生きる道を指し示した。妻から、そして家庭生活から学ばなければ、親鸞の信仰は完成しなかったということができる。[12]そして恵信尼も親鸞のことを観音菩薩であると確信していた。恵信尼が三十三歳のときに関東へ来て、常陸国下妻で親鸞が観音であるという霊夢を見て以来である。前掲の恵信尼書状に、

観音の御事は申さず候しかども、心ばかりは、その後、うちまかせては思まいらせず候しなり。

「(親鸞には)観音菩薩の生まれ変わりという夢を見た話はしませんでしたが、その後はずっと普通の人ではなく、観音菩薩であると思ってきました」と述べている。

以上のように、鎌倉時代の仏教史を検討するにあたっては、従来のように男性中心の観点で行うべきでないことは明らかである。女性中心というのでもなく、男女それぞれのあり方を考えつつ、検討していくべきである。ただその際、女性に関わる研究が遅れていたことは間違いないので、それに関する事象には十分注意を払いたい。

注

(1) 末木文美士『日本仏教思想史論考』(大蔵出版、一九九三年)。
(2) バーバラ・ルーシュ『もう一つの中世』(思文閣出版、一九九一年)。
(3) 『続群書類従』雑部。
(4) 佐伯順子『遊女の文化史』(中公新書、一九八七年)。
(5) 拙著『一遍――放浪する時衆の祖――』(三省堂出版、一九九七年)。
(6) 石丸晶子『式子内親王伝』(朝日新聞社、一九八九年)。
(7) 日本古典文学大系『法然　一遍』(岩波書店、一九七一年)。
(8) 『浄土宗全書』第一六巻。
(9) 拙著『親鸞』(日本実業出版社、一九九七年)。
(10) 三重県津市・専修寺蔵。
(11) 拙稿「善鸞と浄土真宗(上)」(筑波大学歴史・人類学系『年報日本史叢』一九九七年度、一九九七年)。
(12) 拙著『親鸞とその家族』(自照社出版、一九九八年)。

第四節　一遍と捨身往生の世界

鎌倉時代後期に布教活動をした一遍のまわりには、古代以来の捨身往生の世界が広がっていた。一遍はこの世界に身を置きつつも、捨身往生は救済につながるものではないとして否定していった。一遍にとって、衆生の力で可能なことは、救済を得たいという気持を起こすことのみであって、実際に救済を可能にするのは南無阿弥陀仏の六字名号の力だけなのであった。衆生の力は関わり得ないのであった。捨身往生したところで救済とは無関係なのであった。それに一遍は、古代から救済のときであるとされてきた肉体的な臨終は宗教的な臨終とは直接のつながりはないとしたから、この観点からも捨身往生は無力にならざるを得なかった。以下、本節では古代以来の捨身往生を検討する。

(1)　古代末期の捨身往生

よく知られているように、僧侶またはその結縁者が、自分の身を焼いたり水中に飛び込んだりして、自らの命を断つことが流行した時期がある。日本においては古代末期が特にそうであった。いわゆる捨身往生には、実際に肉体的な死をもってするものと、そうではなく、死をも恐れぬ心構えで仏法に生きるものとの二種類がある。(1) さらにその捨身往生はその目的の相違から三つの類型に分けることができる。第一は、自分の命を仏あるいは衆生に捧げて供養する型であり、第二は、仏が将来この世に現れて救済を説くのを待とうとする型である。第三は、仏の浄土へ少しでも早く行こうとする型である。第一の型は、インド・中国以来の伝統を持つ捨身往生であり、第二・第三の型に比べて、いっそう古い型であるといえる。第二の型は、弥勒信仰（特に弥勒下生信仰）の世界に顕著であり、第三の型は浄土教の発展と軌を一にするものである。捨身往生は古い意味では右の第一の型をいうのであるが、本書では三つの型すべてを捨身往生と呼ぶこととする。

これらの捨身往生は、古代においても戒律に違犯した行為として「僧尼令《そうにりょう》」によって禁止されていた。国家体制を維持するうえでも、僧尼の安存のためにも、その措置が必要と考えられていたからである。しかし、国家の拘束力が弱まってきた古代末期には捨身往生が盛んに行われ、また行われていると説話集などで説かれるようになった。それがまた十二世紀の法然によって、こんどは教義的に明確に否定されたのである。法然は往生に至るための万行のなかから称名念仏のみを勝行であるとして取り出し、それに絶対の価値を見いだした。称名念仏以外は劣行とされ、自力の行として退けられた。(2) したがって捨身行も当然自力の行として否定されねばならなかった。そしてこの捨身否定は、法然の専修念仏のあとをつぐ僧侶たちによって受け継がれていったのである。またこのことは、ひとり専修念仏者のみならず、いわゆる鎌倉新仏教の一般的な性格でもあった。

ところで十三世紀に活躍した一遍のまわりには、捨身往生の影を色濃くみとめることができる。一遍は法然の曾孫弟子であり、浄土宗西山義を開いた証空の孫弟子にあたっている。一方、一遍は古代以来の民衆信仰を体現した聖《ひじり》の系譜もひいている。つまり、鎌倉時代に教理的に深められた他力の信仰と、前代から引き続く民衆宗教の信仰との両面を一遍は体現していたのである。また捨聖と呼ばれた一遍は、究極のところ、自分の肉体を捨てようとしたことはなかったのか。それこそ捨聖の徹底した姿とは思わなかったのであろうか。一遍は捨身往生にどのように対応しようとしたのか。本節ではこのことを考えたい。

(2) 古代末から中世初頭の捨身往生

まず、諸経典のなかで捨身往生がどのように示されているか概観しておきたい。捨身往生は、多く『法華経』『金光明経』『涅槃経』などの大乗経典に見ることができる。捨身往生は、自己の身体を施し与えることにより、仏を供養しあるいは人を救う菩薩行であるとされた。

『法華経』第六薬王菩薩本事品には、薬王菩薩の前身である喜見菩薩が、師の日月《にちがつ》浄明徳仏のために身体を焼き、あるいは臂を燃やす話がある。(3)『金光明経』第四捨身品には、薩埵《さった》太子が餓えた虎に身を投じる、捨身飼虎の本生譚《ほんじょうたん》を載せる。(4)また『大般涅槃経』第十四に、雪山《せっせん》童子が法を聞き得て、羅刹に自分の体を食べさせる、捨身羅刹の話を載せている。(5)このような諸経典の教えに基づき、中国などでは捨身往生が盛んに行われた。『高僧伝』(6)第十二亡身篇、『続高僧伝』(7)第二十七遺身篇、『宋高僧伝』(8)第二十三遺身篇その他に明らかなとおりである。

しかし一方では、肉体的な死をもってする捨身往生を否定する考え方も存在した。右の諸経典に説く捨身往生は、実際に自殺することを勧めたのではなく、衆生にとって最も重要であるべき生命にも匹敵するほど、仏教が尊重されねばならないことを説いたのである、という考え方である。唐の義浄は、その著『南海寄帰内法伝』のなかで捨身往生を戒めている。同書第四焼身不合の条や同傍人獲罪の条に、初学の者が経典をろくに学ばずに指を焼いて精勤と称し、肌を燃やして大福といい、あるいは少年が焼身すれば正覚にのぼると称して自分の身を焼いてしまうことがあるが、とんでもないことである、これらの人びとはほんとうの仏教がわかっていないのだ、と説いている。(9)けれども捨身往生は依然として行われ、日本にも伝来してきたのであった。

日本においても、捨身往生はかなり早くから存在したことが認められる。『僧尼令』(10)第二十七条に、

凡僧尼、不レ得二焚身捨身一、

とあって、「焚身捨身」が禁止されている。『令集解』引用の『古記』によれば、焚身とは「燈レ指、焼二尽身一」ことであり、捨身とは「剥二身皮一写レ経」ことで、「称二畜生布施一、而自尽二山野一」ことでもあった。(11)これらが〝禁止〟と

いう形にしろ、『僧尼令』に取り上げられているところを見れば、奈良時代の朝廷の担当者に無視できない状況として意識されていたのである。事実、『続日本紀』[12]養老元年（七一七）四月二十三日条には、行基とその弟子たちを非難する理由の一つに、「合二構朋党一、焚二剥指臂一」とあり、『類従三代格』巻三僧尼禁忌事に引用する養老六年（七二二）七月十日付太政官符は、在京（奈良）の僧尼が「或於二坊邑一害レ身焼レ指」ことをしていると、非難している。[13]右のように、捨身往生は当時の鎮護国家を目的としたいわば正統的な仏教の内部には入ることはできなかったが、体制外の社会では大きな影響力を持った存在であったということができる。

次に平安時代後期から顕著になる捨身往生の類型と、その思想的根拠を見ていこう。その類型は、焼身・断食・渡海・入水に大別することができる。まず焼身について。長久年間（一〇四〇―四四）に著された『大日本国法華経験記』[14]に、奈智（那智）山の応照の話を載せる。応照は「読二誦法華一為二其業一……山林樹下為レ棲、不レ楽二人間交雑一」という修行生活で、

> 転二誦法華一之時、毎レ至二薬王品一、銘二骨髄一徹二肝胆一、恋二慕随喜喜見菩薩焼レ身焼レ臂一、遂発二念願一、我如二薬王菩薩一、焼二此身一供二養諸仏一矣、

と、焼身を遂げるのである。喜見菩薩とは、前出の『法華経』第二十三薬王菩薩本事品に見え、仏と『法華経』を供養するため、「我雖レ以二神力一、供二養於仏一、不レ如二以レ身供養一……是名二第一施一、於二諸施中一、是尊最上」という。あるいは入滅した仏を供養するため、臂を燃やしている。これに対して仏も、

> 若有二発心一、欲レ得二阿耨多羅三藐三菩提一者、能焼二手指一、乃至足一指、供二養仏塔一、勝レ以二国城妻子、及三千大千国土、山林河池、諸珍宝物一

と、この行為のすぐれていることを説くのである。

平安後期に流行した焼身と焼臂の思想的根拠は、主にこの『法華経』の喜見菩薩に関わる部分であった。このほ

か、天永二年（一一一一）以後まもなく成立の『拾遺往生伝』巻中—第五にみえる一上人は、西方浄土を慕い、常行三昧を修し、阿弥陀仏の来迎を求めて焼身したという。ここでは『無量寿経』(15)巻上に示す阿弥陀仏の別願中の第十九願、「設我得レ仏、十方衆生、発二菩提心一、修二諸功徳一、至心発願、欲レ生二我国一、臨二寿終時一、仮令不下与二大衆囲繞一現中其人前上者、不二取正覚一」という、いわゆる臨終現前の願が根拠になっている。ただし、焼身という行為そのものは、やはり『法華経』から学んだものと考えられる。

また前掲の応照が焼身したとき、

身体成二于灰一、誦経音不レ絶、不レ見二散乱気色一、煙香不レ臭、沈檀珍檀之香、微風頻レ吹、如レ調二音楽之声一、

と、臨終正念の姿と瑞相が現れたのであった。この二つの様相が、焼身に限らず他の捨身往生の場合にも、無事極楽往生を遂げたことの証明とされたのである。そして「親見伝聞輩、不随喜矣」という状況が生まれるのである。

右の二例のほか、『大日本国法華経験記』巻上—第十五の薩摩の一沙門、保延五年（一一三九）以後まもなく成立の『三外《さんげ》往生記』第二十の土佐の一上人、あるいは『百練抄』(16)長徳元年（九九五）九月十一日条に記す一上人、『扶桑略記』(17)治暦二年（一〇六六）五月十五日条の釈迦堂の文豪、『百練抄』承安四年（一一七四）条の一上人など、焼身の例は多い。

次に断食について。十世紀後半の成立と目される『金剛峰寺建立修行縁起』(18)に、弘法大師空海が、

不レ用二人食一……結跏趺坐結二大日定印一、奄然入定、

と断食して入定《にゅうじょう》を遂げたことを記し、『平家物語』(19)第十七に、

釈尊入滅の後、五十六億七千万歳を経て、都卒陀天より、弥勒慈尊下生おはしまさんずる、三会の暁を待給ふ御誓ひあり、

と弥勒下生信仰との結びつきを強調している。あるいは、寛和年間（九八五—八七）成立の『日本往生極楽記』第二

十五にみえる沙門増祐は、

穿㆓大穴㆒、上人於㆓穴中念仏㆒即世矣、

と念仏して入定を遂げ、『山塊記』[20]永暦元年（一一六〇）七月十八日条には、東山禅林寺の墓の西方を開いて六十余名の僧が入り、その上から土がかけられたとの記事がある。この二例は、前掲『無量寿経』の臨終現前の願がその思想的根拠であろう。

三番目の渡海往生について。これに関しては、熊野南方海上の観音菩薩の補陀落《ふだらく》浄土をめざす渡海往生が有名である。『熊野年代記』[21]によれば、貞観十年（八六八）からその例があるという。鎌倉時代に入ってからの記録であるが、『吾妻鏡』[22]天福元年（一二三三）五月二十七日条に、

去三月七日、自㆓熊野那智浦㆒、有㆘渡㆓于補陀落山㆒之者㆖。号㆓智定房㆒。是下河辺六郎行秀法師也。（中略）近年在㆓熊野山㆒日夜読㆓誦法花経㆒之由、結句及㆓此企㆒、（中略）彼乗船者、入㆓屋形㆒之後、自㆑外以㆑釘皆打付、無㆓一扉㆒、不㆑能㆑観㆓日月光㆒、只可㆑憑㆑燈。三十ヶ日之程食物并油等僅用意云々、

と記されている。観音の浄土補陀落は、『華厳経』[23]第八法界品に、「於㆓此南方㆒有㆑山、名㆓補怛洛迦㆒、彼有㆓菩薩㆒名㆓観自在㆒」とあるように、元来インドの南海岸と考えられていた。この考えが日本に持ち込まれて、京都から最も南の海岸で険しい山々のある熊野・那智に観音の浄土が設定され、次にはその南方海上にあるとされるようになったのであった。この観音信仰が『法華経』第二十五観世音菩薩普門品を媒介にしていっそう広まったことは、前掲下河辺行秀の例に見るとおりである。このほか、『台記』[24]康治元年（一一四二）八月十八日条にみえる僧、貞慶の『観音講式』奥書に記す長保二年（一〇〇〇）八月十八日の阿波国の賀登（この場合は土佐国室津より出船）など、渡海往生の例が諸書に散見する。

最後に入水《じゅすい》について。長承三年（一一三四）以後まもなく成立の『後拾遺往生伝』[25]巻上―第四にみえる薩摩国の旅

僧は、

　娑婆者無常之界也。縦雖㆓久住㆒、終有㆓何益㆒（中略）偏望㆓西土㆒、欲㆑没㆓下流㆒也、

と海に至り、衆僧が同音に念仏を称えるなかで、

　坐㆓竹籠㆒、不㆑見㆓余方㆒、合掌閉㆑瞼、奄以沈㆑海、

と入水往生を遂げたのであった。『大日本国法華験記』巻下―第百十六の筑前国の一優婆塞、『三外往生記』第二十六の江州の一上人、仁平元年（一一五一）成立の『本朝新修往生伝』第三の丹後国狐浜の一行人、『今昔物語集』[26]巻十二―第三十一のある僧などその例は多く、また『本朝世紀』[27]仁平二年（一一五二）四月十一日条、『百練抄』安元二年（一一七六）八月十五日条にも、入水往生者のことが記されている。

　以上の入水往生者は、多くが西方極楽浄土をめざし、阿弥陀の来迎を求めているから、やはり前掲『無量寿経』のなかの臨終現前の願が思想的根拠になっているであろう。そしてこのことは、古代末期・中世初期における浄土教の発展に伴うものであり、かつその浄土教の中心の行である念仏行が観想を基本とすることに起因していたのである。

(3)　法然と日蓮の捨身往生観

　十二世紀の後半に至って法然が専修念仏を唱えるに及び、捨身否定の強力な潮流が生まれた。長承二年（一一三三）に美作国《みまさかのくに》で生まれた法然は、比叡山に入って僧となった。ここでの二十五三昧会の修行がきっかけとなって源信の『往生要集』に関心を寄せ、そこに引用されている文から善導にひかれ、やがて善導の信仰を研究するようになる。そして『観経疏』[28]散善義の、「一心専念㆓弥陀名号㆒行住坐臥不㆑問㆓時節久近㆒念念不㆑捨者、是名㆓正定業㆒」との一文に出会い、ここにすべての余行を捨てて専修念仏に帰入したのである。承安五年（一一七五）のことであった。

一方、源平の争乱、飢饉・天災の続発による人びとの悲惨なありさまを目のあたりにした法然は、これらの不幸な人びと、すなわち宗教的には造像起塔・智慧高才・多聞多見・持戒持律が不可能な貧賤困乏・愚鈍下智・少聞少見・破戒無戒の者を救済すべく活動を始めたのである。そして恐らくはそれらの人びとが必死に生きる姿を見て、命を大切にすることの重要性を痛感した。『西方指南抄』[29]巻上本に、法然の発言として、

寿命ハヨクモロ〳〵ノ功徳ヲタモツ、一切ノ万徳コト〳〵ク寿命ニタモタルルガユヘナリ、コレハ当座ノ導師ガワタクシノ義ナリ、(中略)マサニシルベシ。諸仏ノ功徳ニモ寿命ヲモテ第一ノ功徳トシ、衆生ノタカラニモ命ヲモテ第一ノタカラトストイフコトヲ、

と記されている。命こそ最も重要なものであり、衆生はこのことを基本にしなければならない。ここに古代からの捨身往生が否定された。さらに、法然の信仰においては、阿弥陀仏の力こそ絶対至上の救済の源であることはいうまでもないことながら、衆生はこの他力にすがって正定の業としての称名念仏を行じなければならない。ここに自力の行としての捨身が否定されることになる。

『西方指南抄』巻中末に、同じく法然の述べたところとして、次のように載せている。

我師肥後阿闍梨云人智恵深遠也、(中略)受二長命之報一、欲レ奉レ値二慈尊之出世一。依レ之、我将レ受二大蛇身一、(中略)如レ此思定、遠江国笠原庄桜池云所、取二領家之放文一、住二此池一誓願了、其後、至二于死期時一、乞レ水入二掌中一死了。而彼池、風不レ吹浪俄立、池中塵悉払上。諸人見レ之、

つまり、法然の師肥後阿闍梨《あじゃり》は弥勒下生にあうため、長命であるという大蛇の身になって桜池に住みたいと、掌のなかに水をつかんで死んだところ、池には急に波が立ち騒いだという。彼は一種の入水往生を遂げたのである。これに対し、法然は次のような感想を述べている。

未レ知二浄土訪問一之故、如レ此発二悪願一、我其時若此法尋得、不レ願二信不信一此法門申、而於二聖道法一者、有二道

心一者、期二遠生之縁一、無二道心一者、併住二名利一、以二自力一輙可レ厭二生死一之者、是不レ得二帰依一之証也、

肥後阿闍梨は浄土の法門すなわち専修念仏を知らなかったので、前掲のような自力の願いを起こしたのである。もし自分（法然）がこの法門をすでに得ていたなら、師の阿闍梨が信じると信じないとにかかわらず、申し上げていたのだ。聖道門《しょうどうもん》においては、師のように道心のある者は将来の弥勒下生の時節を期すし、ない者はこれに加えて現世における名利にも留まろうとする。このような自力により生死の苦しみの世界を厭おうとする者は、仏教に帰依しているといっても、その証果は得られない。法然はこのように述べて入水往生すなわち捨身往生を明白に否定したのである。

次に日蓮の捨身往生否定の思想を見ていきたい。日蓮は貞応元年（一二二二）安房国で誕生し、弘安五年（一二八二）に亡くなっている。十三世紀後半に活動した一遍と同時代人である。日蓮は捨身往生をどのように否定したのか。しかしながら彼は法華至上主義を説いたのであって、『法華経』はすでに見てきたように、捨身往生の有力な思想的根拠となってきたものである。

日蓮は十二歳のときに近くの清澄山に登り仏教を学ぶ。やがて当時の仏教が多くの宗派に分かれて争っていることに疑問を抱き、山を降り、鎌倉・京都・比叡山などを歴訪して、『法華経』こそ真の仏教であるという確信を得る。日蓮の信仰は、『法華経』による絶対的な救済を信じ切って、ひたすら「南無妙法蓮華経」という題目を唱えよ、というところにある。しかもその救済は来世においてではなく、現世においてこそ実現されなくてはならないと説くのであった。ここにおいて、現世における生命は尊重されなければならなくなる。また日蓮が佐渡に流されたとき、食料が欠乏して野草を食べたり、雪を食べたりして生命を保った体験から、生命の尊さを感じ取ったのであった。

「可レ延二定業一御書」[30]に、

命と申物は一身第一の珍宝也。一日なりともこれゐのぶるならば千万両の金にもすぎたり、法華経の一代の聖

教に超過していみじきと申は寿量品のゆへぞかし、閻浮第一の太子なれども短命なれば草よりもかろし、日輪のごとくなる智者なれども夭死あれば生犬に劣、

と記されているとおりである。さらに『法華経』およびその題目を唱えることによってこそ衆生は救われるのであるから、衆生自らが自分の生命を断ったところで何の益もない。日蓮は『撰時抄』(31)で、

抑此法華経の文に我不レ愛二身命一但惜二無上道一、

「『法華経』に、私は命を捨てることには執着しない。ただ、この上もなくすばらしい生き方を伝える『法華経』に被害がかかるならば、それを守るためには命を惜しむことはない」とあるのはどのようなことを意味するのかと自問し、続いて次のように自答している。

いかやうなる事のあるゆへに身命をすつるまでにてあるやらん、委細にうけ給候はん、答云、予が初心の時の存念は、(中略)雪山童子の半偈のために身をなげ、薬王菩薩の七万二千歳が間臂をやきし事歟、なんどおもひしほどに、経文のごときんば此等にはあらず、経文に我不愛身命と申は、上に三類の敵人をあげて、彼等がのり、せめ、刀杖に及で身命を奪うとも、とみへたり、

日蓮は供養のために自分から積極的に生命を捨てていくことはしない。『法華経』の敵が現れたとき、自分の生命に替えてでも『法華経』を守ろうとする、その心意気を日蓮は重要視しているのである。彼は鎌倉幕府の役人に逮捕されて殺されそうになったときのことを、「種種御振舞御書」(32)に、

御評定に僉議あり、頸をはぬべきか、鎌倉をおわるべきか、(中略)日蓮悦で云、本より存知の旨なり、雪山童子は半下偈のために身を投げ、常啼菩薩は身をうり、善財童子は火に入、楽法梵天は皮をはぐ。薬王菩薩は臂をやく、不軽菩薩は杖木をかうむり、師子尊者は頭をはねられ、提婆菩薩は外道にころさる、此等はいかなりける時ぞや、(中略)日ごろ月ごろをもひまうけたりつる事はこれなり。さひわひなるかな、法華経のために身

をすてん事よ、くさきかうべをはなたれば、沙を金にかへ、石に珠をあきなへるがごとし、

と記している。日蓮は『法華経』のために命を捨てることは幸いであるといっているけれども、重要なことは『法華経』や仏に対する供養のため、あるいは自分の往生成仏のために自ら進んで生命を断つのではないことである。彼の考えでは、あくまでも生きることこそが第一に重要なのであり、その重要な生命をも惜しまず『法華経』を守る決意こそ必要なのであった。

(4)　一遍を取り巻く捨身往生肯定の環境

一遍のまわりや行く先々には、法然以来の専修念仏に影響されない環境が依然として多く存在していた。捨身往生もその一つである。では、そのありさまを見ていきたい。

①四天王寺

文永十一年（一二七四）、一遍は摂津国四天王寺に参詣した。四天王寺は聖徳太子の創建にかかり、古代末から中世にかけての浄土信仰（阿弥陀信仰）の一大中心地でもあった。『今昔物語集』(33)巻十一―第二十一に、

而ルニ、其寺ノ西門ニ、太子自ラ釈迦如来転法輪所、当極楽土東門中心ト書給ヘリ、是ニ依テ諸人彼ノ西門ニシテ弥陀ノ念仏ヲ唱フ、于㆑今不㆑絶シテ不㆑参人无シ、

とあり、『梁塵秘抄』(34)巻二に、

極楽浄土の東門、難波の海に対へたる、転法輪所の西門に、念仏する人参れとて、

ともあるように、四天王寺のなかでも西門が有名であった(35)。その西門は釈迦如来が法を説いたところであり、極楽浄土の東門にあたっているというのである。当時、西門のすぐ西側が難波の海であって、春秋の彼岸の中日になると、四天王寺から西門を通して真西に太陽が沈んでいくのを望むことができた。それは『観無量寿経』(36)に「令㆓心堅

住㆒、専想不㆑移、見㆓日欲㆑没状如㆓懸鼓㆒。既見㆑日已、閉㆑目開㆑目、皆令㆓明了㆒、是為㆓日想㆒、名曰㆓初観㆒」と説き、善導が『観経疏』定善義で、「唯取㆓春秋二際㆒、其日正東出真西没。弥陀仏国当㆓日没処㆒真西超㆓過十億刹㆒」と、春分・秋分のときがよいと教えたところの、日想観を修するのに最も適当な場所と考えられていたのであった(37)。そしてそのまま極楽浄土を求めて難波の海に沈む者も現れた。『拾遺往生伝』(38)巻下―第四にみえる金峰山千手院の住僧永快は、

治暦年中八月、彼岸詣㆓天王寺㆒、一心念仏、満㆓百万遍㆒。(中略)夜向㆓三半㆒、独出㆓房中㆒、高唱㆓弥陀尊㆒、専行㆓礼拝㆒、向㆑西而、臨㆑海而滅、

と、四天王寺に参詣してから、海のそばで往生を遂げたという。『本朝新修往生伝』第十一の沙門行範は、四天王寺で七日間断食して念仏を称えながら難波の海に身を投げ、『発心集』第三のある宮腹の女房は、三七日の間念仏を称えてから入水したのである。

一遍は、以上のような信仰の伝統を持つ四天王寺に参詣したのである。彼は、伊予国菅生《すごう》の岩屋で、布教についての思念を数ヵ月にわたってこらしたばかりであった。いまだ遊行に出てはいない。『一遍聖絵』第二に、

このみぎりにして信心まことをいたし、発願かたくむすびて十重の制文をおさめて如来の禁戒をうけ、一遍の念仏をすゝめて衆生を済度しはじめたまひけり、

と記されている文により、一遍はこの寺において十重禁戒を守る決心を固め、布教の第一歩を踏み出したのである。『一遍聖絵』のこの話に関する絵を見ると、一遍は西門の下で人びとに南無阿弥陀仏の名号札を初めて配っていることがわかる。これ以前に配っていることを示す絵はない。このように記念すべき場所として四天王寺があることは重要である。しかも絵には、西門のすぐ脇にある念仏堂から出たとおぼしき男女三人が、白い布で目隠しをして合掌し、西に向かって歩いている。この三人が何の行をしているかが問題である。歩いている先には西門があり難

波の海があることから、入水往生を企てている姿だと推定する説もある。(39) もしこの推定が妥当ならば、四天王寺に参詣した一遍の目に、入水往生者の姿が直接映ったことになる。しかし、これは「めんない」という行動である。目隠しをし合掌して歩いて西門をくぐることができれば極楽往生疑いなし、とされていたのである。(40) 前述のように、西門は極楽浄土の東門といわれていたからである。そこをくぐれば、すなわちそこが極楽、ということになる。つまり、目隠しをしている三人は入水往生者ではない。その目でみれば、まわりの何人かが彼らをはやしたてている。とても死に行く人を見送る雰囲気ではない。

こののち、一遍は弘安九年(一二八六)に二度、四天王寺に参詣している。一度目には、この寺の三粒の舎利が壺のなかにとどまって出ようとしないのを、一遍が七日間祈請して出現させたという奇蹟があったという。二度目には、時衆とともにここで歳末の別時念仏会を催している。ちなみに、『遊行上人縁起絵』のこの一度目の絵の部分には、『一遍聖絵』の文永十一年の四天王寺参詣の絵と同じモチーフで、二人の男が白い布で目隠しをし、数珠をかけて合掌し、腰にひしゃくを挟んで西に沈もうとする太陽に向かって歩いて行く姿が描かれている。ひしゃくを挟んでいるからには、この男は「めんない」のプロである。なぜなら、ひしゃくは見物人から見物料を受け取るための道具だからである。

②入水往生のあぢさかの入道

弘安五年(一二八二)七月、一遍は駿河国井田を通った。そのとき、武蔵国の住人あぢさかの入道なる者が弟子入りを求めてきた。一遍がこれを断ったところ、入道は生死《しょうじ》を離れて悟りの世界に入るにはどうしたらよいかと尋ねる。『遊行上人縁起絵』第二に、

さていかにとして生死をば離侍べきぞと申に、たゞ念仏申してしぬるより外は別時なし、との給けるに、さてハやすきことに侍りとて、蒲原にて待奉るべしとてゆきける、

とある。一遍は「ただ念仏を称えて死ぬよりほかに特別の方法はない」と教えたのであった。「生死」というのは、悟りの世界に入れずに、迷いの世界を生まれ変わり死に変わりすることである。悟りの世界に入れたならば、生死は問題ではなくなり、また生まれ変わり死に変わりすることはなくなる。

あぢさかの入道は、一遍のいう〝死〟を肉体的な死として理解したのであった。一遍の信仰では、死すなわち臨終は必ずしも肉体的な死を意味するのではない。あぢさかの入道は肉体的な死と受け取り、そしてそれを「やすきこと」と感じ、富士川のほとりの蒲原で入水往生を遂げてしまうのである。『一遍聖絵』第六に、

富士川のはたにたちよりて、馬にさしたる縄をときて腰につけて、なんぢらつゐに引摂の讃をいだすべしといひければ、下人こはいかなる事ぞと申に、南無阿弥陀仏と申してしねば如来の来迎し給と聖の仰られつれば、極楽へとくしてまいるべし、なごりを惜む事なかれとて十念となへて水にいりぬ、すなはち紫雲たなびき音楽にしにきこへけり、しばらくありて縄をひきあげたりければ、合掌すこしもみだれずしてめでたかりけるとなん、

あぢさかの入道はこのようにして入水を遂げ、瑞相が現れたのであった。この入道に対する一遍の感想は、次の和歌として示された。

こゝろをば　にしにかけひの　ながれ行
　みづのうへなる　あはれ世の中

「懸樋の上を水が流れていくように心を西方浄土に懸けて、極楽に往生する方角に向かいたいと思いつつこの世に生きている身は、水の上の泡沫のように消えやすくはかないものだ」

一遍はこのように入道の入水を悼み、哀れんだのであった。すべてを捨てるといっても、実際に命まで捨てるべきではないのである。しかし一遍はあぢさかの入道についてはその入水往生を全面的にとがめ立てしてはいない。

この問題については後述する。ここでは、一遍のまわりに入水（捨身）往生の環境が存在した一例として確認しておくだけにしたい。

③断食往生の桜本兵部阿闍梨宴聡

弘安六年（一二八三）または翌年、一遍は近江国大津の関寺に到着した。ここで比叡山桜本の兵部阿闍梨宴聡《えんそう》と法談をかわす。会うまでは敵意を抱いていた宴聡も、すっかり一遍に傾倒し、念仏の行者となった。『遊行上人縁起絵』第三に、

其後ハ発心して、念仏の行者となりて、安楽の五坊に籠居の心ざしありけるが、同門どもの問来も詮なくおぼえて、小野宿の辺、小泉といふ所に奄室結て、五穀を断じ、名号をとなへて、往生をねがひけるとぞきこへし、

五穀とは黍《きび》・稷《たかきび》・菽《まめ》・麦・稲あるいは稷・麻・豆・麦・禾《いね》であるという説(41)があるが、いずれにしても五種の主要な穀物には違いない。これらを食せずに名号を称えて往生を願ったというから、宴聡は断食をして早く極楽へ行きたいと思ったのである。断食往生ということができるし、これも捨身である。この宴聡の行動についての一遍の感想は記されていない。

④入水往生の一遍の弟子たち

正応二年（一二八九）八月二十三日、一遍は兵庫の観音島（神戸市）において禅定に入るがごとく静かに入滅した。するると悲しみのあまり、時衆ならびに俗人の結縁者が海に飛び込んであとを追うのであった。それを『一遍聖絵』第十二では、次のように述べている。

時衆ならびに結縁衆の中に、まへの海に身をなぐるもの七人なり、身をすてゝ知識をしたふ心ざし半座の契、同生の縁あにむなしからむや、はるかに尺尊の涅槃を思へば、身子目蓮は悲歎して双林の庭にさきだち、阿難羅云は憂悩して舎維の砌にとゞまりき、賢聖なをしかなり、いはむや凡夫をや、たゞ闇に燈をけし、わたりに

舟をうしなへるがごとし。

七人は知識（指導者。一遍のこと）を慕って海に身を投げた。『一遍聖絵』の制作者聖戒《しょうかい》は、昔のすぐれた人たちでさえ同様の行動があったのであるから、まして末世の凡夫があと追い入水をするのも無理はないと、彼らを同情の眼をもって眺めている。聖戒は一遍の最も古い弟子で、一遍の子とも甥ともいう。なお、『遊行上人縁起絵』によれば、入水したのは六人となっている。

ところが一遍はあらかじめあと追い入水を禁じていた。これについては後述する。

⑤念仏（断食）往生を企てる他阿弥陀仏真教たち

一遍が入滅したのち、有力弟子の他阿弥陀仏真教らはもう生きている甲斐がないと、近くの山へ入って念仏しながら往生を遂げようとした。「他阿弥陀仏」は法号である。真教は、肉親と考えられる聖戒以外で初めて一遍の門弟となった者で、一遍が最も信頼していた一人であった。一遍の遊行には十二年間つき従っていた。『遊行上人縁起絵』第五に、

さて遺弟等、知識にをくれ奉りぬるうへは、すみやかに念仏して臨終すべしとて、丹生山へ分入りぬ。林下に草の枕をむすび、藪辺に苔の莚をまうけて、夕の雲に臥し、

と、記されている。念仏をひたすら称えたところで、集団全体が臨終に至れるわけではない。「すみやかに念仏して臨終すべし」――臨終しよう、というからには食べ物を絶ったのである。断食往生といい替えてもよい。

しかし真教の一団は、結局は付近の粟河《おうご》（淡河）の領主の懇望により念仏（断食）往生をやめ、一遍の後継者を主張して時宗教団の確立に乗り出すのである。

以上の五例により、一遍のまわりには捨身往生を肯定する環境が広く存在したというべきである。一遍が最も信頼していた真教でさえ、そのなかの一員であった。そして一遍の遊行が全国にわたることから考えると、平安時代

後期から鎌倉時代初期にかけて多く記録に残され、あるいは往生伝等に載せられている捨身往生は、鎌倉時代後期になっても依然として全国的に存在していたのである。では、一遍はこの捨身往生にいかに対応したのであろうか。この問題を次に考えたい。

(5) 一遍の捨身往生観

一遍は臨終の直前の正応二年八月二日、道俗の弟子たちの前で遺誡（遺言）を記し、さらに次のように述べた。

我臨終の後、身をなぐるものあるべし、安心さだまりなばなにとあらむも相違あるべからずといへども、我執つきずしてはしかるべからざる事なり、うけがたき仏道の人身をむなしくすてむことあさましきことなり、（中略）これをかきおくもこのためなり、よく〳〵用意あるべし、

つまり、一遍は自分のあとを追って入水する者のあることを予測していたのである。その際、安心《あんじん》がすでに定まっている人間（つまりはすでに悟りを得た者）ならば、どのような行為におよんでも浄土に迎え摂られることは間違いない。このような人間については入水（捨身）するしないは本質的な問題ではない。けれども、自己を頼み、自己にとらわれるといった安心を得ていない人間――そしてこのような人間は多いものだ――は、決して捨身をしてはならないのである。めったに受けることのない、仏となるための修行のできる人身を捨てることはあさましく残念なことである。

以上のように説いて、一遍は入水往生を戒めたのである。このときの遺誡のなかでも、

みづから一念発心せずよりほかには三世諸仏の慈悲も済ことあたはざるものなり、

と述べて、救済を求める者の一念発心を重要視している。人間は努力が必要なのである。しかもその努力は、捨身に向けられるべきではなく、名号を称えることに向けられなければならないのである。一遍にとって「南無阿弥陀

仏」の六字名号は仏・衆生を超えた救済の絶対力を有するものであった。『遊行上人縁起絵』第三に、

法蔵比丘、五劫思惟の智恵、名号不思議の法をさとり得て、凡夫往生の本願とせり、此願已に十劫以前に成就せし時、十方衆生の往生の業、南無阿弥陀仏と決定す、

とあり、『一遍聖絵』第九に、

仏も衆生もひとつにて、南無阿弥陀仏とぞ申べき。

とあるように、阿弥陀仏と密接に関連は有しつつも、「南無阿弥陀仏」の名号は独自の位置を得ているのである。また、阿弥陀仏（法蔵菩薩）の成仏と衆生の往生が名号の力によって成就したところでは、名号に阿弥陀仏と衆生とが包まれ、三者の区別はなくなり、名号そのものが往生する、という表現にもなるのである。金沢文庫本『播州法語集』に、

南無阿弥陀仏が往生するなり、

と示されているのは、一遍の宗教の極致を現すものである。以上の救済の論理からみると、名号の力によらなければ衆生の救済はあり得ないのである。衆生自身の力により往生（救済）を求めようとする捨身は否定されなければならないのである。

この救済がいつ成就するのかというと、『遊行上人縁起絵』第二に、

只今の称名のほかに臨終あるべからず、

とあるように、発心して名号を称える現在ただ今が臨終のときなのであり、救済のときなのであった。平生即臨終・臨終即平生と後世に呼ばれた思想である。また『一遍聖絵』第七に、

南無阿弥陀仏とゝなへて我心のなくなるを臨終正念といふ。このとき来迎にあづかりて極楽に往生するを念仏往生といふ、

と記されているように、南無阿弥陀仏と称えて我執の心が一切なくなった状態が臨終正念であるという。肉体的な死そのものを否定しているのではない。救済に関して、それにとらわれなくなったのである。

以上によって、富士川のほとりで入水往生したかのあぢさかの入道の行為は、決して誰にでも認められるものではない。一遍はあぢさかの入道に救済の道を問われて、「たゞ念仏申てしぬるより外は別事なし」と答えたが、この場合の死が肉体的な死でないことはもはや明白であろう。これを入道は肉体的な死と勘違いした。「勘違い」の方がむしろ当時の常識的な理解であった。ところが入道が「さてハ（入水は）やすきことに侍り」と洩らしたとき、我執の心はうせ、救済される条件が生まれたのである。

名号の力によって生死の世界を離れ、救済の世界に入りたいというのは入道の本心であった。この本心を見抜けなかったのか、あるいは見抜いていても時衆に加えることのできない事情があったのか、一遍は入道を時衆にさせなかった。その結果、入道は入水往生を遂げた。瑞相が現れたから、入道が極楽浄土に往生したことは誰にも納得されたが、一遍は入道が肉体的な死を遂げたことに自分が大きく関わったことに、心の痛みを感じたのである。その気持の表現が「心をば西に……」という歌となったのであった。

一遍にいわせれば、安心を得ている者が捨身しようとしまいと、たいした問題ではない。しかしながら安心が定まっているかどうか、本人はもちろん、他の誰によっても（たとえ一遍でも）判断できかねるものである。そこで現実の問題として、捨身は否定されねばならない。したがって入滅の直前、体調不良のなかで一遍は多数の道俗に対して必死の思いで入水往生を止めたのである。

注

（1）　水尾現誠「捨身の宗教的意義」（『宗教研究』三九―一八六、一九六五年）。

(2) 速水侑『日本仏教史・古代』(吉川弘文館、一九八六年)九五頁。
(3) 『法華経』下巻(岩波文庫)。
(4) 『大正新脩大蔵経』第一六巻。
(5) 『大正新脩大蔵経』第五巻。
(6)(7)(8) 『大正新脩大蔵経』第五〇巻。
(9) 『大正新脩大蔵経』第五四巻。
(10)(11) 新訂増補国史大系『令集解』第一巻。
(12) 新訂増補国史大系『続日本紀』前篇。
(13) 新訂増補国史大系『類聚三代格』。
(14) 日本思想大系『往生伝 法華験記』(岩波書店、一九七四年)。以下、『大日本国法華経験記』と、往生伝類(『日本往生極楽記』・『続本朝往生伝』・『拾遺往生伝』・『後拾遺往生伝』・『三外往生記』・『本朝新修往生伝』)の引用は、すべて同書による。
(15) 『浄土三部経』上巻(岩波文庫)。
(16) 新訂増補国史大系『百練抄』。
(17) 新訂増補国史大系『扶桑略記』。
(18) 『弘法大師全集』第一巻。
(19) 日本古典文学大系『平家物語』第二巻(岩波書店、一九六〇年)。
(20) 『史料大成』第一九巻。
(21) 東京大学史料編纂所蔵。
(22) 新訂増補国史大系『吾妻鏡』第三巻。
(23) 『大正新脩大蔵経』第一〇巻。
(24) 『史料大観』記録部。
(25) 『大正新脩大蔵経』第八四巻。
(26) 『今昔物語集』第一巻(岩波文庫)。
(27) 新訂増補国史大系『本朝世紀』。
(28) 『浄土宗全書』第二巻。

(29)『大正新脩大蔵経』第八五巻。
(30)『昭和定本日蓮聖人遺文』第一巻、一六三号。
(31)『昭和定本日蓮聖人遺文』第二巻、一八一号。
(32)『昭和定本日蓮聖人遺文』第二巻、一七六号。
(33)注(26)に同じ。
(34)『梁塵秘抄』(岩波文庫)。
(35)井上光貞『日本浄土教成立史の研究』(山川出版社、一九五六年)。
(36)『浄土三部経』下巻(岩波文庫)。
(37)菊地勇次郎「天王寺の念仏」上・下(『日本歴史』九四・九五、一九五六年)。
(38)『発心集』(角川文庫)。
(39)角川源義「図版解説」(日本絵巻物全集『遊行上人縁起絵』角川書店、一九六八年)八九—九〇頁
(40)梅谷繁樹「四天王寺信仰をめぐって」(『仏教文学』三、一九七九年)。
(41)『古語辞典』(岩波書店)「五穀」の項。

第二章　時衆と他宗派との交流

第一節　時衆と禅宗——法燈国師伝説考——

鎌倉時代中期から後期にかけて活躍した僧侶で、臨済宗法燈《ほっとう》派の開祖として知られている僧侶に、法燈国師心地《しんち》覚心《かくしん》がいる。『一遍上人語録』に、一遍が法燈国師に参禅し、次の和歌を呈上したと記されている。

となふれば　仏もわれも　なかりけり
　南無阿弥陀仏の　声ばかりして

しかし法燈が「未徹在（未だ徹底した境地に至っていない）」と低い評価しか与えなかったので、一遍はさらに次の和歌を詠んだという。

となふれば　仏もわれも　なかりけり
　南無阿弥陀仏なむあみだ仏

法燈は満足し、手巾と薬籠とを付属して印可を与えたことを明らかにしたという。

右の説によれば、一遍は法燈によって安心を得たことになる。中世後期から近世にかけての時衆教団に、一遍の法燈参禅説が大きな影響を与えてきたことは事実である。しかし一遍研究の根本史料である『一遍聖絵』と『遊行上人縁起絵』には、この参禅に関する記事はまったくない。法燈の名すら出てこない。これはどうしたことであろう。参禅説はどのように把握したらよいのであろうか。

本節では、次の三つの観点から一遍の法燈参禅説を考察していく。第一は、参禅説成立の歴史的可能性である。一遍の参禅があり得たかどうか。第二は、参禅説がどのような理由で成立し、いかに展開したかを検討する。第三に、この参禅説が近世以降の時衆教団によって、必ずしも否定されてこなかったことの意味を考えたい。

(1) 法燈国師伝の二面性

①禅僧としての法燈

法燈の思想・伝記に関する史料には、主なものとして『元亨釈書』第六巻「釈覚心」の項・『鷲峰開山法燈円明国師行実年譜』[1]・『法燈行状』[2]・『紀州由良鷲峰開山法燈円明国師之縁起』[3]・『由良開山法燈国師法語』[4]などがある。[5]量的に必ずしも少ないというのではないが、法燈の一生を統一的に把握するには困難な点がある。というのは、法燈は臨済宗法燈派の開祖であるという面が中世において強調された結果、彼が有していた密教僧としての面、あるいは念仏僧としての面が意図的に消されてしまった気配があるからである。そこではじめに禅僧としての法燈を明らかにし、次に密教僧・念仏僧としての法燈を検討する。

禅僧としての法燈は、『元亨釈書』第六巻「釈覚心」の項（以下、『釈書』と略称）と『鷲峰開山法燈円明国師行実年譜』（以下、『年譜』と略称）とが詳しい。前者は虎《こ》関師《かんし》錬《れん》によって元亨二年（一三二二）に書かれた。後者は永徳二年（一三八二）ころ紀伊国由良荘の鷲峰山西方寺の住職であった自《じ》南聖薫《なんしょうくん》の手になる。後者の方がより意図的に禅僧としての法燈を描き出そうとしている。両書に共通した内容の記事については出典を記さない。

法燈の出身は信濃国神林であるとされるが、近部の出身という説もある（『年譜』）。姓は常澄氏、あるいは恒氏ともいう（同）。承元元年（一二〇七）に生まれている。その出生については、次のような伝説がある。子がなかった母は、信州戸隠山の仏に祈り、その仏から「燈」を手ずから授けられると夢みて得たのが法燈であるという。

十五歳のとき、戸隠の神宮寺に入って仏書の習読に努めた。嘉禄元年（一二二五）十九歳で出家、東大寺で具足戒を受ける（『釈書』）。『年譜』では、法燈の出家の年について、嘉禄元年十九歳説と、嘉禎元年（一二三五）二十九歳説とを載せている。この点については、『年譜』の著者もいっているように、出家後の法燈の活躍状況から見て、嘉禄元年十九歳説を採った方がよいであろう。続いて高野山に登り、伝法院主覚仏に密教を学び、金剛三昧院住職行《ぎょう》勇《ゆう》に禅を受け、正智院道範に経軌を習い、さらに金剛三昧院前住職願性《がんしょう》にも教えを受けた。また大和国三輪蓮道についで密宗灌頂の奥旨をきわめたという。これらの僧侶たちのうち、その後長く師となり後援者となったのは行勇と願性である。

行勇は諱を退耕といい、はじめは鎌倉の鶴岡八幡宮の供僧で、荘厳房と名のった真言宗の僧侶であった。のちに葉上房栄西《えいさい》の門に入り、禅と台密を学んでその法を継いでいる。北条政子の帰依を受けて高野山に金剛三昧院を開き、建仁寺の円密禅兼学にならって禅密兼修の道場とした。また東大寺大勧進職にも就任している。

願性は俗名を葛山五郎景倫《かげとも》といい、源実朝の近習であった。実朝が殺されてからは高野山に入って出家し、その菩提を弔っていた。これを聞いた実朝の母政子が感動し、紀伊国由良荘の地頭職を与え、願性が高野山で生活するについての経済的援助を行った。嘉禄元年（一二二五）、政子が亡くなったので、翌々年由良に寺を建て、政子・実朝の菩提を弔うことになった。

さて法燈は嘉禎元年から宝治二年（一二四八）にかけては行勇に従って鎌倉の寿福寺に住んだり、山城国深草の極楽寺で道元に菩薩戒を受け、上野国世良田の長楽寺で栄朝の指導を受け、あるいは甲斐国の心行寺で修行をしたりしている（『年譜』）。

宝治二年、京都草河の勝林寺にいた入宋僧天祐思順に教えを受ける。その影響で法燈も入宋の望みを抱くに至った。翌年、四十三歳のとき、願性の援助で由良浦から入宋の旅に出発する。宋においては天台山に登り、育王山に詣で、また各地をめぐって修行した。四十七歳のとき、杭州護国寺の仏眼禅師無門慧開《むもんえかい》に参禅し、ついに大悟することができた。

建長六年（一二五四）帰国し、まもなく願性によって金剛三昧院の第一座に抜擢される。正嘉元年（一二五七）、五十一歳のときには同院の住職になっている（『年譜』）。この間、仏眼と書状のやりとりをして指導を受けている（同）。翌二年、由良の鷲峰に遊んでそこが気に入り、「終老」の地とする志を抱くに至った。そこでその地の領主である願性は伽藍を建て直し、法燈を開山として迎えたのである。これが西方寺である。以後、法燈は由良を根拠地として活動した。

ところで、一遍が求道者《ぐどうしゃ》あるいは伝道者として活動を始めるのは文永八年（一二七一）からである。この年からの法燈の居住場所と活動状況を『年譜』によってやや詳しく見ていこう。

文永九年、西方寺にあり。建治二年（一二七六）、西方寺にあり。願性、同寺で入滅する。弘安元年（一二七八）、西方寺にあり。二月、紀伊国野上荘下司木工助信智一家を、八幡大菩薩と禅問答をすることによって救う。同三年、熊野妙法山に登る。日中なのに星が現れ、祥雲が下るという奇瑞があったという。同四年、亀山上皇の命で京都勝林寺に行き、上皇や後宇多天皇に禅要を進講したところ、深く感心されて、離宮を改めて禅林寺とし法燈を開山とされようとした。しかし法燈は「貧道無レ徳」く、王者の師たるには堪えられないと、ひそかに西方寺に帰った。同六年、西方寺にあり、熊野権現が現れて禅談したという。同七年、紀三井寺報恩僧寺大殿が落成したのを祝う。同八年、内大臣花山院師継が亡息追修のため北山の別荘を改めて光禅寺とし、法燈がその開山として迎えられた。正応二年（一二八九）、法燈八十三歳。この年、兵庫にて一遍入滅、五十一歳。

法燈は以後も西方寺に住んで活動を続け、永仁六年（一二九八）同寺において入滅した。九十二歳であった。

一遍が法燈に参禅する可能性があるとするなら、まず紀州由良、あるいは高野山を訪れることができた時期である。その時期を探れば、第一に、文永十一年（一二七四）の四天王寺から高野山・熊野へ参詣した途次においてである。第二は、弘安元年（一二七八）、西国から京都へ来ていた時期である。第三は、弘安七年（一二八四）で、同じく上京していた時期である。由良へ足をのばすことが可能だからである。第四は、弘安九年（一二八六）、四天王寺・住吉社・磯長《しなが》陵・当麻寺等に参詣した時期である。その上、『釈書』に、

詣二熊野一者、取二路鷲峯一、必志二礼謁一、不レ則為二虚行一、

とあるから、客観的に見れば熊野参詣途次の一遍が法燈を訪問する可能性は十分にあるといえよう。まして次項に見るように、法燈は強い阿弥陀信仰を抱いている。また『一遍上人年譜略』によれば、一遍は弘安十年（一二八七）に参禅したことになっている。法燈は当時、兵庫の宝満寺に滞在していたという。この年、『一遍聖絵』や『遊行上人縁起絵』によれば、一遍は山陰地方を遊行している。兵庫へ行くこともできるから、『一遍上人年譜略』に示す参禅説が成り立たないわけではない。ただし重要なことは、『一遍上人年譜略』の成立は室町時代以降、あるいは江戸時代に入ってから、と推定されていることである。古くからの史料と矛盾することなく伝記を作り上げるのは、容易なことなのである。

西方寺はのちに興国寺と改称され、禅宗の一宗派の本山として発展する。すなわち、臨済宗法燈派である。

②密教僧・念仏僧としての法燈

江戸時代に本末制度が確立されて以後なら別であるが、それ以前の僧侶は一つの宗派にこだわるという常識はな

かった。法燈についても同じである。彼には密教僧的な要素や念仏僧的な要素もみられる。密教的要素については、(6)まず、法燈が修行時代に教えを受けた師たちの顔ぶれ（前述）から推定できる。入宋して仏眼に参禅してのち、禅僧的要素が強くなったのは事実であろう。『年譜』には、帰国後もしきりに仏眼と手紙のやりとりをしている様子が記されている。しかしこれを事実として認めるにしても、『年譜』の著者聖薫《しょうくん》が仏眼から法燈への師資相承を強調するため、この話を何度も取りあげたと解釈することは可能である。

帰国後の法燈にあっても、密教的活動を拒否する考えはなかった。このことを示す例として、正応五年（一二九二）四月五日付の「粉河誓度院条々規式」の第六条に、法燈が、朝の勤行には光明真言・仏眼真言・愛染真言・五大尊真言・薬師真言や尊勝陀羅尼・大金剛輪陀羅尼を読誦すべきこと、日中の勤行には宝篋印《ほうきょう》陀羅尼と仏眼真言・愛染真言・五大尊真言を、夕の勤行には仏眼真言と愛染真言・薬師真言と大悲呪・消災呪・八杓陀羅尼・大金剛輪陀羅尼を唱えると定めているのをあげることができる。

また西方寺で発掘された「弘安九丙戌（一二八六）四月十八日入宋沙門覚心」とある安骨筒の銘は、禅的な境界を示すのが目的であるにしても、梵字の陀羅尼と光明真言がまず書かれていることは無視できまい。したがって聖薫も法燈の密教的な要素を完全には除去し切れず、『年譜』弘長四年（一二六四）条に次のように載せざるを得なかったのである。

従二正月初一日一、点二定十五箇日一、修二愛染并五大尊法一、以祈二山門粛清一、蓋俯二順外儀一、凜二願性檀命一也、

すなわち、檀那である願性の命令によってやむなく密教の儀礼を行った、というのである。願性に責任を転嫁している。しかし要するに、密教的要素は法燈の本質の一端だったのである。『法燈国師座禅儀』『由良開山法燈国師法語』等にはほとんど密教的要素が見られないにしても、また密禅兼修の行勇のことが少しも出てこないにしても、それらは編者が意図的に省いたのである。法燈が純粋な禅僧であらねばならない(7)という理由は、客観的にみれば何

もない。密禅兼修は、鎌倉時代にはむしろ一般的であった。

次に念仏僧としての法燈を考えたい。法燈が密教僧でもあったことが明らかな以上、彼の念仏信仰は真言密教の一環としての念仏信仰である。法然の専修念仏の系統ではない。法燈に念仏信仰が強かったであろうことは、次の諸点を見れば明らかである。(8) 金剛三昧院の前身の禅定院は、高野山浄土教創始者として初期高野聖の偶像的存在であった小田原聖教懐《きょうかい》の旧蹟であって、念仏に強い縁のあるところである。法燈の師の一人覚仏阿闍梨は伝法院主であり、この院を創立した覚鑁《かくばん》は私の念仏堂として密厳院を建てたほどの学系であったこと。他の師の道範には『秘密念仏抄』三巻があること。願性は、高野山では禅定院、由良荘では西方寺に住んだのであるから、念仏者であったはずであること。入宋して禅を学んだとはいうが、宋代の禅は念仏との一致を行ずるものであること。また高野山側の法燈伝は念仏の記事に満ちみちていること。たとえば『紀伊続風土記』第五輯非事吏事歴の「萱堂」(9)条や、『高野春秋編年輯録』(10)等には、法燈の弟子覚心（師と同名）なる者が、師の命により高野山に登り、奇蹟を現して鉦鼓念仏を許されたと載せている。この弟子は師の分身であるという。

一方、宋から帰国後の法燈は、『年譜』には金剛三昧院（禅定院）に建長六年（一二五四）から正嘉二年（一二五八）までしか止まらなかったように記してある。そしてその後の金剛三昧院あるいは高野山との関係については一切触れていない。しかし、由良は法燈の帰休の地であり、かつ金剛三昧院の一出張所と考えた方がよいので、高野山における活動も当然多かったとみられるのである。

また『釈書』と『年譜』では、「西方寺」という寺名の命名時期が異なる。『釈書』には次のように記されている。

始心遊㆓鷲峯㆒、楽㆓其絶勝㆒、営㆓構梵宇㆒、名曰㆓西方寺㆒、棲㆑此四十余歳、

法燈が入滅した永仁六年（一二九八）から四十余年前といえば、建長（一二四九―五五）・康元（一二五六）・正嘉（一二五七―五八）にあたる。そのころ寺を鷲峰（由良荘内）に建てて西方寺と名づけたというのである。これに関連し、

『年譜』には正嘉二年のできごととして、

遊㆓由良鷲峰㆒楽㆓其山㆒、眷焉有㆓終老之志㆒、功徳主願性拝請、以為㆓開山住持㆒、而欲㆔同心同力新㆓於精藍㆒

とあるから、法燈が鷲峰に新伽藍を建ててそこに住み始めたのは正嘉二年としてよい。さらに「西方寺」という寺名は、『釈書』では新しい伽藍ができたときにつけたというのに、『年譜』ではそうは記されていない。『年譜』嘉禄三年（一二二七）条に、

茲歳、紀州海郡由良庄西方寺草創、今興国寺、建寺檀那由良地頭兼金剛三昧院別当沙門願姓、（中略）乃寄㆓田園㆒、永擬㆓供仏施僧㆒、于ㇾ時十月十五日也、雖ㇾ然未ㇾ終㆓成功㆒、且請栂尾明恵上人高弁、扁寺曰㆓西方㆒、使㆓永平寺仏法上人道元㆒書㆓額之篆字㆒、本尊阿弥陀像一鋪者、毘沙門堂明禅法印開眼供養、

とある記事が注目される。つまり、「西方寺」という寺名は、嘉禄三年に創建されたときに名づけられたと主張しているのである。また西方寺の本尊は阿弥陀仏であった。もちろん、「西方」という名からしても、阿弥陀信仰に基づく寺であったことは十分に推測される。

以上の諸点から、次のように推論することができるであろう。念仏の信仰を持っていた法燈が正嘉二年に鷲峰に新たに伽藍を建てて名づけたのは、「西方寺」だったのである。『釈書』はこの事実を正しく伝えた。けれども禅宗の祖としての法燈を描かねばならない『年譜』の著者は困惑し、「西方寺」の寺名は嘉禄三年の願性草創のときに名づけられたとしたのである。では次に一遍の法燈参禅説について検討したい。(11)

(2) 一遍の参禅説の成立と展開

一遍参禅説を分析するために諸史料によるそれぞれの内容をみていこう。まず『一遍上人行状』と『一遍上人年譜略』とをあげる必要がある。両書はいずれも室町時代以降の成立と考えられている。江戸時代に入ってから成立

した可能性もある。両書の前後関係も不明である。その他の史料も、年代の古い順にあげていく。

①『一遍上人行状』(12)

建治元乙亥年春三月廿五日、詣二熊野証誠殿一、丹祈而承二神託一、受二念仏印板一、神示曰、汝誓願不可思議也、哀二愍衆生一故、専勧二念仏一行一、此者是最上善根也云々、遍甚渇仰而法楽数日、然後到二紀州真光寺一、時々見二心地一、心示以二念起即覚之語一、遍呈二和歌一曰、

唱フレバ　仏モ吾モ　ナカリケリ
　南無阿弥陀仏ノ　声バカリニシテ

心曰、未徹在矣、建治二丙子年夏四月、再詣二熊野一、（中略）祈二証誠殿一、（中略）於レ此領二解他力深義一、捨二自力意楽一矣、再帰二紀州由良一、見二心地一、呈二和歌一曰、

ステハテ、　身ハナキモノト　ヲモヒシニ
　サムサキヌレバ　風ゾ身ニシム

終蒙二印可一、得二手巾薬籠一焉、

話の筋は、一遍は全国遊行の途中、熊野へ参詣し、次に法燈に参禅した。法燈は「念起即覚」の語を示した。一遍は法燈に「唱フレバ……」の歌を差し上げ、自分の境地を伝えた。しかし、いまだ徹底していないと法燈にきめつけられ、一遍はまた熊野へ参詣した。そこで他力の深義を得ることができた。再び法燈に会って「ステハテ、……」の歌を呈上すると、法燈は満足して印可を与えたというのである。

法燈は一遍の信仰体系の完成上、重要な役割を果たしていることになる。『一遍上人行状』の文章全体は短く、一遍と法燈との関わりを記述することに重点が置かれているようにみえる。

②『一遍上人年譜略』(13)

弘安十丁亥、同四十九歳、(中略)同郡宝満寺、由良法燈禅師在住、師参謁、以㆓念起即覚話㆒、師即以㆓和歌㆒伸㆑心、禅師曰、未徹在、師又以㆓和歌㆒、禅師於㆑之附㆓属手巾薬籠㆒、以為㆓印可㆒曰、此二物表㆑信、可㆑為㆓後人標準㆒矣、

本書では、一遍の参禅は入滅の前々年四十九歳のこととしているから、一遍の信仰体系の完成という観点からは、『一遍上人行状』の説より相対的に意味の薄いできごととなる。参禅の回数も一回だけであり、歌も記していない。

③『誓願寺』[14](謡曲)

諸国遊行の一遍が、熊野神の示現により京の誓願寺において念仏札をくばっているとき、和泉式部の亡霊が現れ、そのお告げによって誓願寺の額を六字名号に改めるという内容である。『紀河原勧進猿楽日記』によれば、この謡曲は寛正五年(一四六四)に演じられている。参禅説がでてくるわけではないが、『一遍上人行状』では法燈に呈上したとする歌と類似の句が載せられている。

称ふれば　仏も我もなかりけり
　仏も我もなかりけり　南無阿弥陀仏の声ばかり

④『洛陽誓願寺縁起』[15]

この縁起は、文明九年(一四七七)誓願寺が再建されたときに作成されたものと考えられる。そのなかに一遍が熊野で参籠し、神託を受ける項がある。その内容は、一遍を褒めたたえ、誓願寺に行って念仏札をくばるべきことを教え、深い宗教的境地を表した四句の偈を与えた。喜んだ一遍は踊躍歓喜の念仏を行い、歌を詠んだ。

唱れば　仏もわれも　なかりけり
　なむあみだ仏の　声ばかりして

誓願寺は一遍との関係が深いという伝説が生じていたから、そのなかに法燈との関わりの歌が取り込まれたものと思われる。ただし、『洛陽誓願寺縁起』には、謡曲『誓願寺』と同様、一遍と法燈との関係を直接示す記事はない。

⑤京都妙光寺本『法燈行状』
本書は、『年譜』作成にあたり聖薫が参考にした『慈願之縁起』の流れを伝えるものと考えられ、古い形を残している可能性が十分にあるという。ただし、書写の年代は大永五年（一五二五）以降である。

六時宗上人俗姓革野聞㆔宗門有㆓教外別伝之旨㆒参㆓見師㆒、以㆓念起即覚之語㆒示㆑之、終蒙㆓印証㆒、師解㆓手巾㆒付属曰、此巾表㆑信、可㆑為㆓後人標準㆒也、至㆑今唱㆓其宗㆒者也、初参見歌云、となふれば仏も我もなかりけり南無阿弥陀仏のこゑばかりして、師曰未徹在、後に、棄はてて見はなき物と思ひしにさむさ来ぬれば風を身にしむ、即可、
⑥『延宝伝燈録』(16) 第三十四巻
本書は延宝六年（一六七八）の成立、宝永三年（一七〇六）の出版。美濃国盛得寺の師蛮の著である。

建治末、登㆓高野山㆒掫㆓真光寺㆒而居、法燈国師在㆓由良興国寺㆒曰、師屢往窺㆓禅要㆒、国師示以㆓念起即覚之語㆒、精進参訊、粗有㆓省所㆒、詠㆓和歌㆒、通㆑所㆑解曰、登奈婦礼波 保登気毛和礼毛 奈加利気、里 那無阿弥陀仏乃 古恵波加利志天 国師曰、猶未徹在、師於㆓言下㆒得㆑旨、復呈㆓和歌㆒曰、登奈婦礼波 保登気毛和礼毛 奈加利気、里 那無阿弥陀不津 那無阿弥陀不津 国師領㆑之、即授㆓手巾薬籠㆒以為㆓信印㆒、師頂受而退、
⑦『一遍上人絵詞伝直談鈔』(17)
本書は『遊行上人縁起絵』全十巻中の前四巻の注釈書。正徳四年（一七一四）の成立。著者は賞山。

法燈禅師年譜云、武庫兵庫之事宝満寺往昔教寺也、師法燈来止之日、寺主聞㆓師徳㆒、以㆑寺宝満寺付㆑之、同郡有㆓真光寺㆒、念仏道者居㆑之、勧㆓四部衆㆒唱㆓専念一宗㆒、一日聞㆔禅門有㆓教外別伝之旨㆒、時時見参、師示以㆓念起即覚之語㆒示㆑之、諱一遍、姓伊予葦野（革カ）氏、初見参歌云、トナフレハ仏モ吾モナカリケリ、南無阿弥陀仏ノ声バカリシテ、師云、未徹在、後、棄ハテ、身ハナキ物ト思シニ、寒サキヌレバ風ゾ身ニシム、蒙㆓印可㆒、
⑧『一遍上人語録』(18)

宝暦十三年（一七六三）出版。

宝満寺にて、由良の法燈国師に参禅し給ひけるに、国師、念起即覚の話を挙せられければ、上人かく読て呈したまひける、

となふれば　仏もわれも　なかりけり
　南無阿弥陀仏の　声ばかりして

国師、此歌を聞て「未徹在」とのたまひければ、上人またかくよみて呈し給ひけるに、国師、手巾・薬籠を付属して、印可の信を表したまふとなん、

となふれば　仏もわれも　なかりけり
　南無阿弥陀仏　なむあみだ仏

本書では、参禅の時期は記していない。また、第二首も第一首に続けて法燈に呈上したように述べられている。

⑨『一遍上人語録諺釈』(19)

俊鳳著。『一遍上人語録』の注釈書。明和四年（一七六七）年成立。本書のなかに、次のような『法燈国師法語』が引用されている。

法燈国師年譜曰、一遍初見参歌曰、唱フレバ仏モ我モナカリケリ南無阿弥陀仏ノ声バカリシテ、師曰、未徹在、後棄ハテ、身ハナキモノト思シニ寒サキヌレハ風ソ身ニシム、

右の『法燈国師年譜』は、『鷲峰開山法燈円明国師年譜』とは別書のようである。文章は⑤の妙光寺本『法燈行状』とよく似ている。

また、法燈の印可を蒙った第二首は、『一遍上人語録』所載の歌とは異なり、『一遍上人行状』や『法燈行状』所載の歌と同一である。この点に読者の注意を促すために『法燈国師法語』を引用したものと思われる。俊鳳は右の

文に続けて

宝暦年中、予、洛西鳴滝妙光寺法燈ノ開基十刹ノ随一ニ詣シテ法燈国師ノ真像ヲ拝シ、且ツ堂頭和尚ニ謁シテ国師ノ年譜ノ捨果テ、ノ歌ノコトヲ問シニ、堂頭和尚ノ答ヘニ二説アリト雖ドモ、年譜ノ説恐クハ不是ナラント云々、

と記している。つまり当時、第二首に関して二説あったことが知られていたことになる。しかも堂頭《どうちょう》和尚なる僧が『法燈国師年譜』の歌の方が「不是」であると言ったとの話も載せている。堂頭はなぜ「不是」としたのであろうか。このことについては、のちに検討する。なお、俊鳳が訪ねたのが京都の妙光寺であったことは『法燈国師年譜』が『法燈行状』と同系列の書物である可能性がいっそう強くなる。また次の『法燈禅師年譜』は、おそらく『法燈国師年譜』と同一本と考えられる。理由は、前書の引用文の後半と、後書の引用文とが同一文だからである。

以上、繁雑ではあったが管見の限りの参禅説に関する史料を挙げた。ここで話の筋をまとめておこう。まず、一遍が法燈に参禅した時期と場所について、一遍の三十代における熊野参籠の時であるとする説（①⑥）と、四十代の末年に兵庫においてであるとする説（②）、時期はいつとも示さないが、兵庫においてであるとする説（⑦⑧）がある。第一の説は法燈側にひきつけた内容で、第二・第三の説は一遍の側にひきつけた内容と判断できる。

一遍が法燈に二つの歌を呈上したとする点は、諸書ほぼ一致しているが、第一首を呈して「未徹在」と言われ、修行して時間を隔ててのち、第二首を呈したとする説（①⑤⑦⑨）と、同時期に二つの歌を呈したとする説（②⑥⑦）とがある。第一の説は法燈の指導力を強調し、第二の説は相対的に指導力を低く評価することになる。

第一首については、熊野神の神託を受けて喜びのあまり、とする説（④）もある。

第二首は二種類ある。「捨てはてて……」とする説（①⑤⑦⑨）と、「唱ふれば……」とする説（⑥⑦）である。

では、以上の説が歴史的事実を示しているかどうかについて。一遍と法燈が交渉を持つことは、両者の伝記を検討すれば十分に可能であることがわかる。しかしながら、史料上の限界から、歴史的事実として確定することはで

きない。現段階ではあくまでも伝説としてとどめておくべきである。なお、鎌倉末―南北朝ころの書写と推定されている金沢文庫本『播州法語集』[20]（『一遍上人語録』系統の最古の写本）に、

漢土に径山といふ山寺あり、禅の寺なり、麓の卒都婆の銘に、念起是病、不レ続是薬云々、由良の心地房は此頌文をもて法を得たり、

と記してあるから、時衆教団内において、早くから法燈が知られていたということはできる。

では次に、一遍の法燈参禅説がいかなる背景をもって成立し、展開したかを考えたい。その前に、近年の研究で、右の第一首「となふれば　仏もわれも　なかりけり　南無阿弥陀仏の　声ばかりして」は一遍の和歌ではないということが明らかにされたことを述べておきたい。

(3)　「南無阿弥陀仏の　声ばかりして」の作者

橘俊道氏の研究によれば、「となふれば　仏もわれも　なかりけり　南無阿弥陀仏の　声ばかりして」は、一遍の和歌ではなく、六代遊行上人他阿弥陀仏一鎮の作であるという。[21]同氏は、まず、元禄十五年（一七〇二）に著された『芝崎文庫』[22]（著者は呑了という時衆の学僧）に、次のようにあることを手がかりとする。

唱レバノ詠歌ハ是レ遊行第六祖ノ詠歌ナリ、（中略）年譜ニ書スル傍人ノ吾宗ノ途ニ暗キ故偽情ヲ懐ケルカ、

年譜（『法燈年譜』）の著者は時衆のことに詳しくないので誤ったのではないか、と『芝崎文庫』の著者は説く。著者の呑了はのちに遊行上人四十八代を継いだ人物である。

一遍の作でなければ誰の和歌か。これにつき世阿弥作の謡曲「当麻」のなかに、「八万諸聖教皆是阿弥陀ともありげに候、釈迦は遣り弥陀は導く一筋に、心ゆるすな南無阿弥陀仏。唱ふれば仏もわれもなかりけり、南無阿弥陀仏の声ばかり、すずしき道はたのもしや、濁りにしまぬ蓮の糸、蓮の糸の五色にいかで染みぬらん」と、問題の和歌

が示されている。世阿弥の時代は応永のころであるから、この和歌はそれ以前の人の作である。
ところで、『定本時宗宗典』に「遊行十四代上人法語」として載っている文の冒頭に、

毛利重而不審ニ云ク、一念弥陀仏即滅無量罪トハ承テ候ヘドモ、先師ノ説ニ云ク仏モ我モナカリケリト聞時ハタヤスク往生スベシトモ不㆓在ゼラレ㆒候、如何申セシ其返事、

唱レバ仏モ我モナカリケリ南無阿弥陀仏ノ声バカリシテ

ノ御不審承リ候、是ハ我先師上人ノ歌也、此歌ノ心ハ名号所具之法体トハ不㆓覚知㆒シテ別ニ悟有ト心得給ハ以ノ外ノ岡水練也、

とあることに注目しなければならない。橘氏の検討によれば、この「遊行十四代上人法語」は、遊行十四代（他阿弥陀仏太空）の作ではなく、遊行上人七代他阿弥陀仏託何の文と思われるという。そして、右の引用文中に「先師上人」とあることに注目する。遊行上人が先師と称するのは、直接自分に遊行上人の法燈を伝授してくれた前遊行上人を指すのが常であるから、問題の歌は託何の前代の遊行六代上人の作ということになる。遊行六代とは他阿弥陀仏一鎮なのである。一鎮は嘉暦二年（一三二七）四月一日から遊行上人となり、延元三年（暦応元、一三三八）に託何に職を譲った。同時に三代藤沢上人となり、正平十年（文和四、一三五五）に清浄光寺で入滅している。七十九歳であった。

橘氏は、問題の歌が一遍ではなく一鎮の作であると確定すれば、一遍の法燈参禅の伝説は「自からその実を失う」と主張する。(23)

橘氏の説は、大筋では首肯できるものである。ただ、『定本時宗宗典』所収の「遊行十四代上人法語」が遊行七代託何の文であるという主張について、検討の結果をさらに詳しく述べておいて欲しかった。ちなみに託何はすぐれた学僧であって、著書も何点かあり、法語も残っている。検討はそう困難なことではない。遊行十四代太空は、本

書第四章第二節でも言及する人物である。

では次に、一遍の法燈参禅説の成立と展開について考えていきたい。

(4) 参禅説成立の背景

①高野山萱堂聖制作説

少なくとも「となふれば仏もわれもなかりけり　南無阿弥陀仏の声ばかりして」の歌が一遍の作でないことがほぼ確実になった以上、一遍の法燈国師への参禅話は後世に作り上げられたものと判断せざるをえない。それにつき、二つの説がある。第一は、高野山の萱堂聖《かやどうひじり》の間で作られたとする説である。これは、はじめ五来重氏によって提唱された。(24) 第二は、京都の五山の間で作られたと考える説である。まず第一の説から見ていきたい。ちなみに、時衆の間で作り上げられたとする説だけはない。

法燈の信仰体系は、禅と密教とをその構成要素としていた。そのうち、禅の面を受けついだのが臨済宗法燈派であり、特に念仏の面を受けついだのが高野山の萱堂聖である。『紀伊続風土記』非事吏事歴の「萱堂」の項に、『法燈別伝』を引用して、法燈(覚心)の弟子で同名の覚心が、萱を引き結んで堂を建て念仏三昧の場として、萱堂聖の祖となったと伝えている。妙光寺本『法燈行状』には、この弟子の覚心は「由良開山之分身也、代々之上人与由良開山有機縁為上人也」と解説する。その上、慶長十五年(一六一〇)庚戌三月十五日の頼慶書上には、「法燈国師此山に登て萱堂を開き安養寺と号す」とあり、『山城名勝志』引用の「新善光寺御影堂縁起」には、「高野山萱堂開基法燈国師」と載せている。これらの史料から考えて、何らかの理由により表面には出さないようにしてはいるものの、法燈が萱堂聖の元祖であり偶像であったことは間違いないという。

ところで、萱堂聖をはじめ、高野山の他の聖集団である蓮花谷聖や五室聖などすべての高野聖は、室町時代には

すべて時衆化した。たとえば応永二十年（一四一三）五月二十六日付の「高野山五番衆契状」の中に、

一、高声念仏・金叩・負頭陀一向に停止す可き事、

一、踊念仏固く止む可き事萱堂の外、

などとあり、まさに時衆の特色である高声念仏・金叩・踊り念仏などについて言及してあり、禁止令が出されている。なお、この契状では萱堂聖の間のみ踊り念仏が許可されていたことが注目される。何らかの特別な理由があったか、あるいはよほど萱堂における時衆の力が強かったのであろう。高野山の時衆は、江戸時代初期に幕府によって真言宗への帰入が命ぜられて姿を消すまで、強大な勢力を有していたのである。

萱堂聖の元祖はあくまでも法燈であるけれども、時衆化していること（あるいは時衆化すること）の理由を説くために、時衆に関わる種々の伝説が生み出されたと考えられるのである。『紀伊続風土記』非事吏事歴の「時衆」の項に、

此非事吏の始一遍上人より起る、当山時衆の六字称名は明遍より起り、後に鉦鼓を鳴し声を出すは、一遍より始れり、

とか（「頼慶勧化牒」）、あるいは

一遍上人此山に登て園城院を建て、暫く住て念仏す、非事吏等皆随逐して時宗となりて宗の本意を失、

とあり（「頼慶書上」）、また、

中頃藤沢の上人萱堂に住して念仏す、非事吏等其風猷を信じて、一遍の念仏三昧を自業とし、時宗の袈裟衣を著用し、非事吏最初の事業を忘る、

などと引用してある（『真俗興廃記』）のがその一部である。この伝説群のなかの一つが一遍の法燈参禅伝説であると思われる。すなわち、萱堂聖の元祖法燈と時衆の開祖一遍とは親しい関係であったと説くことは、萱堂聖が時衆の

行儀を取り入れていること（あるいは、取り入れること）の妥当性を主張する根拠となると判断したのではなかろうか。妙光寺本『法燈行状』の表紙に「法燈行状　於二高野山一写留」とあって、同書の原本が高野山にあったと推測されることも、少なくとも高野山で参禅説が保存されていた根拠にはなろう。

ところで、時宗四条派の祖浄阿真観の伝記を述べた『浄阿上人行状』(25)に、浄阿が法燈に参禅した話がある。関係部分は次のとおりである。なお、浄阿真観は文永六年（一二六九）に生まれ、暦応四年（一三四一）に入滅している。一遍の弟子他阿弥陀仏真教に師事した。

遊二行於諸国一、或時聞二一遍事跡一、思慕焉、永仁年中到二紀州由良一、入二心地上人座下一、伺レ法多年、或時問曰、雖二多年工夫一、未レ得二一分鼻孔一、尚以可二修行一乎否、曰、不レ得二多年工夫一、不レ可二倚座一、夫仏法教外別伝、而離二文字言説相一、詣二熊野一可レ祈云々、即去而翌日詣二新宮一、致二丹祈一得二瑞夢一、示曰、造悪凡夫、自レ不レ皈二念仏往生一外、不レ可二出離一、則教二他力奥義一、名可レ号二一阿弥陀仏一云々、則去来二由良一、見二心地一曰、我詣二熊野一、得二念仏法要一也、地問曰、如何乎念仏、答曰、南無阿弥陀仏、曰、為レ可也不レ足、於レ是再詣二新宮一、帰来見曰、我得二念仏法要一也、問曰、如何乎念仏、答曰、南無阿弥陀仏、曰、可也、終蒙二印可一、

この引用史料は、そのモティーフや文章そのものが『一遍上人行状』とよく似ている。一方の書が他方に影響を与えたことは間違いない。両書の明確な前後関係は不明にしても、おそらく、『浄阿上人行状』が先、『一遍上人行状』(26)が後と考えられる。その理由は、両書の文章を比較検討すると（例えば『浄阿上人行状』の「到紀州由良」「致丹祈得瑞夢」と『一遍上人行状』の「到紀州真光寺」「仁祈而承神託」など）、『一遍上人行状』は『浄阿上人行状』の文章を取り入れ、あるいは多少省略しながら書かれたように思われる。

もっとも、なぜ法燈と浄阿との話が生じたかの問題は残るにしても、一遍と法燈との関係伝説の解明には本質的な影響はない。きっかけは何であっても、一遍の法燈参禅説が発生し、展開したことは事実だからである。

『年譜』に一遍の参禅が出てこないのはむしろ当然である。同書はあくまでも臨済宗法燈派の祖としての法燈を描くことにその目的があり、密教的・念仏的要素はでき得る限り切り捨ててあるからである。また『元亨釈書』の釈覚心条に参禅説が載っていない理由については、三つの可能性が考えられる。第一は、参禅説がまだ成立していなかったこと、第二は、『年譜』ほどではないにしても、やはり禅宗の僧侶としての法燈を描くために、一遍の話は切り捨てたこと、第三は、『元亨釈書』の著者虎関師錬が参禅説を知らなかったこと、である。

以上が、一遍の法燈参禅説は高野山の萱堂聖の間で成立したと推論する理由である。ここであらためて参禅説の展開を順序づけてみたい。萱堂聖の間で成立したとするならば、当然高野山に引きつけられて、法燈の立場が強い内容の話であることが推測される。

第一の段階は、『一遍上人行状』のような、熊野参籠をはさんで二度も法燈に参禅し、決定的な安心を授けてもらったという話である。しかも、参禅した場所は紀州である。

第二の段階は、参禅の回数が明確に二度とは示されず、法燈の影響力がやや弱く示される。参禅の場所も、紀州ではなく兵庫とするものが現れる。

第三の段階では、一遍が参禅したのは若いころではなく、かなり晩年になってからであるとする考え方が生まれる。この説では法燈の影響力はいっそう弱いと見てよい。

逆の順序で参禅説が展開することも考えられる。しかし、萱堂で成立した伝説が、しだいに時衆の立場を考慮しながら少しずつ変化していったものとみたい。

また一遍が呈上した二首の和歌のうち、第二首は二説あった。そのいずれが古いかといえば、「棄てはてて……」の方が古く、「唱ふれば……」の方が新しいと推定されよう。「唱ふれば……」の方は、近世の書物にしかみえないからである。

②五山禅僧制作説

一遍の法燈参禅説は、五山禅僧によって作られた、禅と念仏とを結びつけるための象徴的な説話である、とするのがこの考え方である。これは妙光寺本『法燈行状』の成立とその背景を丹念に分析された原田正俊氏の近年の説である。原田氏は、『法燈行状』の問題の和歌を含む参禅の話の部分が、高野山で作られたものではなく、五山の禅僧の手によって成立したと主張する。(27) その内容は以下のとおりである。

五来重氏は妙光寺本『法燈行状』を一つの内容で統一された一本であるかのように扱っているが、実は本書は内容的には『法燈国師年譜抜書』『妙光寺十境』『興国寺諸額・諸塔頭書上』『紀州由良鷲峰山法燈円明国師之縁起』が合冊されたものであること。これは近年、興国寺で発見された『紀州由良鷲峰開山法燈円明国師之縁起』(永正十五年〈一五一八〉夏の成立)によって、分析が進められたものである。また「法燈国師年譜抜書」は『年譜』をベースにその一部分を削り、嘉禎元年等の部分に新たな記事を挿入したものである。いわば『年譜』プラスαである。

また五来氏は、『法燈行状』の書写を、「この写本の底本は永正十四年(一五一七)に高野山で写した」としているが、原田氏はこれは明らかな誤解であるという。『法燈行状』の表書と奥書、興国寺本『紀州由良鷲峰開山法燈円明国師之縁起』の奥書等の分析により、寛永年間(一六二四―四四)の妙光寺復興に際し、開山覚心の事績を顕彰するために数種の伝記史料が集められ書写され一本とされたものというのである。その数種の底本は、『法燈行状』の表紙の記載から推測して高野山にあったとみられる。

『法燈行状』のうち、〈『年譜』のプラスαの部分以外〉は禅僧の手になることは明白である。そして一遍の参禅説話はこのプラスαの部分に含まれている。

いくつかの史料をもとに検討すると、プラスα部分の作者は、五山内の特に法燈派・聖一派の禅僧の事績に詳しく、京都における覚心の事績にも熟知しており、かつ興国寺・妙光寺等、法燈派寺院にも将軍のもとにも出入りできる人物であること、そこでこのプラスα部分は法燈派・聖一派に関係する有力な五山禅僧の編によって成立した、とすれば『法燈行状』の内容はすべて禅僧の手によって書かれたことになり、高野聖系の人物によって高野山で書かれたという五来氏の説は成り立たないことになる、と原田氏は主張する。

では一遍の参禅説話はどのような事情により成立したのであろうか。室町時代には、禅僧と念仏とは密接に結びついていた。特に法燈派・聖一派のように地方へも進出して[28]念仏僧たちとも関係が深かった禅僧たちは、後々まで念仏者たちに師として仰がれた。一遍参禅説話は、禅と念仏とを結びつけるための象徴的な説話であり、五山の禅僧たちは多くの檀越の外護を受けるためにもこの説話を整備完成させていく必要があった。このように原田氏は結論づける。

原田氏の説は、室町時代の禅宗についてのすぐれた見識のもとに、関係史料を博捜された上での精妙な立論である。私はほとんど頷きたいと思っているのであるが、ただ一点、では一遍が参禅したとする相手がなぜ法燈であったのか。この部分の説得力が不足している。五来氏の説はこの点で納得させるものを持っているのである。

(5) 時衆教団の立場

さて時衆教団では、一遍の法燈参禅説を示されて、喜んだとは思えない。それは前述したように、時衆教団にとっては名誉なことではないからである。しかし室町時代あるいは戦国時代の時衆で、このことについての感想を今日まで残しているものはいない。そこで江戸時代の時衆教団のなかの見解を見ていきたい。ちなみに圧倒的に優勢な遊行派を中核とする時衆教団では、一遍の正当なる伝記は『遊行上人縁起絵』であった。その注釈書『一遍上人絵詞伝直談鈔』第三巻に

総此の絵詞伝、元祖御伝中有二四所習一、一、熊野参籠已前算事、二、夢想直現事、三、自頌神頌事、四、不レ載二

此伝㆒泉式部亡魂化益・法燈国師参詣之事、此四箇為㆓此伝習㆒也、

とある。すなわち、参禅説は四つの「習」＝口伝《くでん》のなかの一つとされていた。さらに同書第十二巻に、

今不㆑載㆓法燈参詣事、元祖上人法燈参詣事、自他所㆑知㆑之也、況載㆓彼年譜㆒明白也、又此伝記㆓元祖一世行状㆒極略、僅記㆓十之一二㆒、為㆑顕㆓此義㆒、式部化益法燈見参事不㆑載㆓此伝㆒也、（今宗門法衣上手巾、顕法燈印可標準）

とあるように、参禅説は時衆教団の内外に明らかであること、それにもかかわらず『遊行上人縁起絵』に載せていないのは、本書が一遍の行状をすべて載せるものではないことを示すために、重要なできごとをあえて削ったのであるという。また、法衣の上にのせる手巾は、法燈の印可にかかわることであるという。つまり、江戸時代の教団では「習」としつつもほぼ公的なものとして参禅説を認めていたのである。これは『一遍上人語録』が参禅説を採用していることによっても明らかである。では、なぜ採用せざるを得なかったのか。これを一遍の信仰体系形成過程の側面から考えたい。

まず『一遍聖絵』によれば、前述したように一遍は各地で修行し、熊野へ来る。そのとき、一遍の教えが信じられないといって、彼が配っていた念仏札の受けとりを拒否する僧に出会う。困惑した一遍は、

勧進のおもむき冥慮をあふぐべし、

といって熊野本宮証誠殿に参籠し、熊野神からの、

阿弥陀仏の十劫正覚に一切衆生の往生は南無阿弥陀仏と必定するところ也。信不信をえらばず、浄不浄をきらはず、その札をくばるべし、

との神託を得た。そこで一遍は、「大権現の神託をさづかりし後、いよいよ他力本願の深意を領解せり」と、自分自身の信仰の境地が一段と進んだことを述べるのである。

『遊行上人縁起絵』の方では、熊野参籠以前の一遍の伝記が極端に縮小されており、信濃国善光寺から高野山ま

でのできごとは一切記されていない。したがって、いかに一遍が修行し、どのような信仰内容を獲得していたかは、同書でみる限り不明である。いわば突然、熊野参籠の場面が現れるのである。熊野の場面は、ほぼ『一遍聖絵』の当該部分と同文である。すなわち、『遊行上人縁起絵』においても、一遍が熊野へ参籠した目的は「勧進の趣冥慮を仰べし」（同書第二巻）ということである。神託を受けた一遍は、「他力本願の深意を領解《りょうげ》せり」と述べる。

大乗仏教においては、上求菩提《じょうぐ》の行と下化《げけ》衆生の行は一致しているという。衆生を救う行が自己の救済にもつながるのである。しかしながら、現実の一人の僧侶の一生において、はじめから二種類の行が一致していることはあり得ないであろう。まず、自己の基本的な修行をなして宗教的に深い境地を得、次に、それをもって衆生を救おうとするのが自然である。

自己の修行においていかに修行するかが問題となるのと同様、衆生救済＝伝道においてもその方法論が問題となるのは、これまた当然のことである。一遍も伝道のために賦算《ふさん》という方法を採用した。一遍が熊野へ参籠したのは、この伝道の方法に自信を失ったからである。方法論確立のために教えを求めたのであった。ところが、神託を受けて一遍が洩らしたことばは、「他力本願の深意を領解」した、というものであった。伝道の方法論以上の、自己の安心に直接かかわるものも得ていると思われるのである。たしかに、『一遍聖絵』においては熊野の場面の直後に、『遊行上人縁起絵』においては大隅正八幡宮参籠をはさんで、宗教的安心を述べた頌が記されている。

熊野参籠によって一遍が求めたものは、伝道の方法論の確立である。決して自己の安心ではない。結果的に安心を得たように記してあっても、『一遍聖絵』と『遊行上人縁起絵』の読者が疑問を抱こうと思えば可能なのである。一遍の安心獲得過程に欠落している部分があるからこそ、時衆教団ではそこを埋める参禅説を拒否できず、受け入れざるを得なかったのである。ただし、時衆教団としては、一遍に対する法燈の影響力はあまり強くないほうがよい。かくて江戸時代の時衆教団においては、『一遍上人語録』採用の文章のように、参禅の時期は明示せず、場所は兵庫であり、二首を続けて呈上して一遍の宗教的境地はすでに十分深まっていたことを思わせる、などという形をとったのである。

最後に、一遍が法燈に呈上したという和歌についても考えてみよう。第一首、「となふれば仏もわれもなかりけり、南無阿弥陀仏の声ばかりして」は、捨てることに徹した一遍にしては、まだ捨てきっていないものがある。「南無阿弥陀仏」の声を聞く自己である。したがって、法燈に「未徹在」とされたのである。しかしこの和歌は、前述したように一遍の作でないことはほぼ明らかである。そのうえで、橘俊道氏は、声に出して念仏を唱えることこそ一遍の信仰の本質であり、念仏論の本源であるから、「「南無阿弥陀仏の声」とはいったいどういうことなのであろうか。一般には南無阿弥陀仏と唱える私の声という意味に理解している。だから「声」の残存が我執の残存だなどという見当はずれの迷蒙が、何百年という間宗門の中にくすぶりつづけていた。（中略）やはりこの話は禅者から念仏者に対する対抗意識の所産なのである。沈思黙考をよしとする側から言わすれば、南無阿弥陀仏の声がうるさいのである」と説く。そしてただ念仏を唱えてその世界に浸り切っている状態である「独一念仏」「唯一念仏」こそ一遍の念仏論の本源であるから、それを示した「南無阿弥陀仏の声ばかりして」こそ、最も大切な和歌であると強調している。(29)

第二首、「棄てはてて身はなき物と思しに、寒さきぬれば風ぞ身にしむ」は、真正直にすべてを捨てて念仏を唱えようというだけではなく、「風ぞ身にしむ」と思いがけなさを詠みこんでいるところに、逆に心の余裕を見せている。自己を客観視できているのである。禅宗の印可を与えられる資格はあるということになる。

第二首のもう一つの歌、「となふれば仏もわれもなかりけり、南無阿弥陀仏なむあみだ仏」は、三首の中で最も高い宗教的境地を示すものである。この歌には、どこにも「自己主張する自己」とみられる状態はない。人間である限り、自己はあるには違いないが、その自己を超越するところに宗教的安心の境地が存在する。第一首と異なり、禅宗側の人たちに理解されやすく、また誤解される危険性もほとんどない。

以上、一遍の法燈参禅説をめぐる時衆と禅宗との関わりについて分析した。

注

（1）『続群書類従』第九輯上。

（2）京都市妙光寺旧蔵、花園大学現蔵。

（3）『由良町誌』史（資）料編（由良町誌編集委員会）。

（4）『大日本仏教全書』第九六巻。

（5）法燈に関する諸史料の内容や性格については、原田正俊「中世社会における禅宗と神祇――紀伊半島・臨済宗法燈派を中心に――」（横田健一・上井久義『紀伊半島の文化史的研究（民俗編）』関西大学出版部、一九八八年、のちに原田『日本中世の禅宗と社会』吉川弘文館、一九九八年に収録）。

（6）大屋徳城「覚心及び其の門葉と密教」（同『日本仏教史の研究』三、法蔵館、一九二八年）、五来重『高野聖』（角川書店、一九六五年）。

（7）密教僧としての法燈に否定的な見解に、荻須純道「法燈国師について」（『龍谷史檀』四八、一九六一年）がある。

（8）五来重「一遍上人と法燈国師」（『印度学仏教学研究』九―二、一九六一年）。

（9）『紀伊続風土記』（和歌山県神職取締所、一九一一年）。

（10）『大日本仏教全書』第一三一巻。

（11）法燈には、この他に普化宗の祖としての立場もある。光地英学「心地覚心」（『印度学仏教学研究』七―一、一九五八年）。

（12）『続群書類従』第九輯上。『群書解題』第四巻伝部上では、『一遍上人行状』の成立は室町時代初期とする。しかし根拠はあげておらず、実際のところ、江戸時代にずれ込むのではないかと思われる。『一遍上人年譜略』も同様である。

（13）注（12）参照。

（14）有朋堂文庫『謡曲集』上。

（15）『続群書類従』第二七輯上。

（16）『大日本仏教全書』第一〇九巻。

(17)『時宗全書』(芸林舎)。
(18)日本古典文学大系『法然　一遍』(岩波書店、一九七一年)。
(19)『時宗全書』。
(20)宮崎圓遵『中世仏教と庶民生活』(平楽寺書店、一九五一年)。
(21)橘俊道「一遍と覚心」(『時宗教学年報』一二、一九八四年)、同「南無阿弥陀仏の声ばかりして」(『時宗史研究』創刊号、一九八五年)。
(22)『定本時宗宗典』(時宗宗務所)。
(23)橘、前掲「一遍と覚心」一二頁。
(24)注(8)に同じ。
(25)『続群書類従』第九輯上。
(26)浄阿の諸伝記の成立時期に関しては、林譲「時宗四条派派祖浄阿弥陀仏伝記史料の再検討――特に三伝の成立時期を中心として――」(『国史学』一二〇、一九八三年)、同「時宗四条派派祖浄阿弥陀仏伝記史料の再検討――特に三伝の比較を中心として――」(『国学院雑誌』八四―四、一九八三年)。
(27)原田、前掲論文。
(28)原田、前掲論文、および同「渡唐天神画像にみる禅宗と室町文化」(横田健一先生古稀記念『文化史論叢』下、創元社、一九八七年、のちに原田『日本中世の禅宗と社会』に収録)。
(29)橘、前掲「一遍と覚心」一四―一五頁。

第二節　時衆と浄土真宗——他阿弥陀仏真教の遊行をめぐって——

十五世紀に浄土真宗を大勢力に育て上げた蓮如は、次のように語ったという。

わが母は我身六の年にすてゝ行きかたしらざりしに、年はるか後に、備後にあるよし四条の道場よりきこえぬ、

蓮如の母は、蓮如が六歳のときに蓮如を捨てて本願寺を出て、行方知れずになってしまった。後年、母が備後国（広島県）にいると「四条道場」からの情報があった、という内容である（『第八祖御物語空善聞書』[1]第一〇八条）。「道場」というのは、よく浄土真宗でも使われた用語で寺とほぼ同義語、厳密にいえば寺に昇格する前の形態である。しかし京都で四条道場といえば、浄土真宗の道場ではない。これは時衆（時宗）の有力寺院である金蓮寺《こんれんじ》のことである。また、北陸その他の地域で、蓮如以降の浄土真宗は多くの時衆をその傘下に加えていったといわれている。ではそれ以前の時衆と浄土真宗の関係はどうであったのであろうか。接触はなかったのか。またお互いの教義的な影響はあったのかどうか。本節では、研究史を整理しつつ、一遍のあとを継いだ他阿弥陀仏真教をめぐる両者の関係を中心に検討する。まず、もう少し蓮如のことに触れておきたい。

(1)　蓮如と時衆

かつて京都に多くの時衆寺院が存在し、その中でも各条ごとの有力寺院が条名をつけて道場と呼ばれた。たとえば現存する寺院でいえば、一条道場（迎称寺《ごうしょうじ》）、四条道場（金蓮寺）、六条道場（歓喜光寺）、七条道場（金光寺）などである。その四条道場からの情報といえば、なつかしい母は時衆の関係者かと、蓮如が希望の光を見いだしたのも

無理はない。

蓮如の母は、存如に仕えた本願寺の召使いであった。蓮如が生まれたとき、存如は二十歳、いまだ部屋住みの身であった。数年後、存如が正式に妻を迎えるにあたり、自分はここにいないほうがよいと、母は本願寺を去ったという。

また蓮如の晩年の子実悟が著した『実悟記』(2)に、母は、

我は九州豊後国のともと云所の者なり、

といい残したという話もある。「とも」といえば備後国に鞆という港町があるから、「豊後」は「備後」の記し誤りではないかとも考えられる。備後国は海岸沿いを軸にして時衆の勢力が強い。尾道の西江寺《さいごうじ》・常称寺、三原の観音寺などは時衆内でもそれと知られた有力寺院である。鞆にも本願寺という時衆寺院がある。蓮如は、実母はやはり備後の時衆の関係者かとさらに詳しく調べたであろう。

結局母の行方はわからなかったが、こうして時衆は蓮如にとって常に忘れられない宗派名となった。

また後年、本願寺法主の職を継承してから、蓮如は機法一体や知識帰命などの思想に悩まされた。これらの思想は、もともとは時衆教団で顕著であった。それが浄土真宗教団へ入ってきたことから、問題が発生した。もちろんこれらは蓮如以前から入ってきているが、本願寺教団が急激に拡大した分だけ、蓮如の時に問題が大きくなったものである。

ところで、時衆の開祖一遍は延応元年（一二三九）の生まれであるから、承安三年（一一七三）生まれの浄土真宗の開祖親鸞とは六十六歳違いとなる。また一遍は親鸞の兄弟子にあたる証空（浄土宗西山派の派祖）の孫弟子である。そこで親鸞と一遍は法系上、近い関係にあることになる。

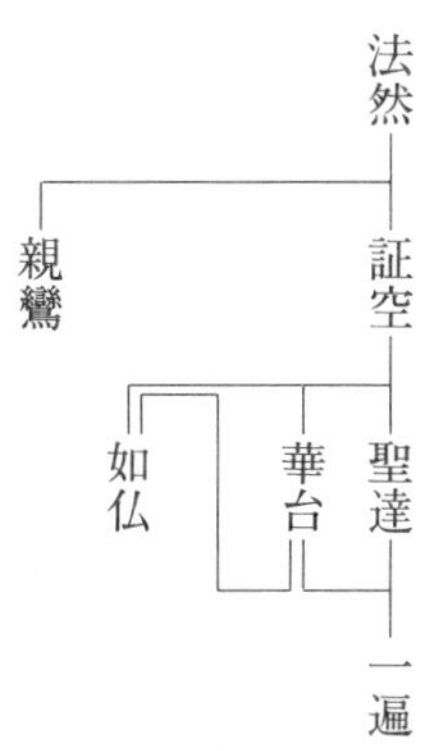

「時衆」は、室町時代から「時宗」とも書かれはじめた。江戸時代から、宗派名としては「時宗」が確立し、「時衆」は僧（個人・集団いずれも）を示すことに限定されるようになり、今日に至っている。また時宗は、現在では神奈川県藤沢市にある清浄光寺《しょうじょうこうじ》（遊行寺《ゆぎょうじ》）を本山とする、末寺四百ヵ寺余りの小教団である。しかし中世においては宗教面や文化面において、大きな勢力を有していた。浄土真宗も時衆の影響を受けたらしいことが諸史料から判明している。

また時衆と似たような行儀を持つ一向衆（一向宗）も、浄土真宗との関わりがあった。一向衆は、同じく鎌倉時代、一遍とほとんど同じ時期に活動したとされる一向俊聖《いっこうしゅんじょう》を祖とする。[3] この一向衆が時衆と同一なのか異なるのか、諸種の説があるが、近年では宗派を超えた共通の特色を持つ人たちである、との考え方が出されている。[4]

一遍や一向は親鸞の晩年に活動を始めた人たちであるが、その系統の者たちは浄土真宗の門徒に、教理面で、また儀礼面で、いろいろな影響をあたえてきた。蓮如の時代も同様である。しかし蓮如は一向衆を非常に警戒していた。蓮如の御文章[5]（帖内一の十三）に、

夫当流ヲミナ世間ニ流布シテ一向宗ト号スルコト、サラニ本宗ニオイテソノ沙汰ナシ、

などとあるとおりである。教学上、危険であるというのである。親鸞の教えを信奉する蓮如にとって、どの宗派や信仰にも注意を怠るべきではなかったが、同じ念仏系の宗派はなおさらであった。誤った念仏の教えが浄土真宗の

なかに入れば、信仰はもちろんのこと、組織も乱れる。では浄土真宗と時衆さらには一向衆との関わりは、具体的にはどうだったのか。本節ではまず全体的な研究史を概観する。次に一遍の後継者である他阿弥陀仏真教と浄土真宗との関係を検討する。

(2) 研究史の概観

浄土真宗と時衆および一向衆との関わりの研究史を振り返ったとき、まず注目すべきは宮崎圓遵氏の業績であろう。「初期真宗における時衆の投影」(『龍谷史壇』八、一九三一年)から始めて、「真仏報恩塔の造立とその背景」(『高田学報』二〇、一九三八年、のち『初期真宗の研究』永田文昌堂、一九七一年に所収)などがそれである。後者は、埼玉県蓮田市馬込の四メートルにも及ぶ板碑の造立についての、浄土真宗と時衆の交渉に関する考察である。真仏は親鸞直弟子の高田の真仏ではないかと推定されているが、必ずしも結論が出たわけではない。

右の板碑については、服部清五郎氏が『板碑概説』(鳳鳴書院、一九三三年)のなかで紹介して以来、歴史考古学者をはじめとして多くの研究者が関心を持ってきた。近年でも中世史家峰岸純夫氏が「鎌倉時代東国の真宗——真仏報恩板碑を中心に——」(『中世仏教と真宗』吉川弘文館、一九八五年)を発表し、やはりこの板碑は前記真仏への報恩のためで、その造立は高田門徒の分裂・確執が背景にあるとした。

宮崎氏と並んで顕著な業績をあげたのは、赤松俊秀氏である。氏は『親鸞』(吉川弘文館、一九六一年)の名著で知られ、親鸞と浄土真宗史の研究者であり、同時に『鎌倉仏教の研究』(平楽寺書店、一九五七年)および同続編の著書があるように、広く鎌倉仏教史の研究でも大きな業績をあげた。そのなかの一つに「一遍上人の時宗について」(『史林』二九—一、一九四四年、のち『鎌倉仏教の研究』に所収)という論文がある。ここで、中世の時衆が武士をはじめ多くの信者を持っていたこと、それがやがて室町時代に真宗に信徒を奪われた結果、衰退したこと、一向宗とは時衆であることなどを説き、さらには中世仏教研究発展のために時衆を取り上げることが必要であると強く主張した。

時衆の研究は江戸時代以来、あるいはそれ以前から行われている。一遍の語録を編纂した『一遍上人語録』の出版や、その解説書である『一遍上人語録諺釈』は、その代表的な成果であろう。しかし、それ以降、近現代に至る研究成果も含めて、必ずしも科学的な研究の結果とはいいがたいものが多かった。また、時衆は中世の全盛期から見れば衰退してしまったため、時衆に関心を持つ研究者は少なかった。そのなかで赤松氏は一遍と時衆研究の重要さを強調し、科学的研究の先鞭をつけた。それが「一遍上人の時宗について」である。

次に『日本仏教史』全十巻の大著で知られた辻善之助氏は、その第三巻中世篇之二（岩波書店、一九四九年）で、覚如がその著『改邪抄』で浄土真宗門徒は時衆の服装である裳無衣と黒袈裟を着けるべきではないと戒めていることを紹介している。

時宗の側でも、僧籍にある吉川清氏が『時宗阿弥教団の研究』（池田書店、一九五六年）を著し、「時宗の衰因と真宗の興因」という一項を設け、浄土真宗が時衆に思想上・行儀上影響されたことを述べている。さらに「一遍と蓮如との信心相続上の異差」の項を設けて、両者は同じく南船北馬寧日なく念仏信仰を説いたが、一遍が絶対否定に立脚するのに対して蓮如は絶対肯定の上に拠点を求めている、とその違いを述べている。

また吉川氏は、蓮如の母は四条道場の尼であって、のちに尼ヶ崎道場に隠棲した女性であるとしているが、史料上の根拠はあげていない。

これらの研究を受けて、中世宗教史・社会史の研究者である石田善人氏は「時宗」（『仏教史学』九―三・四、一九六一年）と「室町時代の時宗について」（上）（下）（『仏教史学』一〇―四、一九六三年、同一一―三・四、一九六四年）の二つの論文を著し、そのなかで北陸に大きな勢力を張っていた時衆が勢力を衰えさせたのは、蓮如の進出による浄土真宗の発展が原因であるとした。

北陸で確かに時衆が大きな勢力を持っていたことは、『時衆過去帳』によって知ることができる。一遍の後継者として活躍した他阿弥陀仏真教の地盤は、北陸と関東であった。それは、真教の伝記絵巻である『遊行上人縁起絵』全十巻が、繰り返し北陸と関東を遊行してまわる真教の姿を描いているのでもわかる。この『時衆過去帳』は真教以来、十六世紀半ばに到るまで代々の遊行上人によって記入され続けた過去帳である。遊行上人たちは、行く先々で求めに応じ、亡くなった人や場合によっては存命中の人たちの法名を書きこんだ。書きこまれた人は、極楽往生が保証される、という信仰によるのである。

『時衆過去帳』には、その裏にそれぞれの俗名や地名が記入されていることがある。それによって、蓮如以前の北陸における時衆の勢力がいかに大きかったかがわかる。

浄土真宗仏光寺派で顕著であり、そして蓮如の勢力下に入ってきた門徒のなかにもあったらしい名帳は、『時衆過去帳』と直接、あるいは間接の関係があったことが考えられる。前掲宮崎氏は、このことを「初期真宗における門徒名帳の一例」(魚澄先生古希記念『国史学論叢』一九五九年)のなかで述べている。

ところで、金井清光氏とともに第二次大戦後の時衆研究をリードした大橋俊雄氏は、『番場時衆のあゆみ』(浄土宗史研究会、一九六三年)を出版し、一向衆は一向俊聖を祖とする、時衆とは異なる宗派であることを主張した。この宗派は、江戸時代には幕府の宗教統制により一向は一遍の弟子であるとされ、時宗に組みこまれて時宗一向派となった。長年にわたる独立・離脱運動ののち、一九四一年に至り、一向派のうち五十六ヵ寺が時宗を離れて浄土宗に入った。

また宮崎氏も浄土真宗とこの一向衆との関係について、「初期真宗と一向衆」(大原先生古希記念『浄土教思想研究』永田文昌堂、一九六七年、のち『初期真宗の研究』に所収)で説き、続いて時衆との関係を「初期真宗と時衆」(『龍谷大学論集』三八九・三九〇、一九六九年、のち『初期真宗の研究』に所収)で検討を加えた。

すなわち、前者では一向衆そのものについて、一向衆と時衆との関係、浄土真宗が一向衆と呼ばれたこと、などについて論じ、後者では覚如の『改邪抄』や存覚の『諸神本懐集』の記事と時衆の関わり、了海の『還相廻向聞書』『他力信心聞書』に見る知識帰命の思想と時衆、『親鸞聖人御因縁』に見る時衆の影響、などについて論じている。

「一向衆」については、その後、興味深い研究が生まれた。林譲氏は「南北朝期における京都の時衆の一動向」(『日本歴史』四〇三、一九八一年)のなかで、例えば『伏見上皇御中陰記』の「一向上人沙汰云々」という記事は、「一向ニ上人ノ沙汰ト云々」と読み下すべきであって、この場合の「一向」は「一向衆」ではなく「全体にわたって」という意味であると指摘した。

また、神田千里氏は『戦国期一向宗の実像』(『中世人の生活世界』山川出版社、一九九六年)などで、一向宗は宗派を超えた共通の特徴を持ち、彼らが特定の宗祖の教義を持つ教団に組織されて真宗門徒、時宗門徒になっていったと想定できるとした。確かに、現代的な感覚の宗派意識ではなく、中世の実態にあわせて考察することが必要であろう。

浄土真宗教学と時衆教学との関わりに深い関心を抱いているのは、梯《かけはし》實圓《じつえん》氏である。氏の法然研究をはじめとする幅広い浄土教の研究はよく知られており、一遍や時衆の研究もその一環である。氏の「一遍上人の他力思想」(『時衆研究』五八、一九七三年)によれば、同じように阿弥陀仏の本願を語り他力を強調しても、法然は他力の大悲を、親鸞は大悲回向心を他力の本質と見たのに対し、一遍はむしろ無分別の大智に根拠をおいた他力思想であったといえよう、としている。

また梯氏は、他阿弥陀仏真教によって制度化された時衆の帰命戒(知識帰命)の影響が、初期の浄土真宗教団に及んだことについて「時宗に於ける帰命戒の成立とその意義」(『教学研究所紀要』二、一九九三年)で述べた。さらに「初期浄土真宗における善知識の一形態——『還相廻向聞書』をめぐって——」(中西智海先生還暦記念論文集『親鸞の仏教』

永田文昌堂、一九九四年）で、浄土真宗や時衆の諸門徒集団の相互交流のなかで、知識即仏という思想が教団の組織防衛と教線の拡大のための教団教学として成立していったとする。梯氏の論文は、浄土真宗・時衆いずれに重点を置くにしても、幅広い視野を持つことの重要性を読者に実感させる論文である。

ところで、蓮如がその勢力の強力な地盤とした越前国（福井県）などの北陸において、時衆がどのように展開していたかを検討することも重要である。それによって浄土真宗に帰入してきた人たちの実態の一部が明らかになるからである。この観点から、金井清光氏『一遍と時衆教団』（角川書店、一九七五年）・『時衆教団の地方展開』（東京美術、一九八二年）、石黒直義氏「北陸三県における時宗史素描」（『時衆研究』六九、一九七六年）、久保尚文氏「中世越中時衆の歴史的位置について」（『時衆研究』九〇、一九八一年、のち『越中中世史の研究』桂書房、一九八三年に所収）、さらには『富山県史』通史編II中世（富山県、一九八四年）や『新潟県史』通史編中世（新潟県、一九八七年）などの県史、ひいてはそれぞれの市町村史も大切であろう。

そしてこれらの北陸に関する研究を検討して興味深いことがある。それは、蓮如以降に成立の浄土真宗寺院では、時衆から転派したとする史料・伝説を持つ寺が多いと予測されるにもかかわらず、現実にはそれが非常に少ないことである。京都府宮津市の浄土真宗本願寺派康雲寺が、もと時衆の天橋立道場（万福寺）であったなどとはっきり判明するのは、むしろ例外的である。

では浄土真宗と時衆との関わりを、他阿弥陀仏真教を中心としながら考えていきたい。

(3)　真教の遊行上人継承と『歎異抄』

日本の南は大隅国、北は奥州江刺まで、十六年間にわたって遊行した一遍は、正応二年（一二八九）に兵庫観音堂（神戸市兵庫区松原通）で亡くなった。そのあと、後継者を称して立ったのは他阿弥陀仏真教である。一遍より二歳年上の最初の弟子であり、すでに十二年間も一緒に遊行していた。真教の前身は明確ではないが、浄土宗鎮西義の僧であったという。(6)

一遍は、念仏布教を自分一代かぎりと考えていた。誰かに時衆の指導者のあとを継がせようとか、教団を発展させようとは、考えてもいなかった。『一遍聖絵』第十一巻に、一遍は臨終の直前、

同十日の朝もち給へる経少々書写山の寺僧の侍りしにわたしたまふ、つねに我化導は一期ばかりぞとのたまひしが、所持の書籍等阿弥陀経をよみて手づからやき給しかば、伝法に人なくして師とゝもに滅しぬるかとまことにかなしくおぼえしに、一代聖経みなつきて南無阿弥陀仏になりはてぬとの給、

と、経典少々をたまたま来ていた書写山円教寺の僧に渡し、著作・メモなどは焼き捨てたと記されている。その目的は時衆の指導者の地位の永続化、あるいは後継者争いをあらかじめやめさせることにある。そのうえ、はっきり「我化導は一期ばかりぞ（私の布教は私一代で終わりですよ）」と宣言している。

ところが一遍が亡くなってみると、やはり誰かに指導者になってもらいたいという空気が広まった。そこで多くの時衆が選んだのは真教であった。真教もはじめはためらったが、結局、布教と修行の指導者になる決心をした。

真教がなぜ一遍の後継者になり得たかについて、『遊行上人縁起絵』では三つばかり理由をあげている。一つは、生前の一遍と真教のやりとりを聞いていた人たちが感動し、「直人にあらず、化導をうけつぐべき人なり」といいあった（同書第四巻）、ということである。あと二つは、瞳が重瞳という異相で慈悲が深い人であるということであり、さらに一遍の話を直接聞いていた人であるということである（同書第五巻）。興味深いのは、最後の理由である。

故聖の金言も耳の底に留侍れば、化度利生したまふにこそとて、他阿弥陀仏を知識として立出にけり、

「亡くなられた一遍上人のすばらしいお教えが耳の底に残っておりますので」ということが、強い説得力をもったのである。それにつけても思い起こされるのは『歎異抄』(7)の序にある唯円のことばである（『歎異抄』の著者を唯円と

して)。

故親鸞聖人御物語趣、所レ留二耳底一、聊注レ之、偏為レ散二同心行者之不審一也云々、

親鸞から直接話を聞き、それが耳の底に残っているということは強い説得力を持つのであった。直接親鸞に面会して教えを受けたこと、いわゆる親鸞面授が、初期浄土真宗でいかに誇り高いことであったかを思い出したい。それは、浄土真宗のなかのことだけではなかったのである。前述の真教に関する『遊行上人縁起絵』の話は、それを物語っている。

こうして真教は一遍の後継者として立った。時衆の指導者を遊行上人、あるいは遊行の聖という。真教は、遊行の指導者として嘉元二年(一三〇四)まで活躍し、引退後もさらに十五年間(あしかけ十六年)遊行を続ける。一遍とともに歩いていた期間をあわせると、なんと三十一年間も旅に生きたことになる。

ただ真教の遊行は一遍とはやや異なっていた。一遍が「居住を風雲にまかせて」(『一遍聖絵』第七巻)と、一所不住(一ヵ所には住〈とどま〉らない)の遊行を標榜したのに対し、真教は主に関東と北陸、及び両地方を結ぶ地域を繰り返し遊行したのである。

(4) 『他阿上人法語』に見える浄土真宗

真教の法語集に『他阿上人法語』[8]全八巻がある。「他阿」とは他阿弥陀仏の略称で、代々の時衆の指導者が受け継ぐ法名である。ただし、本書の題名にある他阿上人とは真教のことである。

真教は浄土教関係を中心にして、いろいろ勉強し、情報も集めていたようである。たとえば『他阿上人法語』第二巻に「覚者は著相をはなれ取捨を離れて一切無所得のあひだ、狗子無仏性といはんも狗子有仏性といはんもたゞ同然なり。狗子はたゞ狗子、善悪取捨をなさゞるあひだ、その詞ばかりにて法爾の道理に相叶ふなり。迷者はかく

のごとき一句をあたへられては、その言下におひて思惟をくはへ、取捨をなすあひだ、いよいよ迷なり」とある。「狗子無仏性」というのは、禅の有名な公案である。

また「禅宗に進者理に迷ひ、退者宗に乖くといひ、不進不退者有気の死人といへる。この詞を談じたるばかりを証得したりと心得て、誠に心地さしあてざるあひだ、いよいよ迷を重るなり」(同前)と、当然ながら禅宗を批判している。

この真教は浄土真宗のことについてもよく調べていた気配がある。例えば、『他阿上人法語』第二巻「上人より〳〵道俗に対して示したまふ御詞」に、次のようにある文である。

まことの出家とは、父母親類に中を違ひ、をのれが本の心を捨てゝ仏に帰命し、知識の命を仰ひて心の所望をかなへず、いさゝかも輪廻の方へ向はざるとき、その身も生死を離れ、また立帰りて父母親類をも済度すべし、

「本当の出家というものは、両親や親類の反対を押し切ってまで出家し、また在家の時の気持を完全に捨てて阿弥陀仏に従い、知識(時衆の指導者)の命令のとおりに動いてわがままはいわない。そういうものです。そうして迷いの世界である輪廻転生の世界にほんの少しでも向かわなくなったとき、その者は救いの世界に入れたのであるから、また俗世に立ち帰って父母親類を救ってあげなさい」

はしなくも知識帰命が示されているが、それはそれとして、興味深いのは後半の「その身も生死を離れ、また立帰りて父母親類をも済度すべし」の部分である。

浄土に往生してのち、迷いの世界である現世に帰って(還って)人々を救おうという、いわゆる還相廻向の思想は親鸞に特徴的なものである。もちろん親鸞の前に、すでに曇鸞の『往生論註』に、「還相とは、彼の土に生じをはりて、奢摩他・毘婆舎那方便力成就することを得て、生死の稠林に廻入して、一切衆生を教化して、共に仏道に向か

へしむるなり」と示されている。

親鸞は還相廻向《げんそうえこう》の思想を『教行信証』証文類で説き、『歎異抄』第四章にも、

また、浄土の慈悲といふは、念仏していそぎ仏になりて、大慈大悲心をもつて、おもふがごとく、衆生を利益するをいふべきなり、

とあり、また同第五章にも、

わがちからにてはげむ善にてもさふらはゞこそ、念仏を廻向して、父母をもたすけさふらはめ、たゞ自力をすてゝ、いそぎ浄土のさとりをひらきなば、六道四生のあひだ、いづれの業苦にすづめりとも、神通方便をもて、まづ有縁を度すべきなり、

と説いている(9)。

一方時衆では、一遍が関東にいる時、鎌倉の法印公朝から「謹上　還来穢国一遍上人　足下」と宛名書きされた手紙をもらったことはある。しかし、これは公朝の手紙であって、一遍自身が還相廻向を示す思想を語ったのではない。真教にも往相廻向と還相廻向を説く文を他に見ることはできない。前掲の真教の法語は、一遍や真教の信仰からいえば異様である。

右の真教の法語は、はっきりと還相廻向およびそれに対応する往相廻向を説いているのではないが、浄土真宗の影響を想定することができよう。

次に同じく『他阿上人法語』第二巻に、弟子に関する話がある。

身命を弥陀に帰して往生の大事より外はその用なきのあひだ、芸能をすて、智恵を捨、徳を捨ぬるゆへ、何事も人にをしゆる事なし、仍てわれは弟子一人もゝたず。面々信心ありて名号を唱えば、自他ともに往生を遂べければ、たゞ皆同行なり、

「われは弟子一人もゝたず」というのは、後に宗祖と呼ばれるような人たちには共通した意識である。『歎異抄』第六章に、

親鸞は弟子一人ももたずさふらふ、

とある文章を思い起こさせる。『歎異抄』にはその理由を、「我はからひにて、ひとに念仏をまうさせさふらはゞこそ、弟子にてもさふらはめ。ひとへに弥陀の御もよほしにあづかりて、念仏まうしさふらふひとを、わが弟子とまうすこと、きはめたる荒涼のことなり」と記している。論理構造は違うけれど、自分には弟子を持つ能力はないのだ、という観点で説いていることは共通している。

また覚如の『口伝抄』第六にも、同じような話がある。

親鸞は弟子を一人も持たず。なにごとをおしへて弟子といふべきぞや、みな如来の御弟子なれば、みなともに同行なり、

という内容である。

真教は宗祖ではないが、似た意識を持っていたことになろうか。ただし真教は、遊行上人としてまた知識として強力に時衆を導いていた。実際には師匠と弟子という感覚を持っていたことは確実である。

次に『他阿上人法語』第六巻の「武田小五郎入道教阿へつかはさる御返事」に「本願ぼこり」のことが出てくる。

所領財宝にわかれ、みをなきものになすとも、まことの発心なきときは、命ながらふれば、わづかに両三年ほどこそ思ひたちつる余執をもて妄執にからかへども、年月へだたれば煩悩執我の盗賊にをかされて、例の本願ぼこりのこゝろに随ひて、往生の一大事をば本願に任すともいひながら、信心はいよいよすたれ、著相にますますひかれて、往生をむなしくす、

武田小五郎入道というのは、甲斐武田氏の惣領武田信政と推定されている。武田氏は中世を通じて時衆の外護者と

して知られている。

「本願ぼこり」は、やはり『歎異抄』の第十三章に、

弥陀の誓願ふしぎにおはしませばとて、悪をおそれざるは、また、本願ぼこりとて、往生かなふべからずといふこと、この条本願を疑、善悪の宿業をこゝろゑざるなり。

とあり、あるいは同章に「本願にほこるこゝろのあらんにつけてこそ」などとあることを思い起こさせる。

真教のことばには「例の本願ぼこりのこゝろ」とあるが、一遍関係・真教関係の史料で「本願ぼこり」に言及してあるのはここだけである。しかし、「例の」と檀那である武士に言うからには、「本願ぼこり」はかなり知られていたことであるといわねばならない。直接、浄土真宗で使われていたことばが時衆に入ったのかどうかは確定はできないが、これまた興味深い現象である。

また、『遊行上人縁起絵』第四巻の次の文章にも注目したい。これは、一遍臨終の場面で、「所々の長老たち出来て」、一遍の教えはよくわかっているが、「猶最後の法門受け給はらん」と願ったところ、一遍は不機嫌になり、「只詞ばかりにして義理をも心得ず、一念発心もせぬ人ども」とつぶやき、続いて真教に話しかける場面である。

他阿弥陀仏、南無阿弥陀仏はうれしきか、との給ければ、やがて他阿弥陀仏落涙し給。上人もおなじく涙をながし給けるにこそ、直人にあらず、化導をうけつぐべき人なり、と申しあひけれ。

この場面は他の有力弟子（長老）には理解できない深い信仰的境地を一遍と真教は共有している、と説いているのである。では、真教は一遍から「南無阿弥陀仏はうれしきか」と尋ねられてなぜ落涙したのか。答えるのはかなり難しい。

答えの一つは、真教は一遍の信仰がよく理解でき、「南無阿弥陀仏」がうれしいので、うれしさのあまりに落涙し、一遍もそれに感動して涙を流したという解釈である。長い間、この考え方が定説であったが、もう一つ、次のよう

な説も出ている。

真教は、結局のところ「南無阿弥陀仏」がうれしいとはどうしても思えない、すぐ往生するのだということが、思いがけずうれしくないのである。真教は自分の心が残念で泣いた。一遍もその真教の心を思いやって落涙した。このような見方である。

後者の見方は、すぐさま『歎異抄』の第九章を思い出させる。

念仏まうしさふらへども、踊躍歓喜のこころおろそかにさふらふこと、またいそぎ浄土へまひりたきこゝろのさふらはぬは、いかにとさふらうべきことにてさふらふやらんと、まうしいれてさふらひしかば、親鸞もこの不審ありつるに、唯円房、おなじこゝろにてありけり、
唯円が「念仏を唱えても踊りだすような喜びの心がわかず、また急いで往生したいという気持も起きないのはどうしてでしょうか」と問うと、親鸞は「私も同じように疑問に思っていた。そうか、唯円房も同じ気持だったのか」と答えたという場面である。

「踊躍歓喜」の文を、親鸞は『一念多念文意』(10)の中で、「踊は天におどるといふ。躍は地におどるといふ。喜ぶ心のきはまりなきなり」「歓は身をよろこばしむるなり。喜は心をよろこばしむるなり。得べきことを得てんずと、かさねてさきより喜ぶ心なり」と説明している。もともとは『無量寿経』に、「曾更見世尊、即能信此事、謙敬聞奉行、踊躍大歓喜(むかし世尊を見たてまつりしものは、即ち能く此の事を信じ、謙敬して聞き奉行し、踊躍して大いに歓喜す)」とある文からきている。

一遍の踊り念仏が始まったのは、弘安二年(一二七九)である。親鸞が亡くなったのが弘長二年(一二六二)であるから、『歎異抄』の成立とどちらが早いであろうか。

(5)　真教の止住と唯善書状

真教は嘉元二年（一三〇四）に遊行をやめ、相模国当麻《たいま》にとどまることになった。これを止住あるいは独住という。一遍の遊行の精神とは異なることではあるが、真教はすでに寺・道場を確保し、その数を拡大する方針を取ってきた。少しのちではあるが、正和五年（一三一六）の真教の手紙に、「既に道場百所許に及び候」（「遊行二代真教上人書状」(11)京都七条金光寺旧蔵文書）とある。

また一遍の意向に反する止住は、人々の要望によってやむを得ず、という。真教の後継者となって遊行三祖あるいは中聖と称された他阿弥陀仏智得が、のちに「我々も、人々の請によりてこそ、心ならず独住をもして候へば、身は是れに候へども、心は、遊行に候也」（「遊行三代智得上人書状」同）といっている。

真教が引き連れていた遊行の一行は、智得が受け継いで旅を続けていくことになるが、真教にとって大切なことは念仏布教である。このことに関連して、相模国当麻に止住した嘉元二年には重大な政治問題が起こっていた。鎌倉幕府による、遊行の念仏者に対する弾圧である。それを示すのが浄土真宗の唯善の書状である。

唯善は親鸞の末娘である覚信尼の次男である。初期浄土真宗史をいろどる人物の一人である。従来、親鸞の息子善鸞（つまり唯善の伯父）とともに唯善は「悪い人間」として見られることが圧倒的に多かったが、私は必ずしもそのような見方はとらない。(12)

いずれにしても、この唯善が嘉元二年十二月に高田の顕智に送った書状がある(13)（真宗高田派本山専修寺所蔵）。

嘉元元年九月日被レ禁二制諸国横行人一御教書偁、号二一向衆一成レ群輩、横二行諸国一之由、有二其聞一、可レ被二禁制一云々、因レ茲混二一向名言一、不レ論二横行不横行之差別一、一向専修念仏及二滅亡一間、唯善苟依レ為二親鸞聖人之遺跡一、且為レ興二祖師之本意一、且為レ糺二門流邪正一、申二披子細一、忝預二免許御下知一畢、早以二此案文一披二露于地頭方一、如レ元可二興行一之状如レ件、

嘉元二年十二月十六日　　　　　沙門唯善

顕智御房

「嘉元元年九月日付けで出された鎌倉将軍(久明親王)の《諸国を勝手に歩きまわっている者を禁制する》御教書(将軍の命令書)によると、《一向衆》と号してひたすら念仏を唱え、群をなす輩が諸国を勝手に歩きまわっているということであるが、これは禁制されなければならない、と命じている。これでは「一向」ということばが混乱して解釈され、各地を勝手に歩きまわっているといないとにかかわらず、ひたすらなる専修念仏者である自分たちは滅亡してしまう。そこで、私は親鸞聖人のあとをついでいる身として、祖師本来の目的である念仏を盛んにするため、また念仏の諸派のどれが正しいかをはっきりさせるため、鎌倉幕府に自分たちは《諸国横行人》ではないと弁明した。そしてそれが認められ、許可状をいただいた。このような事情があるので、この許可状の写しを地頭の人たちに見せ、もとのように念仏普及の活動をなさってください」(14)

『存覚一期記』(15)によれば、右の許可状には「於㆓親鸞上人門流㆒者、非㆓諸国横行之類㆒、在家止住之土民等勤行之条、為㆑国無㆑費、為㆑人無㆑煩、不㆑可㆑混㆓彼等㆒」とあったという。

ここで注目されることは、「号㆓一向衆㆒」「成㆑群之輩」の「諸国横行」を禁圧せよ、という幕府の命令である。「一向衆」とは時衆であるとか、いや一向派時衆であるとか、いくつかの説がある。しかし幕府の認識では、ひたすら念仏を唱えることを主張する念仏者たちを意味し、特定の宗派を指してはいないようである。だから浄土真宗のなかでも唯善のような危機感を持つ者が現れるのである。では幕府にとっての問題は何であったのか。それは「諸国横行」である。

鎌倉幕府の僧侶に対する方針はかなり前から一貫している。安貞二年(一二二八)、幕府は諸寺・諸山の僧が武器を持つことを禁じた。続いて文暦二年(一二三五)、僧が武器を持って「横行」するのを禁じた。またこの年、「称㆓

念仏者一着二黒衣一之輩、近年充二満都鄙一、横二行諸所一、動現二不当濫行一云々、尤可レ被二停廃一候」との命令を出している。[16]

幕府は、戒律を守らず風紀を乱すといった理由で僧侶を禁圧していることもあるが、「諸国横行」をもっとも気にしている。つまり、幕府にとっての問題は治安なのである。念仏そのものではない。幕府が平安時代以来の念仏や、専修念仏を禁止したことはないのである。

「号二一向衆一」「成レ群之輩」の「諸国横行」といえば、時衆の遊行の集団も槍玉にあげられることは十分に予測される。そしてその指導者が真教なのである。

真教はすでに鎌倉幕府の要人たちにも名を知られていた。『他阿上人法語』には、真教と交渉のあった人物として、何人もの北条氏一族、その被官（家来）、御家人の名が出てくる。例えば「陸奥入道へつかはさる御返事」に、「鎌倉帰住当時はその儀なく候。ところはたがひに何れの処をへだてさふらふといへども、御志だにはじめの信にたがはせ給はずんば御往生はたのもしくおぼしめさるべくさふらふ」（同第四巻）と、真教と親しい様子を見せている「陸奥入道」とは、北条氏一族であり、陸奥守、執権に次ぐ連署をも務めた大仏《おさらぎ》宣時のことである。所領である武蔵国にも時衆の常楽寺が建てられている。

しかし、嘉元元年にあらためて出された諸国横行人禁制の御教書を無視することはできない。「横行」ではないと弁明しても、実際に各地を歩きまわることを第一の仕事にしていれば、誤解される恐れもある。せっかく築いた時衆の勢力が瓦解することは避けたい。そこで真教自身が遊行をやめて止住すれば、幕府の時衆に対する見方も変わるであろう。今後も理念としての遊行は掲げていくし、遊行上人の後継者も作る。

こうして真教は遊行をやめて止住することにした。止住地を相模国北部にある当麻にしたのは、ここが交通の要地であったからのようである。特に南に行けば、幕府所在地の鎌倉、北上して甲斐国・信濃国への抜け道がある。

そのほか、武蔵国の国府へ向かう道が東北に、小田原への道が南西に走っている。東の上総国方面へ向かう道もある。

当麻の領主は未詳であるが、『新編相模国風土記稿』に引用する「来由記」によれば、無量光寺は将軍久明親王の帰依を得たという。

真教のもくろみは成功し、関東の武士の間でも順調に支持を増やした。『他阿上人法語』第五巻に出る「花山院右衛門督殿へ進ずる御返事」に、「上洛のこと、真実の御信心によて、叡聞にをよびさふらふのうえは、いそぎ参洛をくはだて、御道場を拝し、利益衆生に向ふべくさふらふのところに、関東の荒武者どもにとりこめられ、身暇をゆるされずさふらふのあいだ、御意に応ぜざるの条、かへすがへす本意にそむき候」といった事態にまで発展している。

「花山院右衛門督」とは、右大臣兼右大将であった花山院家定のことである。彼は後伏見院の近臣であった。天皇の招請を辞退しなければならないほど「関東の荒武者ども」の真教に対する人気はあがっていたのである。

付言すれば、唯善が書状を送った高田の顕智は、善光寺聖としての性格を持っていたようである。高田に建てられた道場の成立と維持には、善光寺聖たちの力があずかって大きかった。のちに専修寺と呼ばれるようになるこの道場の本尊が、善光寺三尊であったことはよく知られている。顕智自身も「顕智ヒジリ」と呼ばれていた（『三河相承念仏日記』(17)）。

『遊行上人縁起絵』第六巻によれば、永仁五年（一二九七）六月、「下野国小山善光寺の如来堂に暫逗留ありけるに、瑞華ふり、紫雲たなびきて、耳目を驚しければ、万人奇特の事に申しあへりけるに」とあって、真教が小山の新善光寺に滞在していたことが記されている。小山は高田の西方二〇キロばかりの至近距離にある。このあたりの善光寺信仰の広まりをあらためて感ずることができる。このようななかでの時衆の広まりであり、浄土真宗の展開であった。

注

（1）（2）『真宗史料集成』第四巻。
（3）大橋俊雄『番場時衆のあゆみ』（浄土宗史研究会、一九六三年）。
（4）神田千里『一向一揆と真宗信仰』（吉川弘文館、一九九一年）。
（5）『真宗史料集成』第八巻。
（6）真教の伝記と信仰については、拙著『中世社会と時宗の研究』（吉川弘文館、一九八五年）。
（7）日本古典文学大系『親鸞集　日蓮集』（岩波書店、一九六四年）。
（8）大橋俊雄『時宗二祖他阿上人法語』（大蔵出版、一九七五年）。
（9）梯實圓『聖典セミナー　歎異抄』（本願寺出版社、一九九四年）一六九頁以下。
（10）『真宗史料集成』第二巻。
（11）『定本時宗宗典』（時宗宗務所）。
（12）拙稿「善鸞と浄土真宗（上）」（筑波大学歴史・人類学系『年報日本史叢』一九九七年度、一九九七年）。
（13）『真宗史料集成』第十巻。
（14）唯善書状の信憑性については、峰岸純夫「鎌倉時代東国の真宗門徒」（『中世仏教と真宗』吉川弘文館、一九八五年）。
（15）龍谷大学善本叢書『存覚上人一期記　存覚上人袖日記』。
（16）『中世法制史料集』第一巻。
（17）平松令三「高田専修寺の成立と念仏聖」（『真宗史論攷』同朋舎、一九八八年）。

第三節　時衆と浄土真宗――宍戸氏と新善光寺――

鎌倉時代、常陸国宍戸の山尾（茨城県東茨城郡友部町の内）に浄土宗西山派《せいざんは》の新善光寺が成立し、南北朝・室町時代を通じて活動していた。戦国時代末期に同じ常陸国内の真壁郡海老島郷（茨城県真壁郡明野町松原）へ移転したが、宍戸の故地にも同名の新善光寺が残った。両寺とも、江戸時代には時衆の寺となり、その他二、三の寺と合わせて時衆解意《げい》派を称した。派祖は新善光寺の開山であった解意阿弥陀仏とされ、これらの寺々はいかにも中世から時衆であったように伝えられた。では、新善光寺はどのような事情で成立し、いかに中世を過ごしたのであろうか。本節ではこの問題を検討する。

(1)　常陸国宍戸新善光寺の成立と解意阿弥陀仏

浄土宗西山派の派祖は証空である。証空は法然の弟子であって、天台宗の教学を研究して専修念仏説を深く理論化しようと試みた。法然の教学体系は弱点があると見られていたからである。法然と同様に一生涯独身で、京都の貴族たちの人気を得た。鎌倉時代の浄土宗諸派のなかで、最初に大勢力となったのがこの西山派である。したがって、この時代に浄土宗といえば西山派のことであった。浄土宗鎮西派が常陸国瓜連の常福寺から出た聖冏《しょうげい》の努力によって発展し、やがて西山派に取って代るのは南北朝時代以降のことである。(1)今日、「浄土宗」というのは、かつての浄土宗鎮西派のことである。

証空はほとんど京都を出なかったが、寛喜元年（一二二九）には例外的に関東・東北へ布教の旅に出る。京都での専修念仏への弾圧を避けた模様である。(2) 宍戸新善光寺の開山解意阿弥陀仏観鏡は証空の弟子である。解意阿弥陀仏は、この寛喜元年のころに証空の名を知ったのであろうか。この年、解意阿弥陀仏は二十四歳である。

解意阿弥陀仏は常陸の有力豪族八田《はった》知家《ともいえ》（朝家）の子であると、『聖三尊阿弥陀如来縁起』は伝える。『聖三尊阿弥陀如来縁起』は明野町（茨城県真壁郡）の新善光寺の所蔵で、新善光寺の本尊である善光寺式阿弥陀三尊像の縁起を述べたものである。縦三二センチ、横二四センチ、紙数二三枚、巻末の後序に「慶長三年戊戌（一五九八）」の筆写と記されているが、筆跡から判断すると、実際の書写年代は江戸時代中期であろう。

本書の内容は、本尊の阿弥陀三尊像は釈迦如来が実際に造った仏像であるとして、インドにおける製作の事情、三尊像が霊験あらたかなこと、三尊像が中国へ渡った様子などをまず述べる。次に解意阿弥陀仏の出身や修行生活を説き、彼が広島の海中から出現した三国伝来の右の阿弥陀三尊像に出会ったこと、これを解意阿弥陀仏の兄宍戸家政の広島城中に安置し、のちに宍戸城内に移したとする。さらに新善光寺の成立、宍戸における解意阿弥陀仏や後継の僧侶たちの活動、後醍醐天皇から「解意一派」の勅額を下賜されたこと、新善光寺十代住職尊長の時代に後小松天皇から代々の住職が紫衣《しえ》を着用してよいこと、定阿上人号を賜ったことを述べる。最後に、新善光寺は文禄元年（一五九二）に宍戸から海老ヶ島へ移ったと記して全体を結ぶ。

『聖三尊阿弥陀如来縁起』は江戸時代の筆写であるとはいえ、新善光寺の歴史や解意阿弥陀仏の伝記を探る有力な史料である。そこでこの縁起を手がかりに、まず解意阿弥陀仏の人物像と新善光寺の成立を検討していきたい。

解意阿弥陀仏は、俗名を八田七郎朝勝といい、父は八田知家、母は信田氏という。建永元年（一二〇六）二月十五日に誕生した。幼いときから出家の希望があったという。高僧伝によくある話である。明野町新善光寺所蔵の「宍戸系図」にも、やはり八田知家の子、宍戸家政の弟に八田七郎朝勝があり、この人物がすなわち解意阿弥陀仏であると載せている。ただ、知家に関して最も信頼できる系図である『尊卑分脈《そんぴぶんみゃく》』所収の宇都宮系図には、「八田七郎朝勝」の名はない。『群書類従』所収の宍戸系図にもみえない。しかし、これらの系図の知家の息子たちのなかには五男・七男・八男にあたる者が記されていない。(3) この三人のうちの一人が「七郎朝勝」であるとすることは可能であるが、系図の欠けている所を狙っての創作ではないといい切ることはできず、解意阿弥陀仏の出身についてはまだ検討の余地があるとしておきたい。

建保六年（一二一八）三月三日、父知家が亡くなった。戒名は諦法院殿尊念善光大居士とされ、小田系図の諸本によれば、知家は筑波郡小野邑《むら》（茨城県新治郡新治村）の善光寺（廃寺）に葬られた。筑波郡小田（つくば市内。旧筑波町）に本拠を持つ小田氏は、知家やその息子知重以下、鎌倉・南北朝時代の歴代のほとんどが小野邑善光寺に葬られているとされる。ところが、『新編常陸国誌』第八巻によると、知家と知重の墓は宍戸新善光寺にあるという。今日、江戸時代に造られた二人の墓石が宍戸新善光寺のもとの境内に残っていて、興味深い。(4) 最近の研究によると、常陸守護職に任命された八田知家が「守護所」として本拠地にしたのは、小田ではなく、小鶴荘（茨城県東茨城郡友部町）であったという。小田を本拠にしたのは三代あとの時知であり、彼が事実上の小田氏初代であるという。系図で示せば（カッコ内は名字）、

知家（八田）――知重（八田）――泰知（八田）――時知（小田）

となる。小鶴荘は南北朝時代から宍戸荘と呼ばれた地域である。このように見てくると、知家・知重父子の墓は、むしろ宍戸新善光寺にあった蓋然性が高くなるのである。

知家が亡くなったとき、十三歳の朝勝は菩提を弔うために出家する。そしてすぐれた師を求め、京都西山にいた善慧《ぜんね》房証空が知道兼備の名僧であることを聞き、上京して入門した。ここに観鏡という名を与えられて浄土宗西山派の教えを学び、さらには鎮西派の教えも受けた。のちに観鏡は自分自身の得た信仰の境地をもとにして新たに一派を立てた。当時の四条天皇はこれに感動して、解意阿観鏡上人と号せよとの勅命を賜ったという。解意阿は解意

阿弥陀仏の略である。解意阿弥陀仏三十一歳のときである。新たな一派とは「解意派」のことである。これは、江戸時代に明野町新善光寺および末寺数ヵ寺を合わせて時宗解意派と称したことがこの縁起に反映しているのではなかろうか。

次に、解意阿弥陀仏は兄宍戸家政の所領安芸国広島の海で三国伝来の一光三尊の霊像にめぐり合い、広島城内に御堂《みどう》を建立してこれを安置し、広島院と号したという。「広島院」は明野町新善光寺の院号となっている。なお、一光三尊の霊像とは、善光寺式阿弥陀三尊像をさす。普通、仏像には一体ずつに光背があるのに、この三尊像には全体で一つの光背しかないからである。

暦仁二年（一二三九）、宍戸家政の常陸移住に伴い、解意阿弥陀仏も宍戸へ来て、宍戸城（山尾城）内に新たな御堂を建立し、右の三尊像を安置した。そして父知家の菩提を弔うため、その戒名に因んで御堂を善光寺と号したという。ここに解意阿弥陀仏の手になる新善光寺が創建されたのである。この縁起によれば、初めの名は「善光寺」であったようである。「新善光寺」は、旧名「善光寺」に対する「新」善光寺であるとともに、霊験新たかな「善光寺」でもある。「善光寺」と「新善光寺」の二つの名の違いは、あまり意識されずに使用されたようである。

他方、常陸国中部から下野国東南部に展開した八田知家の子孫の諸流のなかで、本宗家の小田氏に次いで勢力があったのは宍戸氏である。鎌倉幕府から常陸守護に任命されたのは小田氏と宍戸氏だけである。そこで両者が競合する場面は多々あったとみられる。小田氏側の系図の諸本では、八田知家・知重父子は小田氏の領内にある小野邑善光寺に葬られたとしているのに対し、宍戸氏の新善光寺では、前述のようにこの二人の墓は宍戸新善光寺にあると伝えているのは、その競合の一端が示されているといえよう。つまりは小田・宍戸両氏の共通の祖先の取り合いであり、菩提寺も同名であったということになるのである。

解意阿弥陀仏は、このののち多くの教化活動を行い、永仁元年（一二九三）十月十五日に八十八歳の長命で大往生を遂げたという。
ところで、明野町新善光寺所蔵の宍戸系図その他では、証空の弟子であった観鏡が弘安元年（一二七八）一遍に入門して、解意阿弥陀仏という法名を与えられたと伝えている。確かに時衆（時宗）では法名に阿弥陀仏号をつけるが、解意阿弥陀仏という六文字の法名はまず例がない。管見の限りでは、一つもない。それに阿弥陀仏号は浄土宗にもある。また解意阿弥陀仏と一遍が出会ったという弘安元年には、一遍はちょうど四十歳、解意阿弥陀仏は実に七十三歳である。師弟の契約を結ぶ可能性がないとはいわないが、不自然の感は否めない。その上、中世の時衆側の一切の史料に宍戸の新善光寺と解意阿弥陀仏およびその後継者たちの名は出てこない。両者はまったく没交渉なのである。江戸時代以降の時宗の史料には、解意阿弥陀仏は一遍の後継者他阿弥陀仏真教の弟子であるという説（『時宗要略譜』、『遊行・藤沢両上人御歴代系譜』、『新善光寺由来』など）や、一向俊聖《いっこうしゅんじょう》の弟子であるという説（『一向上人伝』、『仏向寺血脈』など）もある。一向俊聖は鎌倉時代の僧で、時宗一向派の祖とされているが、解意派と同じく江戸時代に時宗に取り込まれた念仏系の一派であって、中世では時衆ではなかった。

宍戸新善光寺の本尊は、前述したように、善光寺式阿弥陀三尊である。この寺は廃寺になっているが、本尊は友部町の船橋家に伝えられている（茨城県立歴史館寄託）。船橋家は江戸時代、宍戸新善光寺の檀家総代を務めた家柄である。明治四年（一八七一）同寺が火災にあって廃寺になったのち、本尊の阿弥陀三尊や過去帳・縁起・御用留綴《ごようどめつづり》などの寺の重要書類を保管してきている。

中尊の阿弥陀如来立像は、像高（総高）四八・三センチ、脇侍の観音菩薩立像は総高三七センチ、勢至菩薩立像は総高三六・九センチである。(5) 善光寺式阿弥陀三尊の典型的な大きさは中尊一尺五寸（約四五センチ）、脇侍一尺（約三〇センチ）である。宍戸新善光寺の本尊は、ほぼそれに近い。中尊の右手は施無畏《せむい》印（手のひらを胸の位置で前面に向けて広げる）、左手は手刀印（人差指と中指だけを伸ばし、残りの指は折る）を結ぶ。脇侍は同型で、両手を胸の前で上下に重ねる（梵篋印《ぼんきょういん》）。

中尊の螺髪《らほつ》は大きく、肉髻《にくけい》も大である。髪際は波形に下がっている。これらは、この三尊像がいかにも鎌倉時代に造られたことを思わせる特色である。ところが、顔が卵型に伸びて表現されているところは室町時代的である。そこで、その他の諸要素も含めて本三尊像の製作年代を推定すると、鎌倉時代末期から南北朝・室町時代前期と考えることができる。十三世紀末から十四世紀いっぱいぐらいのところである。

(2) 善光寺信仰

善光寺如来への信仰は、鎌倉時代から急に盛んになる。その信仰のもとは信濃国に古代から存在する善光寺である。平安時代末期から、この善光寺の三尊像を模刻し、笈《おい》に入れて背にかつぎ、各地に善光寺信仰を説いてまわる僧たちが現れた。彼らを善光寺聖という。鎌倉時代は仏教が生み出されたインドに対するあこがれが強くなった時期であり、インドから中国を経て日本に来たという三国伝来の善光寺三尊の人気が高まった。またこの如来は、あの世の極楽にいるのではなく、この世の信濃国善光寺にいて人びとを救っている生身の阿弥陀如来であるという説も生まれた。これも善光寺信仰の人気が高まった理由であると考えられる(6)。

常陸国においても、鎌倉時代初期から善光寺信仰の展開を認めることができる。すでに、小山政光のとき、その子長沼五郎宗政は源頼朝に申請して信濃国善光寺の地頭職を得ている。『吾妻鏡』承元四年（一二一〇）八月十二日条に、宗政が、自分は前世からの罪人なので「生身の如来」の寺の地頭となって阿弥陀如来に救ってほしいと願った、とある。小山政光の所領小山は、下野国の東南部（栃木県小山市）にあり、その妻は寒河尼といい八田知家の姉である。長沼宗政は政光の他の妻の子で、知家には義理の甥にあたる。

建久八年（一一九七）三月二十三日、源頼朝が信濃国善光寺に参詣したとき、八田知家と長沼宗政がその後陣に、結城朝光（小山政光と寒河尼の子）は先陣の随兵として従っている。朝光は下総国結城（結城市）の領主である。

一遍と他阿弥陀仏真教の伝記を描いた『遊行上人縁起絵』第六巻によれば、真教は永仁五年（一二九七）小山新善光寺に滞在しており、小山における善光寺信仰の定着を確認できる。弘安六年（一二八三）に成立した無住の『沙石集』巻第二に、常陸国の北郡に善光寺式阿弥陀三尊を安置してある堂があったという。北郡とは、茨城郡の北半分という意味で、現在の新治郡八郷町の大部分と同千代田町の一部分である。

土浦市の浄真寺には、弘長元年（一二六一）七月日の銘文を有する像高四九・六センチの善光寺式阿弥陀如来像がある。笠間市上加賀田の大日堂にある大日如来像には、小田時朝がこの像を「新善光寺」に寄進するという文永十二年（一二七五）付の銘文が記されている。石岡市の万福寺には中尊の像高四九・二センチの善光寺式阿弥陀三尊像がある。永仁三年（一二九五）三月十八日の日付や、「常陸国茨城郡茨城村仏国山新善光寺」という銘文が記されている。茨城村は現在の石岡市茨城である。

また水戸市の祇園寺には、中尊の像高四四・五センチの善光寺式阿弥陀三尊像を有する。銘文はないが、鎌倉時代末期の製作と推定される。同じく水戸市の信願寺には、善光寺式阿弥陀如来と考えられる像高四六・五センチの阿弥陀如来像がある。手首から先や全身の漆箔は後補であるが、鎌倉時代作の特色を有している。

以上のような常陸国の善光寺信仰の展開のなかで、宍戸新善光寺が開かれ、そこに阿弥陀三尊像が安置された。この三尊像が製作されたと推定される年代の上限の鎌倉時代末期といえば、宍戸氏は家時から知時にかけての時代で、宍戸山尾に本拠をすえて勢力の拡大・発展に努力していた時期である。この時期に、精神的な紐帯としての菩提寺新善光寺の充実のため、本三尊像が鋳造されたといえないであろうか。新善光寺は文禄元年（一五九二）に宍戸から海老ヶ島へ移っているが、本尊の三尊像は残った。それは、船橋家所蔵の三尊像の造りの優秀さや、明野町新善光寺の現在の本尊が中世から伝来した仏像ではないらしい様子などから考えられるのである。

(3)　中世後期の新善光寺

『聖三尊阿弥陀如来縁起』によれば、建武元年（一三三四）二月十五日、新善光寺三代超阿単求は後醍醐天皇から「解意一派」と記された勅額を賜ったという。このときの額が明野町新善光寺本堂の内陣にかかる「解意一派　如体山　新善光寺」と彫り込まれた額であるといわれてきた。超阿単求は「小田常陸時朝」（伝記未詳）の三男という。しかし、この時朝の実在についてはかなりあいまいである。また建武元年当時小田氏も宍戸氏も、勅額をもらうほどには後醍醐天皇のために働いていない。それに、額の文字そのものは筆勢弱々しく、力強くて奔放な後醍醐天皇の文字にはまったく似ていない。したがって、後醍醐天皇の新善光寺に対する勅額下賜は、伝説として受け取っておいた方が無難であろう。

また同じく『聖三尊阿弥陀如来縁起』によれば、室町時代初期における新善光寺中興の祖として、仰蓮社《ぎょうれんしゃ》信阿尊長定阿《じょうあ》上人という人物がいる。彼は正平十八年（一三六三）宍戸一族に生まれ、永享七年（一四三五）に七十三歳で亡くなっている。新善光寺七代総阿良瑞の弟子で、応永十五年（一四〇八）に没した九代劫阿《ごうあ》蓮智のあとを継ぎ、新善光寺十代となっている。尊長はいろいろと活躍したようであるが、彼には後小松天皇から応永十九年（一四一二）十月十五日に、僧侶の最高の名誉を表す代々紫衣と定阿上人号の使用を許すという綸旨《りんじ》を与えられたという。これは『聖三尊阿弥陀如来縁起』や明野町新善光寺所蔵の後小松天皇の「綸旨」による。しかし、これらは後醍醐天皇の勅額の場合と同じく、伝説として取り扱っておきたい。この「綸旨」は文章に疑問点が多く、偽文書と判断せざるを得ないからである。だいたい、日付の応永十九年十月十日当時の天皇は称光天皇であって、後小松天皇ではないのである。この年の八月二十九日、天皇は後小松から称光に変わっている。

ところで、尊長の「仰蓮社信阿尊長定阿上人」という名前は、『聖三尊阿弥陀如来縁起』を詳細に検討すると、「仰蓮社信誉《しんよ》尊長定阿上人」という名称が正しいようである。この「仰蓮社信誉」は、いわゆる蓮社号と誉号で構成されていることにより、典型的な浄土宗の法名であるということができる。尊長も開山の解意阿弥陀仏と同じく、浄土宗の僧侶として活躍していたことになる。ちなみに、宍戸から海老ヶ島への新善光寺の移転を見届け、文禄四年（一五九五）十一月二十六日に亡くなった三十一代住職の名は寛蓮社朝誉林外《りんがい》である。やはり蓮社号と誉号とを持っている。

一方、『続常陸遺文』所収の「常陸国中富有仁等人数注文」によると、その宍戸庄内の項に、

一、山尾道場　用阿弥陀仏　宍戸中務亟知行

一、同道場　　乗阿弥陀仏　同人知行

とある。この文書には永享七年（一四三五）八月九日の年紀がある。このころ山尾には、新善光寺の他に寺や道場があった気配はない。したがって十五世紀の新善光寺が「山尾道場」と呼ばれて、やはり宍戸氏の保護を受けていたことが推定される。ただ用阿弥陀仏と乗阿弥陀仏という、いかにも念仏系の宗派らしい法名を持つ二人が新善光寺の住職にあたるのか、あるいは単なる住僧なのか、いまのところ判断する史料はない。

戦国時代末期、宍戸氏の当主義長は佐竹氏に敗れた。やがて、海老ヶ島にあった一族宍戸義利の名跡を継ぐことができたとき、義長は菩提寺の新善光寺も連れていった。そして宍戸の故地にも同名の新善光寺を残した。そして江戸時代においては、両寺および他の二、三ヵ寺とともに時宗十二派のうちの解意派を構成することになった。海老ヶ島へ移った新善光寺が本山、宍戸の方が末寺である。そして宍戸新善光寺の本尊はそのまま宍戸に残ったのである。

注

（1）『瓜連町史』（瓜連町史編さん委員会、一九八六年）二八五頁以下。

（2）「西山上人略年譜」（『西山上人七五〇回御遠忌記念論集』西山学会、一九九六年）。
（3）『友部町史』（友部町史編さん委員会、一九九〇年）一三二頁以下。
（4）『筑波町史』上巻（筑波町史編纂専門委員会、一九八九年）二三六頁以下。前掲『友部町史』一三七頁以下。
（5）法量は、『学術調査報告書V　茨城の仏像――茨城県内社寺所蔵美術工芸品の調査研究――』（茨城県立歴史館、一九九七年）九八頁による。
（6）善光寺信仰の全国的展開に関する調査の基本的文献は、坂井衡平『善光寺史』上・下（東京美術、一九六九年）である。

第三章　時衆と武将たち

第一節　時衆と時房流北条氏

文永五年（一二六八）一月、蒙古の使者が太宰府に至り、服属を促す国書をもたらした。うわさに聞こえていた蒙古襲来が現実となり、鎌倉幕府では連署の北条時宗が執権となって、断固蒙古に対抗する意志を明らかにした。この間、浄土宗を開いた法然の曾孫弟子にあたる一遍智真は、伊予国の領地で還俗《げんぞく》生活を送っていた。やがてその生活を打ち切って再出家、文永八年（一二七一）信州善光寺に、さらにその三年後の文永十一年には紀伊国熊野本宮に参籠し、両度の宗教体験によって真の悟りを得ている。

一遍がその宗教の三大行儀である賦算《ふさん》（念仏の札くばり）・遊行（各地を巡り歩くこと）・踊り念仏を始めたのは、それぞれ文永三年・弘安二年（一二七九）である。そして一遍が初めて大衆的な人気を獲得したのは弘安五年春のことであった。二度目の来襲をかけてきた蒙古（元）軍が西海に沈んだ翌年である。

このようにみてくると、鎌倉幕府が全力を傾けて戦った蒙古襲来の時期に、時衆は生まれ、育ったということが

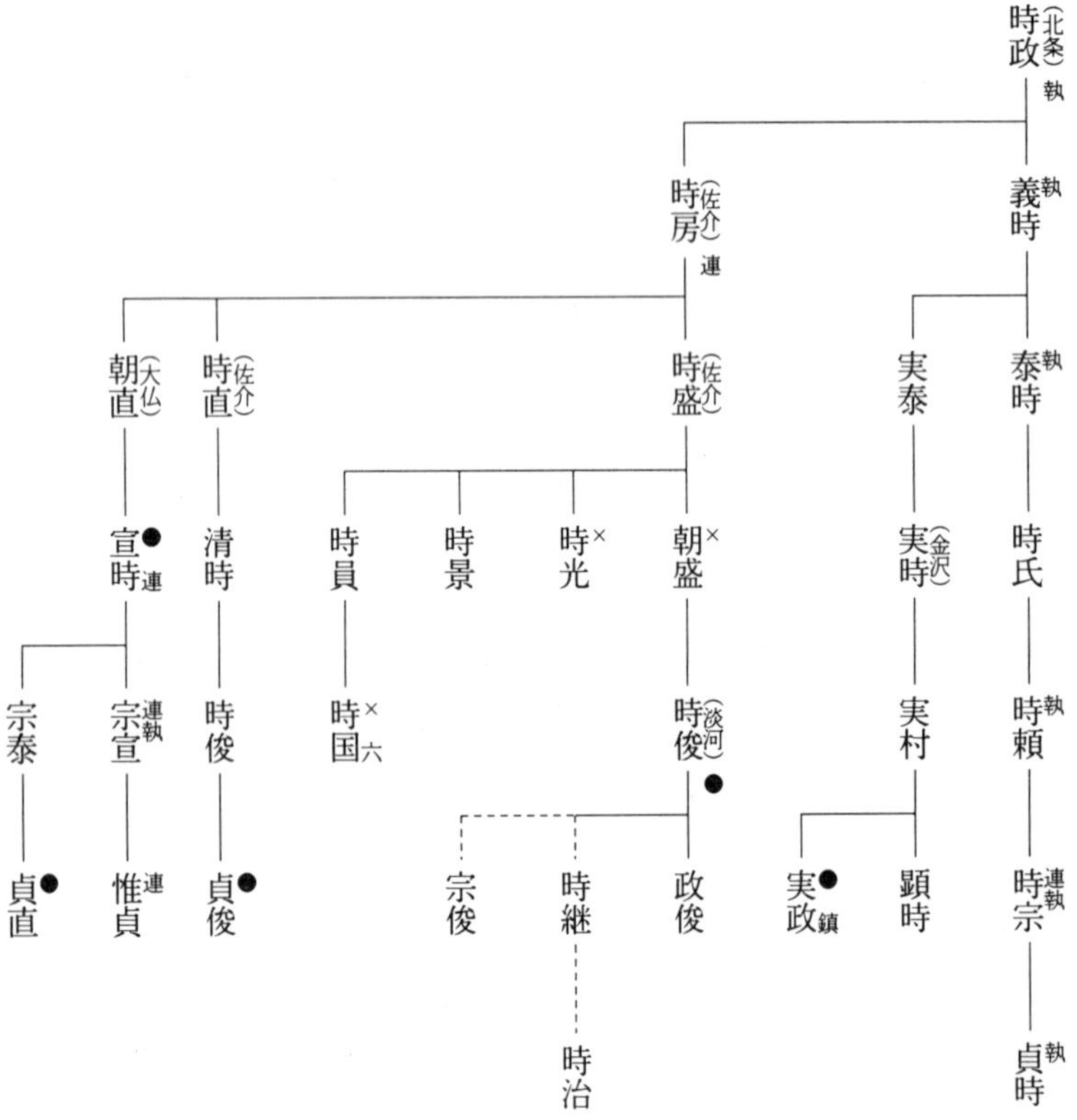

●印……時衆信仰を有した者

×印……没落した者（一二八四年）、執……執権、鎮……鎮西探題、連……連署

できよう。そのときの人びとの生活と信仰に、かなりの貢献をしたとみることができる。

しかしながら、鎌倉幕府は時衆を歓迎したわけでもなければ、これに寛容であったわけでもない。鎌倉の市街へ入ろうとした一遍を一蹴し、追い払ったのは執権北条時宗であった。(1) 鎌倉幕府が時衆を嫌った理由は、おそらく、「遊行」にある。後述するように、各地を放浪する念仏者は幕府の取締りの対象となっていたのである。

では、例えば、すべての北条氏から時衆は毛嫌いされていたのであろうか。実はそうではない。たしかに北条氏の本家である得宗《とくそう》家の保護は得られなかったが、傍流ともいうべき北条時房の系統である佐介《さすけ》・淡河《おうご》・大仏《おさらぎ》氏らの中には熱心な時衆信者が現れている。

本書では、時房流北条氏が時衆を信仰するに至った背景と、その信仰の実態を検討していくこととする。得宗家および時房流北条氏の略系図は右のとおりである。

(1) 時房流北条氏と時衆受容の前提

北条時房は、幕府初代の執権時政の三男で、安元元年（一一七五）の生まれである。父と兄義時によく協力して幕府内における北条氏の勢威を高めた。また義時の子である泰時とも仲がよく、一貫してこれを助けた。時房の子時盛たちも、泰時やその子時氏を盛り立てるなど、時房の系統は鎌倉時代を通じて得宗家に忠誠を尽くした。

鎌倉における時房の屋敷は、宇津宮辻子御所の近く（『吾妻鏡』(2) 安貞元年二月八日条）と推定されるが、鎌倉西部の佐介ヶ谷にも住居があったようで、これをもとに佐介氏と称した。また大仏殿と称されたのは、やはり鎌倉西部の深沢の大仏（いわゆる鎌倉大仏）の造立に携わっていたからであろう。「オサラギ」とは、深沢にある地名で、それが「大仏」の読みとなったという。(3)

時房には長子時盛以下、時村・時直・資時・朝直という五人の男子があった（『尊卑分脈』(4)）。このうち朝直を除き、すべて佐介氏を名のり、朝直は大仏氏を名のった。これは、朝直が時房の意志を継いで大仏造立を成し遂げたことによろう。朝直の屋敷も大仏のある深沢に設けられたものと考えられる。

佐介時盛は元仁元年（一二二四）、時氏とともに上洛して六波羅守護（南方）となり、仁治三年（一二四二）まで十九年の長きにわたった。また越後守にも任じており、建治三年（一二七七）に没した。

時盛には、朝盛・政氏・時光・時員・時景という五人の男子がおり、父が任官した「越後守」を由緒として、「越後」という受領名を使うこともあった。例えば朝盛は越後太郎を称していた。弘安七年（一二八四）四月、執権北条時宗が亡くなった直後の六月、六波羅守護（南方）佐介時国（時員の子）が陰謀を企てたとして捕えられ、常陸国へ流され、やがて殺された。この間の八月、時光も捕えられて佐渡へ流された。さらに朝盛も配流となった。

右の事件は、得宗家に忠実な時房流北条氏一族の、唯一の反乱であり陰謀であるといわれてきたが、後述するように不可解なできごとであった。ともあれ、この事件によって佐介氏の嫡流は滅亡した。この朝盛の息子の一人に、播磨国淡河（神戸市北区）を領した時俊がいたのである。すなわち、時俊の妻は一遍最後の賦算の相手であり、時俊自身は一遍のあとを継いだ真教の最初の賦算の相手である。〝陰謀〟事件後、五年目のことであった。

時房流北条氏のうち、佐介嫡流家に代わって幕府内で勢力を伸ばしたのが大仏氏である。弘安十年（一二八七）、大仏朝直の子宣時は連署に就任した。その子宗宣は、永仁五年（一二九七）に六波羅守護（南方）、嘉元三年（一三〇五）には連署となった。宗宣の子貞房は延慶元年（一三〇八）に六波羅守護、宗宣のもう一人の子惟貞は、正和四年（一三一五）に六波羅守護（南方）、正中三年（一三二六）には連署となっている。時衆を保護したと推定されているのは、この宣時と、宗泰の子貞直である。貞直は、鎌倉幕府滅亡に至る戦争のなかで、壮烈な戦死を遂げている。

佐介時直の曾孫である貞俊も、時衆との関係が知られている。やはり鎌倉幕府滅亡の戦いで捕えられ、首を討たれた。この時直の系統は、佐介一族のなかでも傍流で、得宗家に重んぜられた様子はない。

(2) 北条氏と阿弥陀信仰

鎌倉幕府の念仏僧禁圧令はよく知られているところであるが、政策の系譜からいえば、もともと朝廷の禁令に端を発している。朝廷の場合は、特に専修念仏に対する禁圧令である。建永二年（一二〇七）の法然に対する弾圧と、嘉禄三年（一二二七）の遺弟に対する禁圧とが知られている。また天福二年（一二三四）にも専修念仏禁止の宣旨が出されている。

文暦二年（一二三五）正月、鎌倉幕府は「京中」および「辺土」で僧徒が弓箭兵具を帯して「横行」するのを禁じた。同じ年の七月十四日、幕府は次の二つの命令を出した。第一は、

一、僧徒裹頭横㆓行鎌倉中㆒事、
　可㆑令㆓停止㆒之由、可㆑被㆑仰㆓保々奉公人㆒、

というものである。僧侶が頭部を布で包み、鎌倉の中を「横行」するのを禁止した。第二は、

一、念仏者事
　於㆓道心堅固輩㆒、不㆑及㆓異儀㆒、而或食㆓魚鳥㆒、招㆓寄女人㆒、或結㆓党類㆒、恣好㆓酒宴㆒之由、遍有㆑聞、於㆓件家㆒者、仰㆓保々奉公人㆒、可㆑令㆑破㆓却之㆒、至㆓其身㆒者、可㆑被㆑追㆓却鎌倉中㆒也、

と、「道心堅固」でない「念仏者」を取り締まりの対象としている。[5] さらに同じく文暦二年七月二十四日、幕府は、

一、称㆓念仏者㆒着㆓黒衣㆒之輩、近年充㆓満都鄙㆒、横㆓行諸所㆒、動現㆓不当濫行㆒云々、尤可㆑被㆓停廃㆒候、

と、「念仏者と称して黒衣を着する輩」を禁圧している。彼らはやはり「横行諸所」によって禁圧の対象となっているのである。

以上の法令から、次の三点が明らかとなる。第一に、戒律を守らず、僧侶らしくない振舞をする者は幕府の禁圧の対象となること。その振舞とは、武器を帯したり、戒律に背く生活をすることである。治安を乱すもととなる。第二に、念仏僧が警戒されていること。理由は、諸所を「横行」することである。これも治安を乱すもととなる。念仏そのものが禁圧の対象となっているのではないことに注意しなければならない。各地を放浪することがいけないのである。治安・秩序の維持のため、幕府は放浪・遊行する人びと（僧侶に限らず）を禁圧の対象としている。第三に、幕府は、鎌倉の市街について特に厳重に管理しようとしていること。鎌倉以外については、あまりうるさくはない。というより、統制し切れなかったのが実情であろう。

以後の僧侶に対する規制の条項を追ってみよう。延応元年（一二三九）四月の「条々制符」の中に、

鎌倉中僧徒恣諍二官位一事、

とあり、仁治三年（一二四二）三月の「新成敗条」には、

一、可レ被レ止二鎌倉中僧徒従類太刀腰刀等一事

とあり、弘長元年（一二六一）二月の「関東新制条々」には、「一、念仏者事」と「一、僧徒裹頭横二行鎌倉中一事」という、前述文暦二年七月十四日の法令と同文が含まれており、加えて、

一、可レ禁二断僧坊酒宴并魚鳥会一事、

の項もある。また弘安七年（一二八四）五月の「新御式目」には、

念仏者・遁世者・凡下者、鎌倉中騎馬可レ被レ止事、

と記されている。また前節で述べたように、浄土真宗の唯善（親鸞の曽孫）が顕智という僧（親鸞面授の門弟）に送った書状中にも、将軍が「被レ制二禁諸国横行人一」とあった。[6]

こうして、諸国横行の念仏僧禁圧は、鎌倉幕府の一貫した「政治的」方針であったことがわかる。特に鎌倉の中

においてはそうであった。したがって弘安五年（一二八二）、一遍と時衆が巨《こ》福呂《ぶくろ》坂《ざか》から鎌倉の市街に入ろうとした時、幕府の武士たちに拒否され追い出されたのは当然であったのである。『一遍聖絵』第五巻に、

弘安五年の春、鎌倉にいりたまふ（中略）、三月一日こぶくろざかよりいりたまふに、今日は大守（北条時宗）山内へいで給事あり、このみちよりはあしかるべきよし人申しければ、聖思ふやありとて、なをいりたまふ。武士むかひて制止をくはふといへども、しゐてとをりたまふに、小舎人をもて時衆を打擲し（中略）、御前にてかくのごときの狼藉をいたすべき様やある。汝徒衆をひきぐする事ひとへに名聞のためなり、制止にかゝへられず乱入する事こゝろえがたしと云々、聖こたへたまはく（中略）、念仏勧進をわがいのちとす、しかるをかくのごとくいましめらるれば、いづれのところへかゆくべき、こゝにて臨終すべしとのたまふに、武士鎌倉の外は御制にあらずとこたふ、

とある。鎌倉の市街と、外とでは幕府の管理方針が異なっていたことは明らかである。こうして北条氏と時衆の最初の出会いは、相互に理解しあうことなく終わった。

ところで、一遍のころに鎌倉の北条氏が受容していた仏教といえば、天台・真言・禅・真言律などであるが、念仏信仰を正面切って信仰していた一族がいなかったわけではない。それは大仏《おさらぎ》氏である。

嘉禄三年（一二二七）の法難に巻き込まれた法然の高弟隆寛《りゅうかん》は、奥州へ流される途中で相模国飯山（神奈川県厚木市）に至り、ここにとどまることになる。これは隆寛を護送する役目であった毛利（森）入道西阿が彼に帰依し、自分の領地である飯山へ招いたものである。これを伝え聞いた大仏朝直（まだ相模四郎と名のっていた）は、隆寛を追いかけて、在家での救いの道を求めている。『隆寛律師略伝』(7)に、

武州刺史朝直朝臣于時廿二歳相模四郎ト申シケルガ、御霊ノ前ニ追付テ、（中略）願ハクハ家業ヲ捨ズシテ、生死ヲ離ルベキ道ヲ、教へ給へ、

と訊ねたとある。そして隆寛の懇切な教えにより、

　朝直朝臣忽チニ、真実ノ信心ヲ発シテ、毎日六万遍ノ念仏ハ、一期退転スベカラズト誓約、

をして、以後三十余年間続け、その亡くなる時には「高声念仏、四百余遍、五体ヲ迫メ、念仏ノ息ニテ終リ給ケリ」という状態であったとされている。

隆寛は朝直に会った年のうちに飯山で亡くなり、弟子智慶《ちきよう》は隆寛旧住の京都長楽寺の寺号を鎌倉に移して長楽寺を始めている。『吾妻鏡』文応元年（一二六〇）四月二十九日条に「鎌倉中大焼亡。自二長楽寺前一至二亀谷人屋一云々」とあり、日蓮は『守護国家論』や『一代五時図』などで長楽寺智慶を目の敵にしており、浄土宗の寺としての長楽寺は鎌倉における有力な存在であったことがわかる。

また浄土宗鎮西派の三祖良忠《りようちゆう》は鎌倉一円を布教してから鎌倉に入った。やがて正元年間（一二五九―六〇）ごろ大仏朝直に迎えられた(8)。良忠はその著『宗要集聴書』を文応元年（一二六〇）六月十七日に佐介ヶ谷で完成させているから、この時以前に保護を受けたことは確実である。朝直はこの地に悟真寺を建てて良忠を住まわせた。『然阿上人伝』(9)にも、

　経二歴諸国一上野下野武蔵上総下総常陸、広談二真宗一、（中略）其後届二相州鎌倉一、初住二大仏谷一後住二悟真寺一武蔵前司建立、在二佐介谷一、

とある。良忠は鎌倉で大いに活躍し、建治二年（一二七六）には京都へ上り、「衆人輻奏聞法結縁陪二於昔日一」（『然阿上人伝』）と、ここでも人気を集めた。後世、鎮西派が浄土宗の主流を占めるに至る基礎は、良忠によって固められたのである。

一方、かの深沢の大仏（阿弥陀如来）の初見は、『吾妻鏡』暦仁元年（一二三八）三月二十三日の、

　今日、相模国深沢里大仏堂事始也、僧浄光令レ勧二進尊卑緇素一、企二此営作一、

とあるものである。また寛元元年（一二四三）六月十六日条に、

深沢村建二立一宇精舎一、安二八丈余阿弥陀像一、今日展二供養一、導師卿僧正良信、賛衆十人、勧進聖人浄光房、此
六年之間、勧二進都鄙一、尊卑莫レ不二奉加一、

と、その完成が伝えられている。

大仏造立の理由はしばらくおくとしても、当時の執権北条泰時の政策の一環であったことは疑いあるまい。実際に担当したのは叔父時房とその子朝直であるという(10)。ここに、朝直は当然ながら、時房にも阿弥陀信仰が認められてくる(ちなみに、現今の金銅八丈の釈迦如来像が鋳始められるのは、建長四年〈一二五二〉八月である)。

時房の嫡子時盛の屋敷も佐介ヶ谷にあった。寛元四年(一二四六)六月二十七日条や、建長四年(一二五二)三月二十一日条、文永三年(一二六六)七月四日条などにみえるとおりである。時房の嫡男であるから当然であろう。時房と朝直の大仏造立に、時盛が無関心であったはずがない。佐介から大仏まではわずか一キロほどの至近距離である。もっとも、時盛は元仁元年(一二二四)から六波羅守護の任務にあり、父時房が没した仁治元年(一二四〇)の一時期を除き、同三年一月までその任についていたから、直接大仏とのかかわりができるのは鎌倉へ帰ったそののちからであろう。時盛が没したのは建治三年(一二七七)であるから、良忠との充分な接触があったとみてよい。

文永五年(一二六八)、朝直が没すると、子の宣時は「奉レ為二故武州前判史(刺)聖霊御往生極楽成等正覚一、殊抽二追孝之御志一」て悟真寺の房地と鳩井の免田を寄進している(「良忠譲状」文永九年正月十六日付(11))。

このように佐介ヶ谷を本拠とする佐介・大仏両氏は他の北条氏とは異なり、強い阿弥陀信仰を有していたのである。同じ阿弥陀信仰の時衆を受け入れる背景はここにあったといえよう。

(3) 淡河時俊の妻と一遍

『一遍聖絵』第十二巻に、正応二年(一二八九)八月二十一日のこととして記事があるなかに次の文がある。

六十万人の融通念仏は、同日幡磨(播)の淡河殿《おうご》と申女房の参てうけたてまつりしぞかぎりにて侍し、凡十六年があひだ目録にいる人数二十五億一千七百廿四人なり、其余の結縁衆は齢須もかぞへがたく竹帛もしるしがたきものなり、

これは、一遍臨終二日前のことである。このとき一遍は兵庫島の観音堂の病床にいた。すでに八月二日に遺誡を告げ、十日には所持の教典を書写山の僧に渡し、他の書籍などをすべて焼いた。『一遍聖絵』を作成した弟子聖戒《しょうかい》が、「伝法に人なくして師とゝもに滅しぬるかとまことにかなしくおぼえしに、一代聖教みなつきて南無阿弥陀仏になりはてぬとの給」(『一遍聖絵』第十一巻)と嘆いたのはこのときのことである。

右の引用記事は、一遍の賦算が「幡磨の淡河殿と申す女房」で終わったと記している。

「南無阿弥陀仏決定往生六十万人」と印刷した念仏札(名号札)を、全国遊行して出会う人ごとにくばるのが、一遍の布教の基本行儀である。文永十一年(一二七四)以来、十六年間にもわたっている。「目録」とあるから、札をくばった相手の名を書き留めておいたものと考えられる。それにしても、二十五億という数は多すぎるから、二十五万の誤りであろうという見方もあるが、本書では目録のことは問題にしない。目録に入った最後の賦算の相手が「幡磨の淡河殿と申す女房」であったことが重要なのである。

淡河とは、現在の神戸市北区淡河である。兵庫島観音堂とは、神戸市兵庫区にある時宗真光寺の地である。約二〇キロほど離れている。

下田勉氏によれば、淡河庄はもと幕府の御家人淡河中務兼定の所領であったが、承久の乱後北条時房の領するところとなり、時房―時盛―朝盛―時俊と伝来したとする。そして『一遍聖絵』の「淡河殿」とはこの時俊のことであるという。(12) 時俊は、朝盛の次男で、寛元元年(一二四三)のころに生まれ、雅楽助《うたのすけ》と称したという。

一方、湯山学氏は、この「淡河殿」を『太平記』巻六に出る淡河左京亮時治、または同じく『太平記』巻十一に

出る佐介安芸守時俊あるいはその子の左京亮貞俊にあてている。[13] 北条系図の一本によると、時治は時盛の子で、佐介四郎と名のったという。『太平記』に、時治は「越前牛ヶ原地頭」とあるから、この地を所領にしていたことは間違いない。下田氏は時治を時継の子にあてている。

他方、叡尊《えいそん》の『金剛仏子叡尊感身学正記』[14]によると、弘安四年（一二八一）二月、叡尊は河内から摂津を経て播磨国の上淡河村石峰寺に入り、三月に同寺本堂で一千八百五人に受戒した。このとき領主の「平時俊」は領内東西三里・南北二十四、五町の殺生禁断状を進めている。同書に、

廿八日、著二播磨岩(石)峯寺一、廿九日、講二始十重行布薩一、三月四日、於二本堂一、一千八百五人授二菩薩戒一、捧二禁断殺生等之状二通一（一通領主平時俊状、一通代官等状、）領内東西三里許、南北廿四五町云々、五日、於二同所一、七十七人授二菩薩戒一、六日、堂供養、中法会、

とある。淡河庄が北条氏の所領であることは確実であるから、この「平時俊」が北条時俊であることは疑いない。そして下田氏はこの人物を朝盛の子時俊にあて、湯山氏は時盛の弟時直の孫時俊としているのである。

ただ、『太平記』によると時治には越前牛ヵ首に妻子を置く所領があるので、淡河は時治の本領とは考えにくいこと、また淡河庄の淡河氏は幕府滅亡時に後醍醐天皇方に味方しているから、佐介時俊・貞俊親子とは敵対していたことになる。そこで、淡河の領主である「淡河殿」は朝盛の子北条時俊であったと考えたい。

ところで佐介氏の嫡流である時盛一族は幕府の要職について栄えたが、前述のように運命は弘安七年（一二八四）に一変した。六波羅守護として京都にいた左近将監時国（時盛の孫）が陰謀を企んだとして六月に鎌倉に召還され、そのまま常陸国伊佐郡（茨城県真壁郡）に流された。続いて八月、修理亮時光（時盛の弟）も陰謀をめぐらしたとして捕えられ、土佐に流された。時国は時盛の継嗣に立てられていたという説もある人物（前田本平氏系図）であるが、八月（または十月）に殺された。さらに時盛の長男朝盛も配流されたという（『尊卑分脈』、時期は不明）。

得宗家に忠実な佐介氏がなぜ「謀叛」を企んだとして滅ぼされたのか、不可解なことが多い。奥富敬之氏は、執権北条時宗没後に幕府の実権を握った安達泰盛が得宗家の権力伸長を押さえようとした方針に、佐介氏が反発したことが「謀叛」として処断された原因ではなかろうかという。いわば得宗家に対する忠節の故に起こされた謀反であり陰謀であったとする。(15)

いずれにしても、こうして佐介氏の嫡流家は滅亡した。朝盛の息淡河時俊の妻が一遍に会ったのは、この五年後の正応二年（一二八九）であった。弘安八年（一二八五）十一月、安達泰盛は霜月騒動によって滅亡している。同十一年（一二八八）二月には、時盛の孫盛房が六波羅守護（南方）として登用されているから、佐介氏にも復活のきざしが見え始めていた。しかし、罪人として殺された者まで出た事件の後遺症は大きかった。淡河時俊の妻が高名な念仏僧一遍のもとにかけつけた理由は、このような所にあったのではないだろうか。

佐介氏はもともと阿弥陀信仰に親しみを感じている一族である。これに加え、弘安七年の事件の死者をいたむ気持があり、また現世での発展に希望を抱けない状況に落ちてしまっている。これが時俊の妻が一遍に賦算を受けた理由であろう。時俊自身も承知の上であることは、一遍の後継者として立った真教に対する態度をみればよくわかる。

(4) 淡河時俊と真教

『遊行上人縁起絵』第五巻に、次のような文章がある。

さて遺弟等、知識にをくれ奉りぬるうへは、すみやかに念仏して臨終すべしとて、丹生山へ分入りぬ、林下に草の枕を結び、叢辺に苔の筵をまうけて、夕の雲に臥し、暁の露におきてハ、只上人恋慕の涙をのミぞながしける、かくて山をこえ、谷をへだて丶、或所に寺あり、仏閣零落して、蘿苔礎をうつミ、寺院破壊して、荊棘路をふさぐ、此処にて蹔念仏しけるに、賤き樵夫も供養をのべ、幼き牧童の発心するもあり。又この山のふもと、粟河といふ所の領主なる人、まうてゝ念仏うけたてまつらんと申けるを、他阿弥陀仏曰、聖ハ、已に臨終し給ぬ、我等はいまだ利益衆生に向たらハこそ、と仰られけるを、かように縁をむすびたてまつるべきものゝ侍うへは、只給らん、と頻に所望しける間、始て念仏の算を給ぬ、此堂を極楽浄土寺といひける、所から不思議にぞ侍る、さて如ㇾ此化導ありぬべからんには、徒に死にても何の詮か有べき、故聖の金言も耳の底に留侍れば、化度利生したまふにこそとて、他阿弥陀仏を知識として立出でにけり、

ここで現れるのが「粟河といふ所の領主」である。明らかに一遍最後の賦算を受けた女性の夫である。一遍入滅後、真教たちがなぜ臨終するため丹生《にゅう》山へ登ったのかは不明であるし、極楽浄土寺の位置も明確にはできない。ただ淡河庄は丹生山の北麓に開けた地帯である。したがって淡河（粟河）の領主淡河時俊夫妻の招きがあったと想定することも不可能ではあるまい。

ともかく、真教たちは一遍を慕うあまり、念仏しながら臨終しようと思っていたのであるが、淡河時俊がしきりに念仏札を欲しいと頼むので、真教はついに与えてしまう。そしてこのように前向きの行動をしてしまったからには、無駄に死んでも仕方がない。一遍のことばも耳の底に残っているから衆生救済の道に進もうと、真教は布教の指導者として、一遍の後継者として立つのである。

こうして、一遍入滅後四散しかかっていた時衆は、真教によって再統一され、より強固な連帯を有する教団として再出発した。

真教が一遍の後継者として立ち得た理由は、第一に信者の熱心な要請であり、第二に一遍面授の弟子であってその「金言も耳の底に留」まっていること、第三に指導者としての資質があり、一遍も他の者も真教のすぐれていることを認めていたこと（『遊行上人縁起絵』第四巻第五段、同第五巻第一段）などである。

右の第一の理由のうちの信者とは、むろん淡河時俊のことである。すなわち、彼は真教が立つ上で非常に重要な役割を果たしたのである。真教が立たなければ後世の時衆教団の発展はなかったであろうから、時俊の存在の意義は大きい。

時俊が熱心に念仏を求めた理由は、前項の時俊の妻の部分で説いたとおりである。得宗家と強く結びついている叡尊を歓迎し接待している時俊（前述）であるから、佐介嫡流家の一員ということもあって、幕府体制下で栄えていたに相違ない。その没落の状況は深刻であったろう。

ところで、真教がこののち越前国へ向かったのは、この淡河一族が大いにかかわっているという説がある。『太平記』巻十一の「越前牛原地頭自害事」の項に、淡河右京亮時治は大野郡牛ヶ原（大野市）の地頭であること、そこには妻と二人の子がいて、後醍醐天皇方の平泉寺《へいせんじ》衆徒の猛攻を受けて四人もろともに自決したことがみえる。[16] この淡河時治は、前述のように時盛の子（時俊の叔父）または時継の子にあたる。時俊の近い一族が越前牛ヶ原を所領としていたわけである。所領としたその最初の時期は不明ながら、『遊行上人縁起絵』第五巻の、

正応三年夏、機縁に任て越前国府へ入給、

を解釈し、真教は時俊の依頼によって一族の所領である越前国へ旅立ったとするのである（下田勉氏注(12)論文）。淡河氏には、淡河と牛ヶ原以外の所領はない。

付　『遊行上人縁起絵』と宗俊

『遊行上人縁起絵』の奥書に、次の文がある。

本奥云

弟子宗俊宿因多幸而奉レ逢二上人之済度一、得レ聞二出離之要法一、思二其恩徳一、瞼二其報謝一、高二於天一厚二於地一、

仍自二建長文永之往事一、至二永仁正安之行儀一、図二師資之利益一、備二弟子之報恩一、類聚而為二十巻一、殆揚二十之一二、(下略)

『遊行上人縁起絵』の原本を作成した「宗俊」は、その素性が不明である。それを下田勉氏は淡河時俊の三男「淡河宗俊」なる人物であると考えているのである。大橋俊雄氏もこの考えを支持している。

非常に興味深い説であるが、どの北条系図にも「宗俊」はまったく出てこない。それに『遊行上人縁起絵』ほどの文化的価値の高い作品を作り上げられるだけの財力・政治力・文化力が当時の淡河氏にあったかどうか。佐介一族が六波羅守護としてまた丹波守護として、京都と関係の深い時期が多いのが唯一の手がかりである。

なお、神戸真光寺蔵本『遊行上人縁起絵』の奥書に次のようにある。

一遍上人縁起絵巻　全十巻
元亨三年(一三二三)　発願主　平宗俊

「平宗俊」が『遊行上人縁起絵』原本作成者の「宗俊」と同一人物かどうか、また淡河時俊の子かどうか興味深いところである。

その後、淡河地方には時衆の影響力が残り、同庄内石峯寺旧本尊地蔵尊胎内銘に、

(前略)
覚阿弥陀仏　淡河遠江守入道政宗　六十五歳
永和元年(一三七五)五月三日
影像奉行　左近将監入道沙弥　源真
号　信阿弥陀仏　七十五歳

などとある。鎌倉末期から南北朝動乱の初期では淡河氏は後醍醐天皇方に味方したようであり、そのため一族は後

世まで生き抜いている。

(5)　大仏宣時と真教

『他阿上人法語』[17]第四巻に真教の次のような書状が収められている。

鎌倉帰住当時はその儀なく候、ところはたがひに何れの処をへだてさふらふといへども、御志だにはじめの信にたがはせ給はずんば、後往生はたのもしくおぼしめさるべくさふらふ、仏智はたゞ信心のうへに応をたれて、往生は称名の声に決定《けつじょう》すべく候、生死無常のさかひは終焉計りがたく候のあひだ、日夜をはこびて時々の御念仏もっとも大切におぼへ候、言葉おほくなりさふらへば、こゝろ落居《らっこ》せざるのあひだ、要をとりて文字を略しさふらふ、

南無阿弥陀仏

これは「陸奥入道」の真教への手紙に対する返事である。両者は鎌倉で面会していることが推定される。「その儀」とは不明であるが、その他の部分では念仏をしきりと強調している。「往生は称名の声に決定すべく候」とは、まさに一遍の信仰の真髄である。

さて、「陸奥入道」とは誰であろうか。真教が布教していた期間である正応二年（一二八九）から文保三年（一三一九）にかけて陸奥守であったのは、大仏宣時—宗宣—維貞の三代と、宗泰（宗宣の弟）の子貞直である。宣時は正応二年（一二八九）六月陸奥守となり、正安三年（一三〇一）に出家、元亨三年（一三二三）六月に没している。「陸奥入道」と受領《ずりょう》名で呼ばれていたのはこの人物であろう。宗宣は正和元年（一三一二）五月に出家、一ヵ月足らずで没した。維貞では時代が下がる。

大仏宣時は弘安十年（一二八七）に連署の職についている。執権は貞時である。二年前に佐介嫡流家が没落してい

る。宣時の連署就任は、北条業時が病によって辞したあとを受けたものである。これは同じ時房流の佐介一族が失敗はしたものの安達泰盛（前年に滅亡）に反抗したことへの褒賞の意味もあったと考えられるという。以後、時房流の中心は大仏系に移る。

真教はこの宣時と親しい関係にあったと推測される。宣時が真教に接近した背景は、やはりこの一族の持っていた阿弥陀信仰であろう。真教は有力な保護者を得たことになる。ただし、のちに真教のあとを継いだ智得によると、それでも真教は鎌倉の中での活動に慎重であったようである。智得の書状（七条金光寺旧蔵文書）に、

故聖は已十余年の独住にておはしまし候しかバ、鎌倉中の風聞と申、利益と申、偏執之輩我慢をたゞし帰伏之人多候しかども、猶以人方をバ、憚給候しぞかし、

とある中の「人方」の意味が正確には不明であるが、執権およびその周囲の人びとをいうのであろう。幕府の方針は遊行に不快を示しており、そのために真教は当麻《たいま》無量光寺に止住した[18]。真教と時衆は一応の安定状況を保ち、大仏宣時という幕府中枢部の外護を得ているとはいっても、また多くの信者を得たとはいっても、安心し切ってしまうわけにはいかないのである。「猶以人方をバ、憚給候しぞかし」の文は、政治的に慎重であった真教の態度をよく物語っている。

ともあれ、陸奥入道宣時の帰依は、本拠と定めた相模国での真教の活動に大いに役立つものであった。

(6) 大仏貞直の当麻無量光寺領有

『呑海上人法語』[19]に、次の文がある。

一、重云、大仏殿御報云、仏種は従レ縁おこる。故に遺跡にして名号書べきいはれもや有覧と云々、又御書云、

呑海《どんかい》は四代遊行上人で、その期間は文保三年（一三一九）から正中二年（一三二五）である。彼は三代遊行上人

智得から遊行上人の職を受け継ぎ、主に西国を遊行していた。智得は元応二年（一三二〇）に相模国当麻無量光寺で亡くなるが、呑海はそのまま遊行を続け、数年後に無量光寺へ帰住しようとする。しかし無量光寺側では、真教または智得の弟子の真光を住職として押し立て、呑海の入寺を認めないのである。困惑しかつ怒った呑海は、自分こそ正しい智得の後継者であり、無量光寺の住職であると主張する。その最大の根拠は、時衆教団の指導者はまず遊行を長期間にわたって行わなければならないし、自分はその条件にぴったりである、とするところにある。真光はまったく遊行生活をしておらず、時衆の指導者が入るべき無量光寺の住職でいる資格がない、と主張する。これらは『呑海上人法語』に収められており、前掲の史料はその一齣である。その内容を現代語訳すれば次のようになろう。

（真光が）重ねていうことには、「大仏殿」の御手紙によると、「仏性を生ずる種は縁より起こります。したがって真教の遺跡である無量光寺で真光が名号を書く理由もあるでしょう」ということである。また（智得の）御書にいわれることには、

と、無量光寺住職に誰が就任するのが正しいかについて、呑海の自問自答の形で話が進められている。

ここで問題は、「大仏殿」とは誰であろうかという点である。この時期にこのように称されていたのは大仏貞直である。[20] 彼は宗泰の子で、右馬助・陸奥守で、評定衆に連らなった。貞直が真光を支持する意向を述べたのには理由があろう。時衆内部の問題であるにしても、無量光寺に無関係の人物であるならば、住職問題に発言できる資格はない。発言しているということは、無量光寺に権限を有しているということになる。どの程度の権限かは不明であるが、呑海が結局無量光寺に入寺できなかったのをみれば、貞直の表現はやわらかくとも、かなり強い領有権を有していたとみるべきである。

貞直はこの領有権を祖父宣時から直接（または父宗泰を経て）与えられたものか、あるいは彼自身の代に新たに得

たのか、いまだ不明である。

それにしても、呑海と真光の争いで、大仏貞直は単に真光（内阿弥陀仏ともいう）を擁護したと考えるだけでなく、一歩進めて無量光寺の領有権を握っていたと考えたい。鎌倉幕府滅亡後、無量光寺が衰退に向かうのはこれと大いに関係があろう。

なお、『太平記』第十巻「大仏貞直并金沢貞将討死事」に、

去程に大仏陸奥守貞直は、昨日まで二万余騎にて、極楽寺の切通を支て防戦ひ給けるが、今朝の浜の合戦に、三百余騎に討成れ、剰敵に後を被レ遮て、前後に度を失て御坐ける処に、鎌倉殿の御屋形にも火懸りぬと見へしかば、世間今はさてとや思けん、又主の自害をや勧めけん、宗徒の郎従三十余人、白洲の上に物具脱棄て、一面に並居て腹をぞ切にける、貞直是を見給て、日本一の不覚の者共の行跡哉、千騎が一騎に成までも、敵を亡て名を後代に残すこそ、勇士の本意とする所なれ、いでさらば最後の一合戦決して、兵の義を勧めんとて、二百余騎の兵を相随へ、先大嶋、里見、額田、桃井、六千余騎にて礙たる真中へ破て入、思程戦て、敵数た討取て、ぱっと駆出見給へば、其勢僅に六十余騎に成りにけり、貞直其兵を指招て、「今は末々の敵と懸合ても無益也」とて、脇屋義助雲霞のごとくに扣たる真中へ駆け入、一人も不レ残討死して、尸を戦場の土にぞ残しける、

と、貞直が幕府滅亡に際し、勇猛に戦って立派に討死したことが記されている。当麻無量光寺も有力な外護者を失ったのである。

(7) 佐介貞俊

『他阿上人法語』第六巻に、「佐竹安芸守貞俊殿へつかはさる御返事」と題する真教の書状が収められている。その内容は主に融通念仏についての説明で、「夫融通念仏とまうすは」から始まり、「本願ひとつに帰すれば法のかた

より融通して、自他の行体一如なるところは、融通念仏」とする。しかし意味がわかっても念仏に信心がおこらなければ役に立たないし、また「融通念仏」と念仏の一部を限ってしまうと、阿弥陀仏の本願を狭くしてしまうことになる。そこで、「融通念仏とわけられ候はずとも、ふかく本願を信じて往生決定ならんは融通念仏にて候べし」といい、「本願の念仏は往生の為なれば、如何ならんおりふしもいづれの時刻にも、おなじくとなへゐたらばみな往生の念仏なり」と展開させ、「本願にさふらふ念仏はたゞ南無阿弥陀仏」と結ぶ。

さてこのように時衆の教義を説いた書状をもらった「佐竹安芸守貞俊」とは、実は「佐介安芸守貞俊」のことである。近世に『他阿上人法語』を開版するにあたり、誤写をしてしまったのである（「竹」の古形字「个」と、「介」とは似ている）。

佐介貞俊は、時直の曾孫にあたる佐介一族である。『他阿上人法語』第八巻にも、「其年ノ末ニ寿阿弥陀仏佐介安芸守貞俊朝臣詣テ、続歌オコナハレシ時ノ歌」として、真教の秋・冬・恋・雑の六首の歌が記されている。佐介貞俊と一緒に作ったときの歌である。この史料で、佐介貞俊の法名が、「寿阿弥陀仏」であったことがわかる。

さらに、七条道場金光寺旧蔵文書の真教の書状の一つに、年未詳七月二十九日の寿阿弥陀仏宛がある。[21] その文に

無別事御下向之由本意覚候、何様にも二三ヶ年之程者在国候て、御やすミ候ハむハ可レ宜候、又彼仁しばらくこそ候とも、始終ハ出ざるべきいはれなく覚候、（下略）

とある。貞俊の領地がどこにあったか不明であるが、右の書状によれば、貞俊は誰か有力者と不仲になって自分の領地に下向したもようである。それを真教が慰めて、二、三年は領地に滞在していらっしゃるのがよいでしょう、と記したのである。具体的な事情はわからないが、書状中の「彼仁」を北条高時（相模入道）とし、以下にみる『太平記』の記事とからめ、貞俊は高時にうとまれて下国したのではないかと推定する説もある。[22]

以上のように、真教と親しい交わりを結んだ貞俊であったが、真教が亡くなってから十五年後貞俊も戦争で没す

ることになる。『太平記』第十一巻に、

佐介左京亮貞俊は、平氏の門葉たる上、武略才能共に兼たりしかば、定て一方の大将をもと、身を高く思ける処に、相模入道さまでの賞翫も無りければ、恨を含み憤を抱きながら、金剛山の寄手の中にぞ有ける、斯る処に千種頭中将綸旨を申与へて御方に可ㇾ参由を被仰ければ、去五月の初に千葉屋《ちはや》より降参して京都にぞ歴回ける、

とある。鎌倉幕府を滅ぼそうという後醍醐天皇方の動きが顕在化するなかで、貞俊は自分の武勇・軍略の能力を高く評価していたが、肝心の北条氏惣領である高時は重く用いてくれない。そこでかつは恨み、かつは怒りながら、それでも楠木正成のこもる金剛山に立ち向かっていった。やがて降伏、京都へ送られた。以下『太平記』の記事によると、貞俊は所領没収の上、阿波国へ流される。続いて高時一族は鎌倉で全滅、幕府も崩壊した。そして貞俊ら降参した者も、再び捕えられて殺されることになった。貞俊は、

挺も心の留る浮世ならねば、命を惜しとは思はねども、故郷に捨置し妻子共の行末、何ともきかで死なんずる事の余に心に懸りければ、

と、「最後の十念勧ける聖」に形見として自分の刀を故郷の妻子のもとへ送って欲しいと頼むのである。聖は了承し、貞俊は喜んで、「皆人の世に有時は数ならで、憂にはもれぬ我身也けり」の辞世の句を残し、十念を唱えて首を打たれる。

聖は形見の刀と貞俊が最後のときに着ていた小袖とを持ち、鎌倉へ下って貞俊の妻に面会する。妻は話を聞いて大いに悲しみ、「記念の小袖を引きかづぎ、その刀を胸につき立て、忽にはかなく成にけり」と、夫婦そろっての悲劇に終わるのである。

右の話からみれば、貞俊の所領は不明ながら、本拠は鎌倉にあったようである。また、「最後の十念を勧ける聖」

とは、いわゆる陣僧の範疇に入る存在である。そして陣僧には時衆が多かった。(23) こうして、真教と親しかった貞俊は討たれて終った。

鎌倉の北条氏本宗からは嫌われた時衆であったが、時房流北条氏である佐介・大仏一族によって保護を受けた。それはこの一族がもともと阿弥陀信仰に親しい感情を抱いていたからであると考えられる。

佐介一族の淡河時俊とその妻の場合は、不可解な事件で没落した一族の一員であるということが、時衆に接近した背景にあると推察される。大仏宣時と貞直の場合は、時衆の当時の本山とも言うべき当麻無量光寺に、何らかの権限(所有権)を有していたようである。それが内阿弥陀仏真光と他阿弥陀仏呑海との住職争いに大きな影響を与え、呑海はついに無量光寺に入れなかった。

佐介貞俊については、真教からのなぐさめと推定される書状や、法語をしたためた書状が残り、歌会の記事もあり、また陣僧に最期をみとられるなど、時衆の影響下にあった武士としての一つの典型的なあり方であった。

時房流以外の北条氏についても、時衆保護が全くみられないわけではない。筑前博多の時宗称名寺は、弘安の役の戦死者を弔うため、北条(金沢)実政が開いたと寺伝ではいう。実政は弘安の役を前線で勝利に導いた人物である。他にも北条氏保護と伝えられ、あるいは推定される寺がわずかながらあるが、しかしそれはそれぞれの地域の偶然の機会によって結びついたにすぎない。より詳しい検討は今後の課題である。

註

(1) 拙著『時衆成立史の研究』(吉川弘文館、一九七一年)一一三—一三三頁。
(2) 新訂増補国史大系『吾妻鏡』。
(3) 太田亮『姓氏家系大辞典』第二巻(角川書店、一九三八年)「大仏」の項。

（4）新訂増補国史大系『尊卑分脈』。
（5）『中世法制史料集』第一巻。
（6）拙著『中世社会と時宗の研究』（吉川弘文館、一九八五年）一四―二三頁。
（7）『浄土宗全書』第八巻。
（8）玉山成元『中世浄土宗教団史の研究』（山喜房仏書林、一九八〇年）一一六頁。
（9）『浄土宗全書』第八巻。
（10）清水真澄『鎌倉大仏』（有隣堂、一九七九年）一〇二頁。
（11）鎌倉市・光明寺蔵。
（12）下田勉「時宗と淡河氏」（『時衆研究』七五、一九七八年）。
（13）湯山学「『他阿上人法語』に見える武士（一）・（二）」（『時衆研究』六三・六四、一九七五年）。
（14）『金剛仏子叡尊感身学正記』。
（15）奥富敬之『鎌倉北条一族』（新人物往来社、一九七八年）二一三―二一七頁。
（16）日本古典文学大系『太平記』第一巻（岩波書店、一九六〇年）。
（17）『定本時宗宗典』（時宗宗務所）。
（18）拙著『時宗成立史の研究』二四七頁以下。
（19）『定本時宗宗典』。
（20）橘俊道『時宗史論考』（法蔵館、一九七五年）一六四頁。
（21）京都市・長楽寺現蔵。
（22）橘、前掲書、二三〇頁。
（23）拙著『中世社会と時宗の研究』三四四―三八〇頁。

第二節　常陸と鎌倉の佐竹氏

佐竹氏とは、源義家の弟である新羅三郎義光の流れを汲む、常陸国北部の豪族である。平安末期に成立した佐竹氏は、ほぼ常陸北部を支配下に置いていたが、源頼朝の佐竹征伐により、佐竹秀義のときにその面影を失った。九年後、頼朝の奥州征伐に従うことにより、鎌倉幕府の御家人として生きる道を見いだし、承久の乱では幕府方として大いに働いたことが知られている。佐竹秀義は鎌倉の名越の地に屋敷地をもらった。今日の日蓮宗大宝寺の地である。以後、代々の佐竹氏はこの場所を鎌倉での根拠地とした。

鎌倉時代は、佐竹氏にとって雌伏の時代であった。そしてこの時代の末期に出た佐竹貞義は勢力の回復をはかるべく、建武新政期に足利尊氏と結んだ。この企ては成功し、佐竹氏は常陸北部で昔日の繁栄を取り戻し、常陸守護にも任ぜられるに至った。このころから佐竹氏には有力な庶子家が生まれた。山入氏である。南北朝時代から室町時代にかけて、佐竹本宗家が鎌倉府と結んだのに対し、山入氏は京都の室町幕府と結んだ。いわゆる京都御扶持衆の一員となっていたのである。

十五世紀初頭、佐竹本宗家では跡継ぎが絶え、関東管領の山内上杉家から義憲が迎えられた。山入氏はこれに不満を持ち、以後百年にわたって本宗家との争いを繰り返す。やがて起こった上杉禅秀の乱ののち、これに味方した山入与義《くみよし》は鎌倉比企ヶ谷にあった屋敷内で殺された。[1] 禅秀の乱を制圧した鎌倉公方足利持氏の軍に敗れたのである。佐竹本宗家は、その後も常陸国内で突出した力を持つことができずに苦労を重ねた。しかし十六世紀初頭に最終的に山入氏を屈伏させ、常陸国内での覇権を確立した。

佐竹本宗家は中世を通じて時衆に帰依し、いくつもの寺をその領内に建て、また歴代の遊行上人との交流も深かった。全国的に見渡せば、佐竹氏は時衆ともっとも関係の強かった一族の一つであるということができる。そこで本節および次節では、この佐竹氏と時衆との関わりを検討していきたい。史料の上から見て、時衆と特に関係が深いのは戦国時代の佐竹氏であるので、まず本節で戦国時代に至るまでの佐竹氏の展開について追っていくこととする。

(1) 佐竹氏の成立と源頼朝

佐竹氏は常陸国久慈郡佐竹郷（茨城県常陸太田市）から起こった。(2) 源義家の弟である新羅三郎義光は常陸介となったことがあり、これを直接のきっかけとして常陸国に勢力を扶植し始めた。義光の長子義業も常陸国で活躍した。彼は常陸大掾清幹の娘と結婚し、昌義をもうけた。これが佐竹氏の祖とされる人物である。常陸大掾氏（単に「大掾」氏ともいう）は、桓武平氏である平国香（平将門の伯父）の系統で、常陸国で大きな勢力を有していた。大掾清幹は、大掾氏の本宗に近い有力な一族で、馬場氏あるいは吉田氏を称していた。

佐竹昌義が支配した地域はかなり広かった。常陸北部にあたる奥七郡（多珂・佐都東・佐都西・久慈東・久慈西・那珂東・那珂西の七郡のこと。略して奥郡ともいう。ほぼ現在の水戸市より北の地域）が勢力範囲である。昌義は康和三年（一一〇一）に亡くなっている。昌義には八人の息子があり（『常陸国久慈東郡太田城佐竹大系纂』(3)）、長男忠義、四男隆義、五男義季が注目すべき人物である。忠義は佐竹氏二代、隆義が三代となった。隆義の息子に五人があって、そのうち長男義政、次男秀義が注目される。系図で示せば左のとおりである。

昌義
- 忠義
- 隆義
  - 義政
  - 秀義
- 義季

治承四年（一一八〇）八月、伊豆国で挙兵した源頼朝は、石橋山の戦いで敗れつつも、房総半島に渡って勢いを盛り返し、相模国鎌倉に入った。続いて頼朝軍は京都から攻め下ってきた平維盛の軍を富士川で破った。その翌十月二十一日、頼朝は維盛軍を追って上洛しようとするが、千葉介常胤・三浦介義澄・上総介広常らの有力武将は、

常陸国佐竹太郎義政并同冠者秀義等、乍レ相二率数百軍兵一、未二帰伏一、就レ中、秀義父四郎隆義、当時従二平家一在京、其外驕者猶多二境内一、然者、先平二東夷一之後、可レ至二関西一云々、

といさめるのである（『吾妻鏡』[4]同日条）。これが『吾妻鏡』における佐竹氏に関する初見である。頼朝は武将たちの言に従い、東方に引き返し、同月二十七日には相模国から常陸国へ向けて出発した。十一月四日には常陸国府（石岡市）に到着し、佐竹討伐の作戦を開始する。『吾妻鏡』同日条によれば、

佐竹者、権威及二境外一、郎従満二国中一、然者、莫二楚忽之儀一、熟有二計策一、可レ被レ加二誅罰一、

と武将たちは相談し、佐竹太郎義政と冠者秀義を分断する作戦をとった。義政は上総介広常の親類に当たるので広常が降伏を勧めた。これに応じて義政が出てきたところを、大矢橋の上でだまし討ちにした。秀義は誘いに応じなかった。『吾妻鏡』同日条によると、

冠者秀義者、其従兵軼二於義政一、亦父四郎隆義在二平家方一、

とある。『吾妻鏡』の記事からは、秀義は太郎義政の弟ではないようにみえる。とすれば、義政は秀義の伯父、隆義の長兄であろう。しかし佐竹氏関係の諸系図では隆義の長兄は太郎忠義となっている。これらの諸系図でも、忠義は大矢橋で討たれたとあるが、忠義と義政と同一人物であるかどうか、疑問の残るところである。

佐竹秀義が立てこもった金砂城（茨城県久慈郡金砂郷町）は、西側が絶壁としてそそり立つ要害である。『吾妻鏡』にも、「彼城郭者、構二高山頂一也、御方軍兵者、進二於麓渓谷一、故両方在所。已如二天地一」とある。苦戦を強いられた頼朝方は、翌十月五日になって秀義の叔父佐竹蔵人義季を寝返らせる策を取った。上総介広常は義季のことを、

蔵人者、智謀勝レ人、欲心越レ世也、可レ被レ行レ賞之旨有二恩約者一、定加二秀義滅之計一歟、

と頼朝に進言した。この結果、頼朝は広常を介して義季を寝返らせ、そのために金砂城は一日で陥落した。秀義は「奥州花園城」（茨城県北茨城市）まで逃げ[5]（『吾妻鏡』十月六日条）、頼朝は奥七郡その他の所領を没収して味方の諸将に分配した（同十一月八日条）。ところが捕虜とした十余人の佐竹方の武士のなかに、頼朝に向かって、

閣二平家追討之計一、被レ亡二御一族一之条、太不可也、於二国敵一者、天下勇士可レ奉レ合二一揆之力一、而被レ誅二無レ誤一門一者、御身之上讎敵、仰二誰人一可レ被二対治一哉、将又御子守護、可レ為二何人一哉、此事能可レ被レ廻二御案一、如二当時一者、諸人只成二怖畏一不レ可レ有二真実帰往之志一、定亦可レ被レ貽二誹於後代一者歟云々、

と直言する者がいた。佐竹征伐の非であることを説いたのである。頼朝はこれによって佐竹秀義を完全に滅ぼすことは取り止め、鎌倉に帰った。

文治五年（一一八九）七月二十六日、おりからの奥州征伐の途中、頼朝が宇都宮を出発しようとしたところ、常陸国から佐竹秀義が駆けつけて味方についた。金砂山の合戦から九年後である。秀義も諸般の情勢を見きわめ、臣従せざるを得ないと決心したのであろう。『吾妻鏡』同日条に、

令レ立二宇都宮一給之処、佐竹四郎自二常陸国一追参加、而佐竹所レ令レ持之旗、無文白旗也、二品令レ咎レ之給、与二御旗一不レ可レ等レ之故也、仍賜二御扇出レ月於佐竹一、可レ付二旗上一之由被レ仰、佐竹随二御旨一付レ之云々、

とあるように、このとき頼朝は佐竹氏の旗印が頼朝の旗印と同じ無紋の白旗であるのを咎めた。そして月を描いた扇を与え、これを佐竹の旗印にすることを命じたのである。いわゆる「五本骨の扇」の紋所がこれである（「月」は後世では「太陽」として意識されるようになったが、『吾妻鏡』による限り、太陽ではなく月である）。

(2) 鎌倉幕府の御家人佐竹氏

頼朝の御家人となったのち、佐竹秀義は鎌倉に屋敷地を与えられた。鎌倉東部名越の地で、今日、日蓮宗大宝寺のある所である（鎌倉市大町字北側）。『新編相模国風土記稿』(6)鎌倉郡・大宝寺の項に、

土人の伝に、此地は佐竹常陸介秀義以後数世居住の地にて、今猶当所を佐竹屋鋪と字するは此故なりと云ふ、

とあり、『常陸国久慈東郡太田城佐竹大系纂』秀義の項に、

名越堂ノ北妙心寺ノ東ノ山ニ五本骨ノ扇ノ如クナル山有リ、疇五ツニ分レ、其下ヲ秀義ノ旧宅ナリト云ヘリ、

とある。大宝寺の裏の西側から北にかけての小高い山を「佐竹山」と称していたことは、『新編相模国風土記稿』大宝寺の項に明らかであり、今日でもそのように呼ばれている。この佐竹山の峰の形が五本骨の扇のようであり、大宝寺の寺伝では、このために佐竹氏が家紋を五本骨の扇としたという。しかしこれは源頼朝が扇を旗印として与えたことに因むのであるから、事実ではない。

現在、佐竹山の中腹には新羅三郎義光の墓と称する宝篋印塔《ほうきょういんとう》が建っており、大宝寺本堂の脇には義光の守護神という大多福稲荷大明神が鎮座している。大宝寺寺伝によると、後三年の役ののち、義光は鎌倉館に住み、多福明神社を勧請して守護神としたもので、鎌倉館とは現大宝寺寺域であるという。これが事実ならば、秀義は源義光の由緒の地を屋敷地としてもらったことになる。

大宝寺は、長禄三年（一四五九）に没した日出という日蓮宗の僧が文安元年（一四四四）に建立したものである。(7)この間の事情を『新編相模国風土記稿』大宝寺の項では次のように述べている。

大宝寺　佐竹山にあり、多福山一乗院と号す。寺伝は文安元年開山日出長禄三年四月九日寂す起立し、此地に新羅三郎義光の霊廟あるが故、其法名多福院と云ふを執て山号とすと云へり、されど義光の法名を多福院と云ふもの信用し難し、恐らくは訛なるべし、（中略）是に「諸家系図纂」を参考するに、秀義の後裔右馬頭義盛応永六年鎌倉に多福寺を建とあり曰義盛左馬助、右馬頭、法名大淳常盛四十三歳、応永十四年九月廿一日遠行、号多福寺殿、多福寺は鎌倉にあり、又曰、大淳者三十五歳の時、鎌倉の多福寺を御建立、

佐竹義盛がその邸宅を寺として多福寺としたものが、廃寺となり、文安年間（一四四四—四九）に日出が復興して「多福」を寺の山号としたものであろうという。同書は、大多福稲荷大明神についても、「多福明神社」として挙げ、次のように説いている。

多福明神社　新羅三郎義光の霊廟と云ふ、明応八年大僧都日証本山九世一社に勧請し、其法号を神号とすと伝ふ。

恐らくは佐竹義盛の霊廟を義光と訛り伝ふるなるべし、

多福明神社も、佐竹義盛の霊廟であったろうというのである。義盛は佐竹氏十三代である。佐竹本宗家の鎌倉における屋敷地については、現在の大宝寺寺域以外には伝がない。鎌倉時代から南北朝・室町時代を通じて、この寺域を屋敷地としていたと考えてよいであろう。因に、大宝寺の屋根瓦には五本骨の紋が打ってある。では佐竹氏は鎌倉幕府の御家人としてどのように務めたであろうか。

佐竹秀義は、頼朝の奥州征伐に従ったのを手始めにして、御家人としてのいくつかの責務をはたした。建久元年（一一九〇）十一月、頼朝が入洛するに当たっては、その先陣の一員となった。『吾妻鏡』同月七日条の先陣随兵の六十番中の二十八番に、武田太郎・遠江四郎と並んで「佐竹別当」とあるのが秀義である。また建久六年（一一九五）二月に頼朝が再度入洛したときも、先陣随兵として従ったという。『吾妻鏡』同月十一日条に、「行列次第以下事、不㆑可㆑違㆓先年御上洛例㆒」とある。

承久三年（一二二一）の承久の乱では、秀義の息子たちが参戦して活躍した。『常陸国久慈東郡太田城佐竹大系纂』『新編常陸国誌』(8)等によれば、長子義繁（重義、義重）、次子秀繁、三子義茂等であるという。『吾妻鏡』承久三年六月十八日条に、「六月十四日宇治合戦討㆑敵人々」とあるなかに「佐竹六郎二人内一人手討」とあるのは、佐竹義茂のことである。なお、『常陸国久慈東郡太田城佐竹大系纂』によれば、秀義は討死したとあり、『新編常陸国誌』では義茂は三子ではなく次子であるという。

また佐竹氏は美濃国にも進出している。『新編常陸国誌』では、それは承久の乱の時の宇治川の合戦によって、義繁が美濃国山田郷地頭職を得たことによるとする。『常陸国久慈東郡太田城佐竹大系纂』では、義茂の項に、「或曰、美濃国ヲ領山県ハ誤レリ、山田ナリ」と注し、また義繁の母として「美濃国山県先生国政女」としている。義繁は建長四年（一二五二）の生まれである。この時期に義繁の父秀義が美濃国の豪族と婚姻関係を結ぶとは考えられない。したがって『寛政重修諸家譜』や「源姓佐竹氏系図」(9)にあるように佐竹義宗（秀義の兄）の娘とするのが妥当であろう。ただ佐竹氏が秀義の生存中に美濃国に領地を得ていたことは確実で、以後鎌倉・南北朝・室町時代を通じてその地での活動を続けている。(10)

佐竹秀義は嘉禎二年（一二三六）十二月十八日、鎌倉の佐竹屋敷で亡くなった。七十二歳であった。氏寺ともいうべき太田郷増井の勝楽寺に葬られた。(11)

秀義の弟や甥の鎌倉における活動も知られている。まず弟助義は、嘉禎元年六月二十九日、将軍頼経の五大尊堂（明王院）供養に後陣随兵として参加した。『吾妻鏡』同日条に「佐竹八郎助義」とあるのがそれである。嘉禎三年六月二十三日の頼経の大慈寺新御堂供養には先陣随兵十騎の一員として加わっている（『吾妻鏡』同日条）。嘉禎四年（一二三八）の一月から十月まで頼経が上洛した折りには、これに従った。『吾妻鏡』同年二月十七日条に、頼経が六波羅御所に到着したときの先陣随兵の三十五番に「佐竹八郎」とあるのが助義である。なお、同じく三十九番に、「佐竹六郎次郎」とあるのは、義茂の子義行のことである。義茂は前述のように承久の乱で活躍している。系図で示せば、

┬秀義
├義茂――義行
└助義

となる。義行も叔父助義とともに上洛していたのである。同年六月五日、将軍頼経が奈良春日社に参詣したとき、助義も随兵三十騎の一員として参加している。このときには義行の名は見られない。

寛元元年（一二四三）七月十七日、幕府は将軍の臨時の外出の供をする武士を、あらかじめ月の上旬・中旬・下旬に分けて決めておくことにした。このうち、助義（佐竹八郎）は中旬に割り振られている（『吾妻鏡』同日条）。これによって、助義は常陸国よりも鎌倉で活動していることの多いことが推測される。寛元二年八月十五日、頼経が鶴岡八幡宮の放生会に参列したときの供奉人のなかに助義と義行（佐竹六郎次郎）がいる（『吾妻鏡』同日条）。

佐竹本宗家の義繁の子長義も、鎌倉での活動が認められる。『吾妻鏡』建長四年（一二五二）八月一日条に、宗尊親王が将軍に任命された際の鶴岡八幡宮拝賀の行列の供奉人予定者のなかに、「佐竹常陸次郎長義」とあるのがそれである。ただし、実際にはこのときの宗尊親王の拝賀は中止になっている。ちなみに父義繁は同年二月二十五日に没していて、生前、常陸介に任ぜられていたので、長義が「常陸次郎」を名のっているのである。康元元年（一二五六）六月十九日、宗尊親王が鶴岡八幡宮の放生会に参列した。その供奉人のなかに長義（佐竹次郎）の名が見える（『吾妻鏡』同日条）。また弘長元年（一二六一）七月二十九日条の『吾妻鏡』によると、将軍の鶴岡八幡宮放生会参列の随兵を命ぜられた御家人のうち、四人が辞退の願い出を書いている。それぞれ病気であるからと、辞退の理由を記している。それは次のような内容である。

随兵之中、在国輩四人進二辞退請文一、昨日自二小御所一、付二武藤少卿景頼一之間、今日披露（下略）
足立太郎左衛門尉（病状省略）
淡路又四郎左衛門尉（病状省略）
相馬五郎左衛門尉（病状省略）
佐竹常陸次郎有所労之間、雖灸未本復之由申、七月十二日請文、以上被二聞食一訖云々。

長義は病気のために灸をすえているがよくならない。そこで随兵の役を辞退させてほしいというのである。常陸国に在国中の長義は、このような願い出を提出して承認されている。

以上、煩雑にわたったが、『吾妻鏡』を主な史料として鎌倉御家人としての佐竹氏の活動を追い、鎌倉時代中期に至った。本国の常陸国においては、かつて奥七郡を支配下においた勢威は認められない。承久の乱以降においても、奥七郡の諸郡のうち、多可郡は宇佐美氏の、佐都東・西郡と那珂西郡の一部は伊賀氏の、久慈東・西郡は二階堂氏の、那珂東郡は北条氏の、那珂西郡の多くは那珂氏の支配となっていた。鎌倉時代末期に至ると、那珂西郡を二階堂氏が、那珂西郡の多くを那珂氏が握っている他は、奥七郡のほとんどは北条氏領となってしまった。(12) このなかで佐竹氏は各地の荘園の下級の荘官としての立場に甘んじつつ、次の飛躍の時期を待っていた。そして鎌倉時代末期にかけて活動した貞義の代に至って、再び昔日の繁栄を取り戻したのである。

(3) 佐竹貞義と足利尊氏

佐竹貞義は弘安十年(一二八七)に行義(佐竹氏第八代)の長子として生まれている。母は久慈西郡から佐都西郡に勢力を張っていた二階堂頼綱の娘である。父行義は嘉元三年(一三〇五)四十三歳で亡くなった。当時十九歳の貞義は父祖以来の佐竹氏の勢力回復に引き続いて努力した。貞義の名のりは、鎌倉幕府九代執権北条貞時(執権としては弘安七年〈一二八四〉—正安三年〈一三〇一〉)の「貞」の一字をもらったものであろう。これによって行義と貞義の北条氏への接近策を知ることができる。そして佐竹氏は鎌倉末期に向かい、奥郡のなかの多可郡・那珂西郡・佐都西郡その他に再び根を張り始めていた。

元弘元年(一三三一)、後醍醐天皇の討幕計画が鎌倉に洩れ、大仏貞直と金沢貞冬は大軍を率いて上洛した。このとき佐竹貞義は大仏貞直の手のなかに参加している。元弘三年、六波羅探題が後醍醐天皇方についた足利尊氏のために陥落し、続いて鎌倉幕府も滅んだ。貞義は鎌倉にあったようであるが、常陸に帰っている。

鎌倉幕府の崩壊直後、那珂東郡は足利尊氏の弟直義《ただよし》に与えられた。また佐都荘・東岡田郷・西岡田郷（常陸太田市）といった地域の本家職と領家職とが京都の臨川寺《りんせんじ》領として夢窓疎石《むそうそせき》に与えられている。夢窓疎石は尊氏や直義と親しかった(13)。このような状況から、貞義は足利氏への接近を図って佐竹氏の勢力を発展させようとしたようである。足利氏も、常陸の諸豪族のなかで中西部にいた小田治久が後醍醐天皇と直接結ぶ戦略を取ったのに対し、佐竹氏らと結んでこれを排除しようとしている。この結果、貞義の子義篤は建武二年（一三三五）正月までに常陸介に任命されている（『御的日記』）。また、この年には小田治久に代わって貞義が常陸守護に任ぜられている（「円覚寺文書」）。

建武二年七月、北条時行は信濃国で兵を挙げ、鎌倉をめざした。このとき鎌倉にいた足利直義は時行の進撃を支え切れず、京都へ逃げた。佐竹貞義は直義を助けるべく、同月二十四日に武蔵国鶴見で時行軍と戦ったが、敗れて五男義直や一族の稲木義武らを戦死させた。時行は翌日鎌倉に入るが、やがて京都から下ってきた尊氏のために敗れた。尊氏はそのまま鎌倉で後醍醐天皇の建武政権から離れて自立した。同年十一月、新田義貞が尊氏追討のため東下したとき、佐竹貞義と弟義春らは駿河の手越河原で直義とともに戦った。翌月、義篤・義春と末弟師義らはさらに箱根竹の下で義貞軍と戦い、敗走する義貞軍を追って尊氏とともに京都に入った。

建武三年正月、奥州から後醍醐天皇方の北畠顕家軍が到着、二月に尊氏軍を破った。佐竹義篤らはこのときも尊氏方に立って戦っている。尊氏はこののち九州へ逃げ、佐竹師義もこれに従った。しかし義篤と義春は常陸に帰り、本拠地を固めた。以後貞義とその息子たちは一貫して尊氏方として戦った。めぼしい戦いをあげれば、まず建武三年二月の瓜連《うりつら》城の戦いがある（茨城県久慈郡瓜連町）。これは常陸国における後醍醐天皇方の一拠点であり、楠木正成の弟ともいわれる楠木正家が籠もっていた。この戦いで貞義は六男義冬を失っている。しかし同年十二月には佐竹義篤を大将とする足利軍が瓜連城を陥落させている。

以上のような働きを足利氏は評価し、常陸守護職を貞義―義篤―義宣―義盛と、一貫して佐竹氏に継承させた。この状況のなかで、佐竹氏は多くの庶子家を分立させた。特に有力であった庶子家は山入氏である。これは佐竹師義（貞義の七男）に始まる。[14]

師義は義篤・義春らの末弟に当たり、建武三年二月九州に敗走する尊氏に従い、筑前国多々良浜（福岡市）の戦いで功を立てた。それからは尊氏と密着して行動することが多く、貞和元年（一三四五）八月二十九日京都天龍寺の落慶供養には尊氏・直義のために後陣の随兵を務め（『園太暦』同日条）、観応二年（正平六年〈一三五一〉）二月には尊氏のために摂津松岡城で命を捨てている。このような働きに対し、師義とその子孫も足利氏から優遇され、本拠を国安（久慈郡水府村）に与えられ、他にも松平（同）・高柿（金砂郷町）・依上保（久慈郡大子町）などを得て、佐竹本宗家と肩を並べる大勢力に発展していった。なお、佐竹義春は小瀬（那珂郡緒川町）に本拠を定めて小瀬氏を称した。義篤・義春・師義らの父である貞義は文和元年（一三五二）九月十日に六十八歳で亡くなっている。

次節に述べるように、貞義と時衆との関わりは深いのであるが、それとともに佐竹氏は政治的な絡みもあって禅宗との関係も強かった。それを夢窓疎石門下の禅僧たちとの交流から見ていきたい。

(4) 佐竹氏と禅僧

佐竹貞義の庶長子に義継という者があった。彼は嘉元二年（一三〇四）の生まれである。建武新政が始まってから、貞義は義継を京都の夢窓疎石のもとに送り、[15]出家させて禅を修行させた。法名は月山周枢《がっさんしゅうすう》である。夢窓は建治元年（一二七五）に生まれ、九歳で出家して天台宗と真言宗とを学んだが、二十歳で臨済宗に転じ、嘉元元年（一三〇三）には鎌倉の万寿寺にいた高峰顕日《こうほうけんにち》から印可を与えられている。夢窓はその後も各地で修行したが、下野国の雲巌寺

（栃木県那須郡黒羽町）や常陸国臼庭（茨城県北茨城市）にも赴いている。やがて夢窓は後醍醐天皇の招きによって京都の南禅寺に入り、また鎌倉幕府の執権である北条高時に請われて浄智寺に移り、瑞泉寺を開いたりしている。建武新政が始まると、後醍醐天皇はただちに夢窓を京都へ呼びよせた。天皇はまもなく足利尊氏に吉野へ逐われるが、尊氏も夢窓をあつく信仰した。

佐竹氏の勢力復興を図る貞義は、夢窓に強い関心を抱いた。手を結んでいる尊氏が夢窓を保護していることを知ったからである。また常陸奥郡にも夢窓の所領が生まれた（前述）。そこで貞義は庶長子義継を天龍寺にいた夢窓のもとへ送って出家させた。これが月山周枢である。[16] 彼は佐竹一族の期待を担って修行に励み、やがて夢窓から印可を得て帰国した。

故郷に帰った月山は父貞義と異母弟義篤らの歓迎のもとに、氏寺である勝楽寺の経営に乗り出した。勝楽寺は常陸国増井（常陸太田市増井町）にあり、寺伝によれば延長元年（九二三）に平良将《よしまさ》が律宗の寺として創建したものという。永承六年（一〇五一）、この寺を前九年の役で奥州に下向する途中の源義家が真言宗に改めたとされる。やがて勝楽寺は佐竹氏の保護を受けるようになり、弘安年中（一二七八—八八）には境内に子院の正法院も建立された。

月山は帰国後、勝楽寺と正法院を臨済宗の寺に改めた。そして夢窓に両寺の開山（招請開山）になってもらい、自分は第二世として寺の経営に励んだ。さらに正法院のなかに正宗庵を建て、この開山にも夢窓を頼み、自分は同じく第二世となった。この正宗庵はまもなく改称されて今日に続く正宗寺となったのである。勝楽寺と正法院は戦国時代末期に廃寺となり、両寺の文化財はあわせて正宗寺が伝えている。月山の弟義篤も夢窓の指導を直接受けて香山という号を贈られている。月山は応永六年（一三九九）九十六歳の天寿を全うして京都で亡くなった。弟子のなかには、鎌倉建長寺の住職となった有貞松崖がいる。

勝楽寺や正法院・正宗寺には夢窓門下のすぐれた禅僧が鎌倉や京都から住職として迎えられた。彼らは当時流行の五山文学を常陸の地に伝えた。なかでも絶海中津《ぜっかいちゅうしん》と義堂周信《ぎどうしゅうしん》は五山文学の双璧とされた人物である。絶海中津は建武三年（一三三六）土佐国で生まれ、十六歳のときに夢窓のもとで受戒した。以後建仁寺などで修行し、中国にも渡った。帰国後は京都の等持寺や相国寺《しょうこくじ》などの住職を歴任し、将軍足利義満の帰依を受けている。関東に下って勝楽寺第四世住職ともなっている。

義堂周信は正中二年（一三二五）、同じく土佐国で生まれた。延暦寺で僧となり、京都の臨川寺で夢窓の門に入った。足利義満や鎌倉公方足利基氏の崇敬が厚く、建仁寺や南禅寺の住職となっている。延文四年（一三五九）、法兄春屋妙葩《しゅんおくみょうは》の勧めによって鎌倉に下って円覚寺に入り、さらに佐竹義宣の招きによって勝楽寺の住職となっている。

義堂の日記『空華老師日用工夫略集』(17)に、次のようにある。

延文四年己亥、年三十五、八月承二春屋命一、赴二于関東一、羞二関東幕府基氏一、（中略）冬迄暇二於幕下一、在二常州勝楽寺一、香火而閲教、盖以太守佐竹氏招也、

また同書延文五年条にも、「権管二常州勝楽一」「余既居二役勝楽一、督三剏二建方丈室一」とあるから、勝楽寺の方丈の建築に当たったことがわかる。

義堂の詩文集『空華集』には、次のような漢詩が収められている。

除夕宿二常州勝楽寺一、戯呈二隣室友人一

天涯臘尽客思レ郷、正是村村歳事忙

竹葉誰家開レ盞早、松枝幾処挿レ門長

多情有レ句添二新巻一、一箇無レ銭看二旧嚢一

為謝梅花怜二寂寞一、隔レ籬一夜暗吹レ香

また次の詩もある。

常州勝楽寺剏㆓建方丈㆒
立㆑規何必方丈、寛著㆓虚明屋七間㆒
一等不㆑行㆓摩竭令㆒、人来問㆑法便開㆑関

前述したとおりである。

⑸ 山入与義の活動

鎌倉時代において、常陸守護職は小田氏とその一族の宍戸氏が独占していた。鎌倉時代末期に至ると、北条氏がこれに替わる状況も見られた。鎌倉幕府が滅び、建武政権の時代になると後醍醐天皇を支援した小田治久が再び守護職を小田氏の手に取り戻した。しかし足利尊氏と結んだ佐竹貞義のために、守護職が佐竹氏の手に入ったことは前述したとおりである。

貞義の次代の義篤は、常陸守護と常陸介を兼ね、常陸北部を中心に陸奥国や北陸にも多くの所領を有していた。これは文和四年（正平十年〈一三五五〉）二月十一日付の嫡子義香（義宣）宛の譲状（「佐竹家蔵古文書」）と、康安二年（正平十七年〈一三六二〉）正月七日付の嫡子以外の子どもたちや寺院に配分した所領の譲状によって知ることができる。[18] 義篤は正月十一日に亡くなった。

義宣も常陸守護となり、貞治二年（正平十八年〈一三六三〉）足利基氏が下野国の芳賀禅可と戦ったときには、これに従っている。康応元年（元中六年〈一三八九〉）七月十四日、鎌倉名越の邸において没した。四十四歳であった。

義宣の嫡子義盛も常陸守護を継ぎ、主に常陸北部を支配した。応永六年（一三九九）には鎌倉に多福寺を建立したという。これが前述した大宝寺の前身である。義盛は応永十四年（一四〇七）九月二十一日、四十三歳で亡くなった。しかし彼には跡を継ぐべき男子はなく、わずか二年前の応永十二年に生まれたばかりの女子一人があるだけであった。ここに以後百年にわたる佐竹本宗家と、最も有力な庶子家山入氏との抗争が始まる。

佐竹貞義の七男師義から始まる山入氏は、佐竹氏の庶子家のなかでも最も有力な家であった。『新編常陸国誌』には、師義は「久慈東郡国安高館」にいたとして、その国安高館は「地山谷ノ間ニアルヲ以テ、人呼テ山入ト曰フ。因テ以テ氏トス」と、「山入」の名字の由来を説いている。師義は足利尊氏と密着して苦楽を共にした結果、尊氏に優遇され、常陸国内で国安の他に高垣・松平・小田野・小里、さらには陸奥国依上保という広大な地域を与えられた。また師義は摂津国松岡城で尊氏を守って死んだため、尊氏は師義の子孫を手厚く遇した。師義関係の系図は左のとおりである。

師義─┬─言義
　　　├─与義──祐義
　　　├─自義 小田野氏
　　　├─女子 小田治朝の妻
　　　└─女子 大掾満幹の妻

師義には数人の男子があり、長男は言義《ときよし》であった。しかし子がいなかったので言義の跡は弟の与義が継いだ。そして与義《くみよし》の弟のなかでは、小田野（茨城県那珂郡美和村）に拠って小田野氏を称した自義《これよし》は強力であった。しかも自義は兄与義には非協力的で、佐竹本宗家寄りの立場を取っていた。また与義の妹の一人は筑波山西側一帯に勢力を持つ小田治朝の妻となり、持家の母となった。またもう一人の妹は常陸府中（石岡市）を拠点として常陸南部を支配していた大掾満幹《みつもと》の妻となっていた。与義の子祐義は、応永三十年（一四二三）六月室町幕府から常陸守護に任命されている。室町幕府の組織においては、本来、関東十ヵ国（関東地方と甲斐・伊豆）は鎌倉府の管理下にあった。しかし幕府と鎌倉府との関係はうまくいかず、特に鎌倉公方足利持氏の代にはその傾向が甚だしかった。そこで幕府は持氏に不満な関東の有力武将を扶持《ふち》衆あるいは京都御扶持衆として味方につけ、鎌倉府に対抗させた。常陸国では小栗満重や山入与義がその代表的な例である。したがって山入氏は幕府の後押しのもとに、鎌倉公方に近い佐竹本宗家と対抗していたのである。

さて佐竹氏十二代義盛は、いまだ三歳の女子一人を残し、応永十四年（一四〇七）九月二十一日に亡くなった。そこで小田野自義と佐竹氏の宿老小野崎通綱や守護代江戸通景らは協議して、上杉憲定の次男龍保丸を養継嗣とすることにした。上杉氏は鎌倉府の管領で、憲定はいわゆる山内上杉氏である。このころ、上杉氏は犬懸《いぬがけ》家と山内家に分立して対立関係にあった。(19)

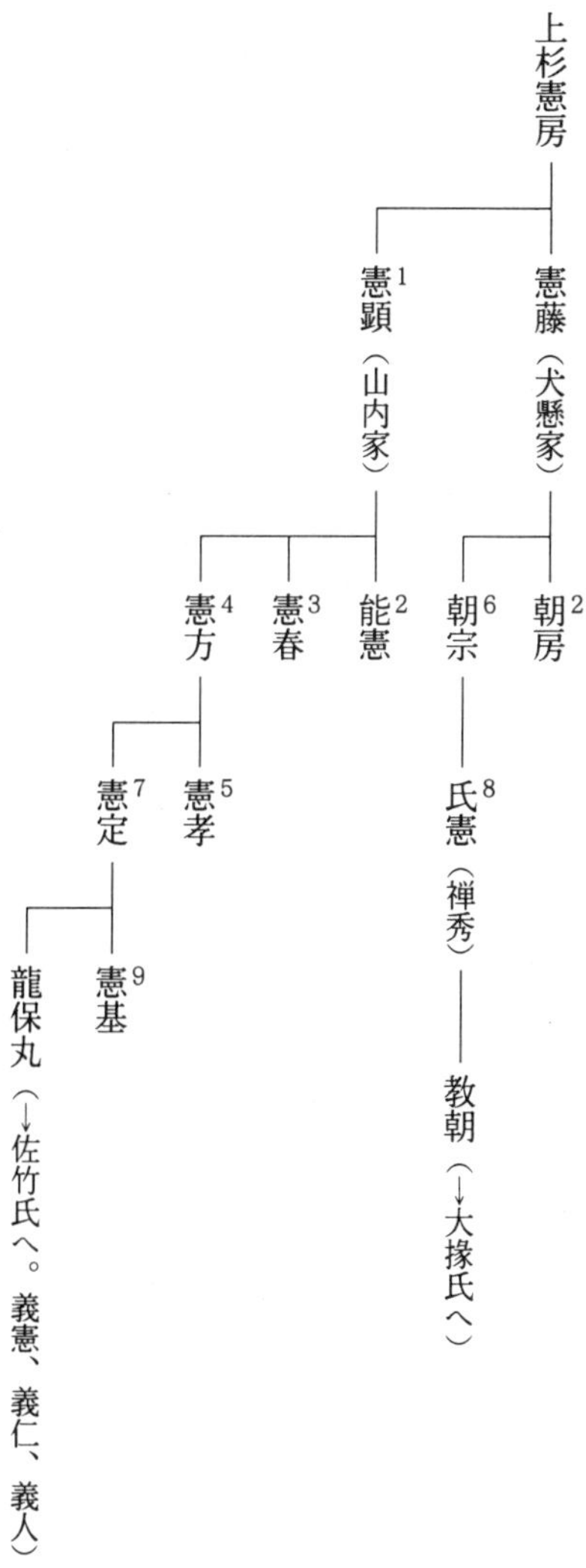

注　数字は管領就任順位。犬懸家の朝房と山内家の能憲は同時期に管領であったことがあるので、同じ②とした。

龍保丸は、山内上杉憲定の次男である。憲定は応永十二年（一四〇五）九月に管領となっており、佐竹義盛が没したときも在職中であった。小田野自義・小野崎通綱・江戸通景らの宿老たちは、この憲定に龍保丸を養継嗣とすることを依頼し、当時の鎌倉公方足利満兼の了承も得た。これは佐竹氏側の積極的意向というより、上杉氏側の強い働きかけによるという説もある。

しかし、佐竹一族の者すべてが龍保丸の家督相続に賛成したわけではなかった。特に山入与義は反対であった。義盛には栗氏を称した義有と、正宗寺九世住職の天然明という弟がいた。山入与義や同じ佐竹一族の額田義亮や長倉義景らは、この義有を佐竹本宗家の後継者とすべきであると主張した。「常陸国久慈東郡太田城佐竹系纂」の佐竹義人の項に、

童名龍保七郎、義憲ト云、実上杉安房守憲定ノ二男ナリ、義盛ノ一女ヲ娶ル、右京大夫右衛門佐義盛卒テ義人鎌倉ニ在り、国人立テ君ト為ス事ヲ欲セズシテ曰ク、是非先君ノ種トテ、立テ君トスル事ヲ憤リ、応永十五年山入師義ノ男与義ヲ立ント欲シテ上総介ニ任ジ君トス、

とあり、『寛政重修諸家譜』佐竹の項には、

門族刑部大輔師義が男上総介与義、常盛同姓の者をさき、異姓の義人を嗣とせるを憤り、兵を集め軍器をととのへ、終に長倉城に楯籠る、

とある。常盛とは義盛の法名である。さらに『新編常陸国誌』山入の項では、

初義盛子ナシ、臣族嗣ヲ議シ、上杉憲定ニ子義憲ヲ請テ、後ヲ承シム、与義及額田義亮、長倉義景等肯カズ、義盛弟義有立テ嗣トセントス、

とある。山入与義の意図は、後継者争いを通じて佐竹一族のなかで実権を握ることにあったものと思われる。また『常陸国久慈東郡太田城佐竹大系纂』がいうように、与義自身が本宗の立場に座ることも十分に考えたであろう。龍保丸はいまだ八歳で、与義らの反対のために常陸国に入れず、鎌倉に止まらざるをえなかった。しかし継嗣決定の翌応永十五年（一四〇八）六月、やっと佐竹氏の本拠太田へ下向することができた。このとき、鎌倉公方足利満兼

や管領上杉憲定は、義憲の護衛を岩松満純に命じている。

龍保丸入部を知った与義側は、あくまで反対を貫くために長倉城（茨城県東茨城郡御前山村）に立てこもった。これに対し、岩松満純は子の持国や小田氏・宇都宮氏らの諸将を送って長倉城を囲ませた。兵糧攻めにされた与義は結局降伏し、入道して常元と称した。

龍保丸は応永十七年（一四一〇）元服して義憲と名のった。この年、公方足利満兼が亡くなり、持氏が跡を継いだ。佐竹本宗家の後継争いには敗れたけれども、山入与義の勢力は依然として強く、公方持氏と管領憲定・佐竹義憲に対する反感は根深かった。

応永十八年二月、管領が上杉憲定から犬懸上杉の禅秀（氏憲）に替わった。憲定は翌年十二月亡くなるが、禅秀の父朝宗も応永二十一年八月に亡くなった。すると禅秀はしだいに山内上杉の圧迫に耐え切れなくなり、翌年五月に管領を辞任した。替わって山内上杉憲定の長男憲基が管領となった。佐竹義憲の実兄である。義憲は十六歳となっている。鎌倉公方持氏・管領憲基のもとで不満をつのらせた禅秀は、ついに応永二十三年（一四一六）十月二日、持氏を襲撃した。禅秀に味方する武士も多く、関東地方は二派に別れての争いが続いた。山入与義は、反義憲の立場から、当然のように禅秀に味方した。与義の妹の夫大掾満幹には子がなく、禅秀の子教朝を養子にしていたので、与義と禅秀の関係はいっそう強かった。

佐竹義憲は持氏方として大いに働いた。開戦の十二月二日当時、義憲は鎌倉におり、禅秀に襲撃された持氏が逃れてくると、これを屋敷にかくまった。義憲は六日に負傷したが、持氏・憲基とともに小田原から駿河国に逃れた。ここで憲基・義憲兄弟は越後国に向かって援軍を求めた。やがて将軍足利義持も禅秀追討軍を派遣し、憲基・義憲も越後で集めた兵を率いて、応永二十四年一月九日武蔵国で禅秀軍を破った。禅秀は鎌倉に敗走し、雪の下で自殺した。ここに上杉禅秀の乱は終わりを告げた。義憲はこの乱における功績により、鎌倉幕府の評定所の頭人に任命されている（「喜連川判鑑」）。山入与義は、禅秀が敗死したあと、持氏に降った。しかし常陸の問題はまだ解決したわけではなかった。

　禅秀の乱から四年が経過した応永二十八年（一四二一）五月、山入与義は弟小田野自義に迫って自害させた。これは本宗家の継嗣問題をめぐり、自義が積極的に義憲擁立に動いたことを責めたのである。『新編常陸国誌』佐竹の項に、

　廿七年山入常元常ニ其弟小田野自義ノ義憲ヲ立ルヲ喞ミ、逼テ自尽セシム、

とある。与義はあくまでも反義憲・反持氏の立場を取っていたのである（憲基は応永二十五年一月没）。一方、幕府は与義を常陸守護に任命したいと、鎌倉公方持氏の同意を求めてきた。応永二十八年のことである。全国の守護の任免権は幕府が持っているが、鎌倉府治下の守護の任免については鎌倉府の同意を得るのが慣例であった。しかし常陸守護は佐竹義憲が任命されており、これは持氏の有力な味方である。京都御扶持衆の与義と取り替えるわけにはいかない。この間、山入方の額田義亮が額田城（茨城県那珂郡那珂町）に兵を集めて義憲に反抗し、与義同様に京都御扶持衆である常陸西部の小栗満重も、小栗城（茨城県真壁郡協和町）に拠って持氏に背いた。

　以上のような情勢のなかで、和戦両様の対策を取った持氏であったが、ついに与義を討伐することを決心した。額田城と小栗城に攻撃軍を派遣し、鎌倉に出仕していた与義にも討伐軍を送った。与義の鎌倉における屋敷は比企ヶ谷にあった。名越の佐竹屋敷から西へ山（佐竹山）を越えた谷である。『鎌倉大草紙』[20]に、

　応永廿九年十月十三日、佐竹入道（与義）家督の事に付て、御不審を蒙り、比企谷に有けるを、上杉淡路守憲直に被二仰付一、発向しければ、佐竹も防戦けるが、終に不レ叶、法華堂にて自害して失ぬ、

とあり、『新編常陸国誌』佐竹の項にも、

　廿九年持氏上杉憲直ニ命ジ其第ヲ囲ム、常元遂ニ法華堂ニ入テ自殺ス、

とある。また『寛政重修諸家譜』[21]佐竹義憲の項には、

持氏いかりて上杉淡路守房実に命じて比企谷を囲み討しむ。与義及び嫡子掃部助義郷、其外従類十三人法花堂に入て自殺す。与義が二男刑部大輔祐義、常陸国にをいて嶮岨に憑て叛す、持氏又里見刑部少輔某をして追伐せしむ。祐義敗走す。

とある。こうして山入与義はついに亡くなった。今日、鎌倉市比企ヶ谷の妙本寺内の墓地には、「佐竹矢倉」と称するやぐらがある。佐竹上総入道常元（与義）主従が自殺した所と伝えられている。『新編相模国風土記稿』妙本寺の項にも、

佐竹上総入道常元主従墓　祖師堂の右方山麓の巌窟中に数基並び建り、共に五輪欠崩れて全からず、応永廿九年十月上総入道常元討手向られ主従十三人当寺にて自殺し其塔と云ふ、

とある。

翌応永三十年六月、幕府は山入与義の次男祐義を常陸守護に任命した。しかし常陸には佐竹義憲がいる。そこで将軍足利義持と鎌倉公方足利持氏とが交渉を繰り返した結果、翌年祐義と義憲とが常陸半国守護として併置されることになった（『満済准后日記』）。常陸国における山入氏の勢力は依然として強力であった。こののちも百年近く、山入氏と本宗家との争いは続いたが、しだいに山入氏が優勢となった。京都側からは、山入氏こそ事実上の佐竹本宗家に見えたことであろう。この状態は、十六世紀初頭に奮起した本宗家が山入氏を滅ぼすまで続いたのである。

このような常陸国のなかで、一遍を開祖とする時衆は、佐竹氏との関係においてどのように活動したであろうか。次節ではそのことについて検討していきたい。

注

（1）『新編相模国風土記稿』祇園天王社の項。『鎌倉市史』社寺編（鎌倉市史編集委員会、一九五九年）一五一頁以下。
（2）佐竹氏については、『茨城県史』中世編（茨城県、一九八六年）三七頁以下、『日立市史』（日立市史編さん委員会、一九九四年）二三二頁以下。
（3）茨城県常陸太田市・佐竹寺蔵。『佐竹系譜』（常陸太田市史編さん委員会、一九七八年）。
（4）新訂増補国史大系『吾妻鏡』。
（5）北茨城市の花園山の猿ヶ城渓谷には、秀義主従が隠れたという岩窟がある（『図説北茨城市史』北茨城市史編さん委員会、一九八三年、五八頁）。
（6）『新編相模国風土記稿』（雄山閣出版、一九七五年）。
（7）『鎌倉市史』社寺編（鎌倉市史編纂委員会、一九五八年）四四九頁、および寺伝。
（8）『新編常陸国誌』（崙書房）。
（9）秋田県立秋田図書館蔵。『佐竹系譜』（常陸太田市史編さん委員会）。
（10）『洞戸村史』上巻（洞戸村史編集委員会、一九八八年）一八八頁以下。
（11）勝楽寺については、『正宗寺』（正宗寺文化財保存協会、一九八四年）。
（12）『茨城県史』中世編、一一三頁および一六六頁。
（13）『茨城県史』中世編、一七五頁。
（14）山入氏については、前掲『茨城県史』中世編、二〇一―二〇二頁、および『常陸太田市史』通史編上（常陸太田市史編さん委員会、一九八四年）二八二頁以下。
（15）夢窓疎石については、玉村竹二『夢窓国師』（平楽寺書店、一九五八年）。
（16）前掲『正宗寺』および『茨城県史』中世編、四六四頁以下。
（17）続史籍集覧『空華日用工夫略集』。
（18）『茨城県史』中世編、二〇三頁以下。
（19）関東管領上杉氏については、『鎌倉市史』総説編（鎌倉市史編纂委員会、一九五九年）三八九頁以下。
（20）『群書類従』第二〇輯、合戦部。
（21）『寛政重修諸家譜』第一二九、清和源氏義光流「佐竹」。

第三節　佐竹氏と時衆

(1)　時衆の常陸国への展開

弘安二年（一二七九）から四年にかけて、一遍の遊行の集団は常陸国に来ている。このころ、彼らは信濃国から下野国をめぐり、白河の関を通過して奥州へ入り、江刺（岩手県北上市）まで足を運んでいた。そこから南下して平泉・松島を経て常陸国に入ってきたのである。そのとき悪党が時衆の尼をさらっていこうと計画した。するとその悪党の夢のなかに一人の僧が現れて、念仏の修行者の邪魔をするのはけしからぬことであると、杖で悪党を打ったという。目が覚めてみると悪党は中風になっており、身体がまったく動かなくなっていた。悪党の親はこれを嘆き、一遍のもとへ来て懺悔して助けてほしいと懇願した。一遍は一度は突き放したが、重ねての願いに中風をなおしてあげたという。『一遍聖絵』第五巻第五段に、

松島平泉のかたすゝめまはりて常陸国にいで給けるに、悪党の侍りけるが、時衆の尼をとらむとしけるに、夢に僧のまたふりといふ物をもちたるがきたりて念仏の行者障碍をする事不思議なりとて、その杖にてつき給とみて夢さめぬ、すなはち中風して身もはたらかされざりけるに、彼男のおやこの事をなげきて、聖のもとにまうでゝ事のよしを懺悔し、たすけさせ給へと申に、聖われしらぬ事なり、いろうにをよばずとおほせられけれども、かさねてなげき申あひだ、さらばゆきてみるべしとておはしければ、すなはち中風なおりにけり、

とある。単純な奇蹟譚のようにみえる。「またふり」はふたまたになった杖である。また『一遍聖絵』では右の記事に続けて、

同国なる者聖を請じたてまつりて、三七日供養をのべてのち、庭を掃除しけるに、渠の中より鵞眼五十貫を得たる事侍りけり、

と、常陸国の別の者が一遍たちを招いて二十一日の間接待したのちに、庭を掃除していると思わぬ大金を得たという。

右のような話がなぜ常陸国であったこととして語られているのか、明確にすることはできない。またこののち一遍が再び常陸に来た気配はない。常陸に下総の北部等を加えた現在の茨城県内の時宗寺院五十一ヵ寺のうち、一遍が開いたという伝を持つ寺は五ヵ寺ある。新利根町の阿弥陀寺、江戸崎町の顕声寺、牛久市の願名寺、龍ヶ崎市の福寿寺、真壁町の常永寺である。これらは茨城県南部の地域である。ただ一遍はすべてを捨てて念仏に生きる毎日であったから、これらの寺の実際の開山であったとは考えがたい。後世南部の地域で一遍のことが強く意識された時期があったということである。

一遍没後の時衆を受け継いだのは他阿弥陀仏真教である。彼は一遍から後継者として指名されていたのではなかったが、人びとに推され、

故聖（一遍）の金言も耳の底に留り侍れば、

と自立し（『遊行上人縁起絵』第五巻）、一遍の代には不安定だった教団の基礎の確立と発展に心をくだいた。特に各地の武士を信者として獲得し、その保護による寺院の建立に努力した。真教は一遍のように足にまかせて全国をまんべんなく遊行するようなことはせず、北陸と関東に焦点を絞って繰り返しめぐった。こうして十三世紀末から十四世紀に、時衆は一大勢力となった。

真教が開いたとの伝を持つ茨城県内の寺院は九ヵ寺数えられる。江戸崎町の善吉寺、鹿嶋市の神向寺（真言宗からの転宗）、石岡市の華園寺、玉造町の永幸寺（天台宗からの転宗）、結城市の阿弥陀寺・常光寺、明野町の道源寺、総

和町の吉祥寺（真言宗からの転宗）、常陸太田市の遍照寺（天台宗からの転宗）である。これらはすべてそれぞれの寺伝によるものであるが、真教が事実上の時衆教団の確立者であり、彼は関東もその地盤として焦点を合わせていたことは明らかである。そこで真教の代に、時衆の大きな影響が茨城県内に及んできたことは間違いあるまい。

真教の活動を受けて、県内ではしだいに各地域で時衆が展開するようになった。また時衆は単なる宗教集団ではなく、新しい文化集団でもあった。禅宗が鎌倉時代の武士にとって中国渡来の新文化であったのと同様である。それに、遊行する時衆は全国各地の新しい情報を伝えてくれる。支配者であり、同時に毎日が臨戦体制の武士にとって、時衆は有益な存在であった。常陸北部の豪族佐竹氏も、時衆と関係を持つために寺院を建立した。本拠太田の浄光寺である。

(2) 佐竹氏と時衆

正中元年（一三二四）、佐竹貞義は母である二階堂頼綱の娘の菩提を弔うために、太田（常陸太田市）に浄光寺を建立した(1)。貞義は佐竹氏九代であり、行義の子である。弘安十年（一二八七）に生まれ、嘉元三年（一三〇五）に没した父の跡を受けて、佐竹氏の勢力発展に努力した。浄光寺の開山は遊行上人四代他阿弥陀仏呑海である。時衆の指導者である遊行上人は、真教以降、代々他阿弥陀仏を名のることになっていた。二階堂氏は、鎌倉幕府運営のため頼朝に迎えられた京下りの貴族を先祖に持つ。幕府の重要機関の一つ政所の次官である所司は、二階堂氏の世襲であった。そして彼らの所領は全国各地に広がっていった。常陸にも、早い時期から久慈郡に領地を獲得していたことは前に見たとおりである（本章第二節）。この幕府の有力御家人二階堂氏のなかで、陸奥国須賀川（福島県須賀川市）に所領を持っていたのが頼綱である。佐竹氏と二階堂氏とは地域的に近いし、同時に彼らは出仕している鎌倉での御家人仲間ということができる。また時衆の関東における中心は相模国藤沢である。鎌倉からはわずかの距離しかない。当時の常として、宗教集団は一つの文化集団でもある。つまり、新興の時衆は新しい文化的な魅力を備えた集団として、鎌倉幕府の御家人たちの人気を集めていた。そこで幕府に出仕していた佐竹貞義も時衆に関心を抱いたようである。

貞義の母は、以前、鎌倉の鎮守とされている杉本寺を分けて太田に移したことがあった。永仁二年（一二九四）のことである。この寺もやがて時衆化した。のちに光明寺と呼ばれたこともあったが、今日では遍照寺と称されている。(2)

歴代の遊行上人が書き継いでいる『時衆過去帳』(3)至徳四年（一三八七）七月二十二日条に、

重阿弥陀仏　佐竹家

御白骨納、

という記入がある。佐竹氏の重阿弥陀仏の遺族が、その遺骨を遊行上人に托し、清浄光寺《しょうじょうこうじ》に納めたとするのがこの記事の意味である。重阿弥陀仏の俗名は不明であるが、いずれは佐竹氏のそれと知られた人物であろう。清浄光寺は阿弥陀仏の霊山であるという思想と、この寺に遺骨を納める風潮が十四世紀中葉からみられるので、この風潮に乗る形で重阿弥陀仏の遺骨が納められたと考えられる。同過去帳の遊行十八代他阿弥陀仏太空（十五世紀初頭）の代に、

覚阿弥陀仏、「佐竹」（裏書）

という書き入れがあり、時衆と佐竹氏との関係が続いていることが分かる。

なお、太田の浄光寺と同じく、下妻市の金林寺・安楽寺・満願寺も呑海が開いた寺であると伝えられている。つくば市の無量院は、もと天台宗で無量寿院と称していたが、正平年間（一三四六―七〇）にやはり呑海が立ち寄り、鎌倉時代初期に滅ぼされた豪族多気義幹の霊を供養して無量院殿等阿弥陀仏の法名を追贈したのを機会に時衆に変

わり、寺号も改めたという。(4)別の伝では、遊行十四代他阿弥陀仏の布教のときに時衆に変わったという。(5)ちなみに、近くの安養寺も正長元年(一四二八)、遊行十四代の留錫によって開かれたものという。

浄光寺は一時歴史上から姿を消していたが、十六世紀に入ると再び活動の気配を見せるようになる。『時衆過去帳』天文七年(一五三八)の条に、遊行二十七代真寂の筆で、

其阿弥陀仏、「八二佐竹坊主」(裏書)

とあるのが、浄光寺の何代目かの住職である(「八二」とは八月二日ということである)。時衆の寺院では住職が同じ法名を受け継ぐことが多い。以後の浄光寺の歴代住職は其阿弥陀仏を名のっている。なお、時衆の「其阿弥陀仏」という法名は「他阿弥陀仏」に次ぐ格の高い法名とされたため、この法名を希望するものが多く、各地で同時期に複数の其阿弥陀仏が存在した。

佐竹氏と遊行上人は十六世紀を通じて密接なつながりを有している。これは恐らく、佐竹氏と遊行上人が置かれた次のような政治的事情によるだろう。文亀二年(一五〇二)、佐竹本宗家の義舜は一族の最有力者山入氏義を討って常陸北部の佐竹の領国を統一した。(6)このころ、古河公方足利政氏はその子高基と不仲であった。永正三年(一五〇六)以降、高基は父と別れ相模国小田原の北条早雲と結んで勢力の拡大をはかった。政氏は佐竹氏やいわき地方(福島県)の岩城氏などに援助を求め、ここに佐竹氏は長年にわたって北条氏と争うことになった。他方、時衆の本山藤沢清浄光寺は永正十年(一五一三)に炎上して灰燼に帰した。相模国全域の支配を狙う北条早雲と、これを迎え撃つ三浦氏との戦争に巻き込まれたのである。三浦氏を滅ぼした早雲は、清浄光寺と時衆が三浦氏に協力的であったため、寺の再建を許さなかった。こうして、北条氏との対立関係において佐竹氏と遊行上人とは利害が一致したのであった。

また、一般的には、全国をめぐる遊行上人は各地の武士の歓迎を受けた。これは遊行上人の一行が情報源として

重宝されたためのようである。戦国時代の武士は、厳しい社会を生き抜くために、領国の経済力を増して軍事力の強化に励むとともに、できるだけ各地の情報を集めなければならなかった。彼らにとって、諸国をめぐってその実情に詳しいに相違ない遊行上人は貴重な存在であった。常陸国内の統一をはたした佐竹氏にとって遊行上人の重要性はいっそう増したといわねばならない。

こうして遊行上人真寂は、天文七年（一五三八）常陸国を遊行し、太田に滞在して佐竹義篤の歓迎を受ける。「佐竹坊主」の法名を『時衆過去帳』に記入したのはこのときであり、家臣岡本松庵らとも親しい交わりを結んでいる。太田を離れてからは越後方面へ向かうが、そのときには浄光寺の新しい住職を遊行に伴っている。この新住職は真寂に気に入られたらしく、左のようにぜひにと乞われて真寂の佐渡遊行にも随行している（「他阿弥陀仏書状」『秋田藩家蔵文書』[7]）。

於二越後北条申地一去ル亥ノ冬相送リ候、其国越年之旧事申シ出ニ候、将又浄光寺雖二遠郷之儀被レ申候一、夏中者頻ニ令二抑留一候、

義篤は天文十四年（一五四五）に亡くなり、浄光寺に葬られた。なお、奥州白河の結城晴朝も真寂と交渉を持っており、天文年間（一五三二—五五）と推定される真寂宛の書状が残っている（「遠藤白川文書」）。

弘治二年（一五五六）、遊行二十九代体光が常陸国へ来て、その冬を佐竹義昭のもとで過ごした。義昭は義舜の後継者である。依然として遊行上人と佐竹氏との結びつきは強い。これに対し、下総の結城政勝はなんとかして体光を味方につけようと努力している。政勝は北関東の北条党で、同族の奥州白河の結城晴朝を味方に加え、弘治元年から翌年にかけて佐竹氏やその同盟軍と戦っている。政勝は弘治二年十一月、おりから白河滞在中の体光に書状を送る。そのなかで、自分（政勝）は義昭と敵対しているし、その同盟者小田氏治と戦争中であるが、歓迎するので安心して自分の所へ来てほしいと誘っている（「遠藤白川文書」）。遊行上人の奪い合いである。永禄八年（一五六五）、義

昭は没して父同様に浄光寺に葬られた。佐竹氏本来の氏寺は勝楽寺（および正法院・正宗寺）であったはずであるが、いつのまにか浄光寺が氏寺としての役割をはたすようになっている。二代続けて惣領が浄光寺に葬られたのがその証拠である。

義昭が没する三年前、永禄五年に体光は出羽国鶴岡（山形県鶴岡市）の長泉寺で亡くなった。翌年、越前国岩本（福井県今立郡今立町）の成願寺で、他阿弥陀仏有三が遊行三十代上人となる。この有三は、後述する佐竹一族出身の遊行上人である三十二代他阿弥陀仏普光の師である。有三は元亀三年（一五七二）から翌天正元年にかけて常陸国を遊行し、真壁地方の豪族真壁久幹と親しい交わりを結んでいる（「真壁文書」(8)）。天正元年、有三は江戸崎の顕声寺において遊行上人の職を他阿弥陀仏同念に譲る。普光はこの同念とも行動をともにし、天正十二年（一五八四）には日向国飫肥《おび》（宮崎県日南市）の光照寺で遊行上人の職を譲られたのである。

なお、義昭のあとを継いだ義重も父同様に積極的に時衆と浄光寺を保護しているし、遊行上人とともに旅の途中にある浄光寺住職を早く帰してほしいと望んだ書状ものこっている（「秋田龍泉寺文書」）。

佐竹氏と時衆との結びつきは、普光が十二代遊行上人となるにおよび、最も強い状態になる。ほかに佐竹氏の勢力圏には、額田（那珂郡那珂町）の常念寺・瓜連（那珂郡瓜連町）の西福寺などがある。次にこの西福寺について検討したい。

(3) 瓜連の西福寺

瓜連に西福寺が建立されたのは、正慶元年（一三三二）のことであった。開山は其阿弥陀仏(9)（太田浄光寺の何人かの其阿弥陀仏とは、おそらく別人）である。西福寺には、

佐竹義信(宣)公より五十貫文之処被㆓下置㆒候

と、佐竹義宣（義信）が五十貫文の寺領を寄進したと伝える（『水戸開基帳』[10]西福寺の項）。義宣は佐竹氏十一代の当主で、佐竹貞義の孫で義篤の子にあたり、貞和二年（一三四六）に生まれた（佐竹氏二十代の義宣とは別人である）。母は筑波地方の豪族小田知貞の娘という。義宣の代はちょうど南北朝の内乱期にあたり、父義篤とともに北朝方について戦った。康応元年（一三八九）七月、鎌倉の比企ヶ谷の屋敷で亡くなった。

ただ佐竹義宣が西福寺創立のときの保護者だったわけではない。それでは年代的に合わない。では最初の保護者は誰であろうか。北条貞国ではなかろうか。貞国は北条時頼の孫で、時厳の子にあたる。「正宗寺本北条系図」[11]によれば、時厳は桜田禅師と号し、武蔵国荏原郡桜田郷に所領を持っていたようである。息子が七人おり、そのうちの貞国は瓜連備前入道と称したというから、鎌倉時代末期に瓜連を領し、ここに住んだと考えられる[12]。そして元弘三年（一三三三）自害したとあるので、幕府滅亡の際に一族と行動をともにしたのであろう。『太平記』巻第十「高時并一門以下於㆓東勝寺㆒自害事」に、「桜田治部大輔貞国」と示されている人物と同一人である。これは西福寺創建の翌年のことであった。年代から判断して、西福寺は貞国が瓜連に来てから氏寺として建立したとも考えられる。その場合には、西福寺は貞国一家の精神的な支柱としての役割を持ったことと思われる。

しかし北条一族の滅亡とともに貞国もこの世を去った。瓜連は楠木正家の手を経て佐竹義篤、続いて義宣の領するところとなった。そこで義宣はすでに瓜連の地で宗教的権威を有していた西福寺に寺領を寄進することにした。民心を掌握するためである。このような筋道は考えられないであろうか。

西福寺はかなり大規模な寺院であったようである。というのは、鎌倉時代末期から南北朝時代にかけての造立と判断される地蔵菩薩像・五輪塔・板碑が旧寺域内に残されているからである。

地蔵菩薩像は、旧西福寺墓地内の地蔵堂に安置されており、木造の立像で、像高は一一九・五センチである。カヤ材の一木造・彫眼で、体には漆の箔をはり、法衣には彩色を施したあとが見える。左手の掌の上に宝珠を載せ、右手で錫杖を取る形であるが、宝珠・錫杖ともに失われてしまっている。この像の造立年代は鎌倉時代後期から末期ころと思われる。つまり、この地蔵菩薩像は西福寺の成立時期と造立年代が重なるのである。また本像は鎌倉時代前期に作られた神奈川県横須賀市満願寺所蔵の地蔵菩薩立像に似ている。ということは、西福寺の地蔵像は執権北条氏の本拠鎌倉近辺の地蔵像を手本にした可能性が高いということである。北条時頼の孫としての貞国ならば考えそうなことではないだろうか。いずれにしても、当時の西福寺にはこの地蔵菩薩像のようなすぐれた仏像群が安置されていたと推測される。地蔵菩薩は時衆でも大切にする仏像である。遊行上人四代他阿弥陀仏呑海が開いた清浄光寺には、制作年代は下るけれど、大きな地蔵菩薩座像が安置されている。

次に、五輪塔数基と板碑二基が西福寺墓地内にある。五輪塔は最大のもので高さが一五八センチもあり、鎌倉時代後期から末期のものと判断される。他の高さ一三四センチと一二九センチの五輪塔も、鎌倉末期から南北朝時代にかけての造立と考えられる。そのほかは室町時代から戦国時代であろう。このように立派な五輪塔は豪族の供養塔以外にはあり得ない。とすれば、やはり北条貞国や佐竹氏などの可能性が十分に考えられる。なお、これらの五輪塔は、茨城県内では那珂川以北の地域で最大の大きさである。

板碑二基は昭和五十八年に発見された。板碑はやはり供養のための石碑であり、長方形で頂部が三角形の薄い石の板である。鎌倉時代初期に武蔵国で発生し、全国に広まった。埼玉県秩父郡野上町には、応安二年（一三六九）の銘を有した高さ五メートルにも達する巨大な板碑も現存するが、一般には数十センチから一メートル程度のものが多い。近世に入ると急に作られなくなる。したがって、板碑は中世独特の供養碑といってよいであろう。この板碑には上部から中央部にかけて種子が刻まれる。下部には造立年代や造立者の名前が彫られていることがある。しかし西福寺跡から出た板碑は二基とも下半部が欠失しているため、正確な造立年代を知るのは困難である。もっとも、彫り方や図柄からおよその年代推定は可能である。

二基の板碑のうち、第一基は緑泥片岩（青石）で作られている。完型（完全な形）ではなく、全体のほぼ上半分だけが残っている。縦三二・八センチ、上幅二一・七センチ、下幅二二・七センチ、厚さ二・四センチのものである。頂上は三角形であるが、その下に二条線は入っていない。通例は二条線がある。表面には天蓋を彫り、両側に瓔珞《ようらく》を線彫りしている。瓔珞のなかには蓮座の上に種子のキリーク（阿弥陀）が鋭く彫刻してある。この板碑は南北朝時代後期の製作と推定される。

第二基は、三角形をなす頭部が欠損している。縦二三・五センチ、上幅一七・六センチ、下幅一六・六センチ、厚さ一・七センチ、石は粘板岩と考えられ、全体に黒味掛かっている。これも完型ではなく、上半部（その頂上は欠けている）が残ったものである。表面上部には二段の切り込みが彫られ、その下部にキリーク、続いて蓮座が彫られている。室町時代の製作であろう。時衆とは限らないけれど、二基の板碑はともに阿弥陀信仰に基づいて造立されたものであることがわかる。

昭和五十九年、瓜連町の「十林寺」という字名の所から板碑がさらに一基発見された。縦三五・六センチ、上幅一八・五センチ、下幅一六・八センチ、厚さ一・一センチで、阿弥陀三尊の種子が彫られている。これも完型ではない断碑であるが、幸いなことに中央右に彫られた「康永三年（一三四四）六月」という年紀が読み取れる。康永は北朝年号であり、ここに当時の瓜連地方が北朝の影響下にあることが明白となった。佐竹氏は足利氏のもとで北朝方として活躍している。十林寺は中世から近世にかけて存在した浄土宗十輪寺のあった跡と考えられる。また付近には南北朝時代に浄土宗中興の祖聖冏《しょうげい》が出た浄土宗常福寺がある。この板碑の種子が阿弥陀三尊であり、西福寺や常福寺・十輪寺などの存在と考え合わせ、瓜連地方の阿弥陀信仰の強さがうかがわれる。

板碑研究の観点からいえば、従来、那珂川以北の茨城県内に板碑はみつからないとされてきた。県内の板碑の北限は那珂川であった。それが瓜連町の三基の発見により、板碑は那珂川を越えたのである。またその後、日立市などの那珂川以北の地域でいくつかの板碑が発見されるようになった[13]。

西福寺を根拠地とする瓜連地方の時衆は、佐竹氏のもとで順調に発展したようである。文明五年（一四七三）には付近に教声寺が建立された。開山は相阿弥陀仏といい、大子の出身という。また明応五年（一四九六）には臨阿弥陀仏を開山として金泉寺が建立された。両寺ともに近世には西福寺の末寺になっている（『水戸開基帳』）。

後述するように、佐竹氏二十代義宣は天正十八年（一五九〇）、水戸地方に勢力を張っていた江戸氏を滅ぼして水戸城を奪うと、一族出身の遊行上人他阿弥陀仏普光を招いた。当時、時衆本山の藤沢清浄光寺は戦火で焼け落ちたまま復興できず、本山は各地を転々としていた。義宣は普光に水戸で本山を作らせた。佐竹氏の保護のもと水戸に時衆本山藤沢道場が成立した（のちの神応寺）。

ここに、水戸藤沢道場を頂点にして太田の浄光寺・龍泉寺・光明寺（遍照寺）・瓜連西福寺・教声寺・金泉寺・額田常念寺・小堤（茨城町）光明寺・湊（ひたちなか市）光明寺など、佐竹氏の保護のもとに常陸北部の時衆の全盛時代が訪れた。西福寺もこのなかで大いに活動したのである。清浄光寺の住職である藤沢上人が書き継いだ『藤沢山過去帳』の普光記入部分に、

　珠阿弥陀仏慶長四（一五九九）九月三日、瓜連西福寺衆、

とその一端が記されている。珠阿弥陀仏は「西福寺衆」とあるから、西福寺の住職ではない。住職ならば、単なる「西福寺」あるいは「西福寺坊主」である。

しかし慶長七年（一六〇二）佐竹氏が秋田へ移され、普光も同十二年再建成った清浄光寺に入ってしまうと、右の時衆寺院もそれぞれの道を歩いていかざるを得なくなった。佐竹氏とともに秋田へ移った時衆寺院もあるなかで、西福寺はそのまま残って活動を続けた。『藤沢山過去帳』に、

　西福寺弥阿弥陀仏元和六（一六二〇）庚申七月十八日、六十才、常州瓜連、

あるいは、

瓜連西福寺廿九代洞雲院其阿義天

と、西福寺のその後の健在ぶりが示されている。この間、墓石に彫り込まれた法名等から、何人かの歴代住職の名前が判明している。それは、

開山　其阿弥陀仏、三代　其阿弥陀仏、五代　弥阿、七代　其阿弥陀仏、八代　但阿、二十代　覚阿、二十五代　覚阿宿湛、二十七代　覚阿祐全、二十八代　漢阿旭山、二十九代　其阿義天、三十代　其阿一穏

である。

なお、近世に入ると阿弥陀仏号を省略した形である阿号、阿弥号が使われるようになった。例えば、其阿弥陀仏を其阿あるいは其阿弥とする類いである。

西福寺以下、教声寺・金泉寺は現在すべて廃寺である。

(4)　時衆の本山水戸の藤沢道場

遊行上人三十二代他阿弥陀仏普光は[14]、天文十二年（一五四三）、太田の小野平において佐竹一族の小野義高の三男として生まれた。義高の父義森は佐竹氏十四代義俊の弟であり、小野平城に住して小野氏を称した。義高はその跡を継いで佐竹氏の一支族としての役割を果たしていたのである。母はやはり佐竹の一族大山喜山常歓の娘である。普光には、長兄佐竹大和守義雅、次兄で小場（那珂郡大宮町）の臨済宗伝燈院主となった周郁文光、および弟実山道蓮梵阿（『藤沢山過去帳』による。これは「実山道蓮」と「梵阿弥陀仏」という二つの法名を合わせて表記したもののようである）がいた。

また関ヶ原の戦いをはさんで佐竹氏の発展と勢力の維持に苦労したのは佐竹義宣であったが、彼を支えた最も優

秀な家老が東氏を称した佐竹義久であり、義久の兄の一人は遊行上人に従う時衆であったことがある（「東家家伝書抄」(15)）。さらに普光の兄義雅の息子は時衆に入り、秋田声体寺の開山となっている。関係系図は左のとおりである。

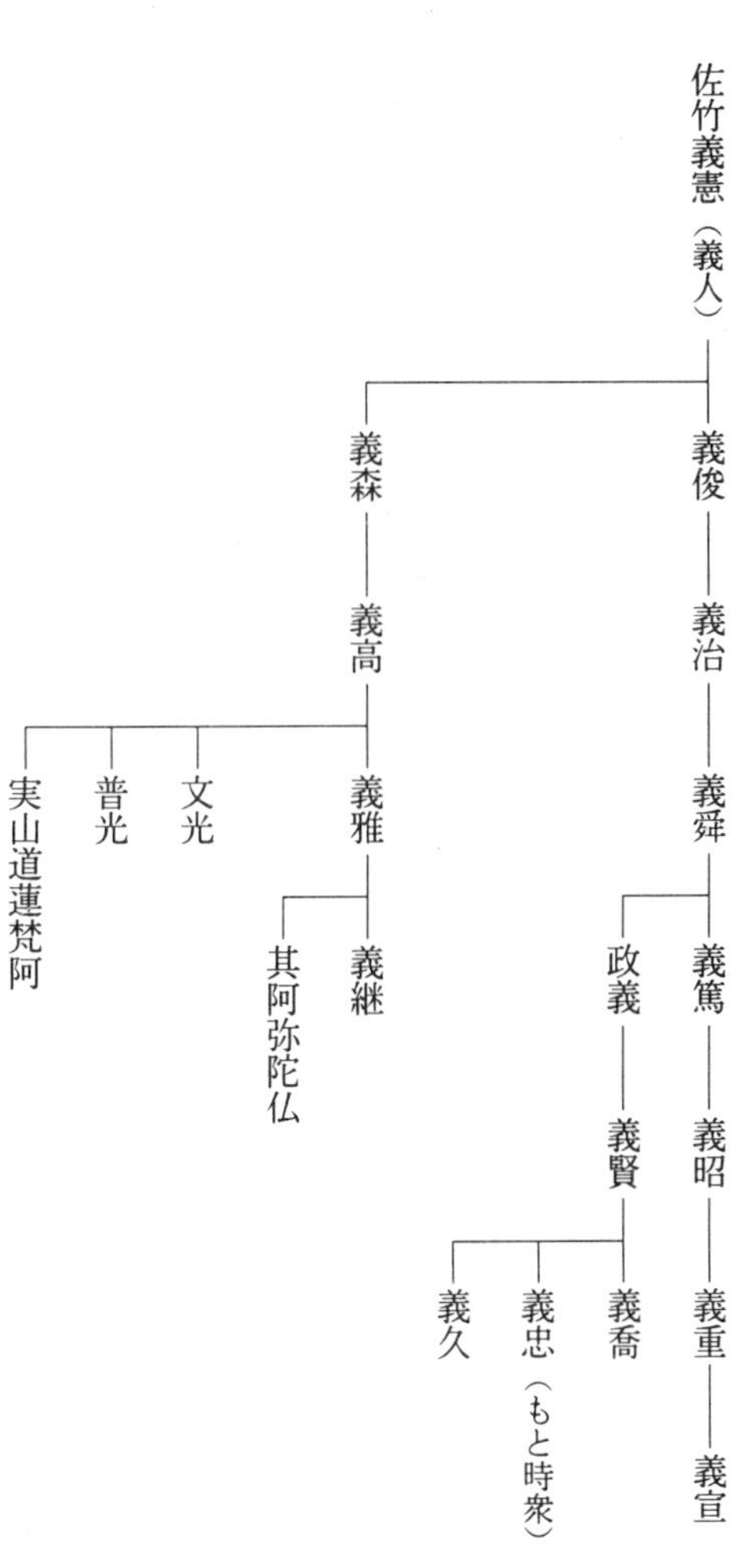

なお系図で見ると世代間の年代の相違が気になるが、実際は佐竹義宣と佐竹義久および他阿弥陀仏普光はほぼ同年配である。

普光は天文十九年（一五五〇）八歳で出家し、太田浄光寺十三代其阿弥陀仏の弟子となった。のち遊行三十代有三に師事するが、元亀三年（一五七二）には亡くなった其阿弥陀仏の跡を受けて浄光寺十四代住職となっている。

その後普光は遊行三十一代同念に従って各地を遊行する。天正十一年（一五八三）には鹿児島まで至り、領主島津義久の歓迎を受けて南九州を布教してめぐる。義久の家臣上井覚謙の日記の同年十二月十二日条によれば、島津側は「乗馬八十疋、夫駄三百」という膨大な量を準備している。まさに近世の大名行列である。このように負担は大であるにしても、遊行上人を迎えることによる領主側の利益は大きかったと考えるべきであろう。

　室町時代から戦国時代にかけての遊行上人は、大名あるいはそれに準ずる武士出身の者が多い。十五世紀中葉から見ていくと、遊行十七代暉幽《きゆう》は奥州二本松の大名畠山氏の出身であり、十八代如象は下野の聴野氏、二十一代知蓮は上野の新田氏、二十二代意楽は近江の上坂氏、二十三代称愚は山城の富樫氏、二十六代空達は信濃の島津氏、二十七代新寂は越後の石川氏、三十一代同念も同じく越後の直江氏、そして三十二代普光が佐竹氏の出身である。

　天正十二年八月、日向国飫肥の光照寺において、普光は同念から遊行上人の職を譲られた。『上井覚謙日記』(16)同月二十日条に、

　　於㆓都於郡㆒遊行上人後代定被㆑成候由也、

とある記事が、次代の遊行上人を決める相談があったことを示している。歴代の遊行上人と藤沢上人とを記した『遊行・藤沢両上人御歴代系譜』(17)の普光の項に、

　天正十二甲申八月廿三日、於㆓日向国光照寺㆒、四十二、賦算、

とあり、四十二歳の普光が実際に活動を始めたことがわかる。賦算を行うのは遊行上人および藤沢上人の特権でもあって、時衆のなかでは他の誰も行うことはできない。また遊行上人を引退した者が清浄光寺の住職である藤沢上人となる。逆にいえば、藤沢上人が亡くなったときに、遊行上人の交代が行われるのである。

　新しく遊行上人に就任した普光は、慣例に従って遊行の旅に出発し、九州から山陽道を経て京都に入り、西に戻って備前国をめぐり、再び東に転じて関東まで来て、天正十七年（一五八九）には越後に到着した。ここで六年間の遊行生活を終え、同国北条の専称寺で遊行上人の職を満悟に譲り、普光は藤沢上人となった。ただし清浄光寺の堂宇は戦火にかかって灰燼に帰したままである。この間、代々の藤沢上人は隠居所を適当に定めて引退していた。普

光にはどのようなもくろみがあったのであろうか。

これより先の天正十五年九月三日、佐竹義重は次のような判物を普光に送っていた（「藤沢清浄光寺文書」）。

道場造営に附而、誰人於㆓領中㆒も用木見当次第可㆑取㆑之候、

天正十五年

九月三日 （花押）（義宣）

つまり、大規模な堂宇を造って迎える用意のあることを普光に示していたのである。義重は前年に隠居し、嫡男義宣が当主となっていたが、いまだ四十一歳の壮年であり、後見として強い力を振るっていた。義宣は十八歳である。戦国時代の佐竹氏は、後継問題を避けるためか、壮年の当主が戦争などで亡くなってもすぐ次の体制に移れるようにしているためか、父は息子が十代のうちに家督を譲ってしまう。しかし実権はそのまま握って家のために活動している。

藤沢上人となった普光は天正十七年九月越後を離れた。佐竹義重の招きに応じ、佐竹領をめざしたものと考えられる。越後北条の領主直江兼続《かねつぐ》は、同月七日付で次のような判物を発給し、上杉領の各地の領主に普光の保護を命じている。兼続は上杉景勝の家老で、絶大な信頼を得ていた。

藤沢上人御帰国之条、伝馬宿送等無㆓異儀㆒可㆑有㆓馳走㆒也、仍如㆑件、

天正十八年（一五九〇）十二月、佐竹氏は水戸城に拠る江戸重通を襲ってこれを滅ぼし、本拠を太田から水戸に移した。これに伴う水戸の新たな町づくりを試みるなかで、普光を招いて一寺を建立させ、名称を藤沢道場とした。場所は水戸城の西南、千波湖に面した高台である。神応寺本「佐竹系図」[18]に、

十九年、佐竹義宣懇㆓請上人㆒、令㆑択㆓寺地於水戸城辺㆒、則上人順㆓侍意㆒詣㆓大坂雷神宮㆒、禱㆑得㆓善地㆒、乃鬮以㆓
城西神応平㆒相州本山移㆓于此㆒創㆓立一寺㆒称㆓藤沢道場㆒、

と記されている。

「藤沢道場」とは、藤沢清浄光寺の旧名であり、同時に通称であって、明らかに時衆本山の役割を担う寺としての意味が込められている。この点でそれ以前に歴代の藤沢上人が隠居した寺々とは重要性が異なる。それらは単なる隠居所にすぎなかったのであって、本山の代行をしていたわけではない。普光に至り、時衆教団再建のために同族佐竹氏の力を借りて本山の仕事をする場所を確保することになったのである。戦国時代もようやく終わり、全国統一の気運が盛り上がってきたこの時期において、時衆教団の組織的な再建の必要性が感じられてきたものであろう。

佐竹氏も普光を大いに援助し、まず義宣が寺領を二百石寄進した。それに続き筆頭家老東義久も五十石を寄進して盛り立てた。(19) 合わせて二百五十石は、のちの水戸徳川氏の例と考え合わせてもかなりの財政援助というべきである。

こうして水戸藤沢道場は佐竹義重・義宣の政治的思惑と、普光の時衆再建の目的とが絡み合って成立し、時衆本山の役割を果たしていくことになった。ちなみに、この藤沢道場には寺号はつけられていなかった。

ところが水戸藤沢道場創立からわずか十一年後の慶長七年(一六〇二)五月、佐竹義宣は新しい覇者徳川家康によって出羽国秋田への転封を命ぜられた。五十四万五千石から二十万五千石への減封である。佐竹氏は家臣を整理する方針を取らざるを得なかった。寺社の秋田移転も極力制限することにした。もちろん残された寺々については、次の新しい領主が佐竹氏と同様の保護を与えてくれるかどうか、保証はまったくない。

普光の立場からすると、全国的な教団組織の再建という課題から考えれば、僻遠の地である秋田へ移るより、常陸残留を選ぶべきである。ただし、佐竹氏との関係も友好的でなければならない。何といっても、一族同士のよしみは深い。いざとなればまた援助してもらわなければならない。このようにして普光と藤沢道場は残留し、有力末寺の秋田移転を望むという形を選んだのである。その結果、移転を認められた寺は、太田から水戸城下常磐村へ移ってきていた龍泉寺である。これは佐竹義昭の位牌所としての役割によってであった。義昭の墓所は龍泉寺、太田の浄光寺、山方（那珂郡山方町）の浄安寺（曹洞宗）など諸説があるが、普光が慶長三年に龍泉寺のことを義重に頼んだ文中に、

一ヶ所成共被レ及二御建立一、龍泉寺被レ為二指置一源信御位牌所ト被レ成候而尤ニ候歟、

とあるのを見れば、龍泉寺は義昭と何らかの結びつきがあったのであろう（「秋田龍泉寺文書」）。『常陸家譜』のハリ紙には義昭の妻である岩城重隆の娘が永禄二年（一五五九）亡くなったとき、葬送を担当したのは当時の龍泉寺住職の随龍であったとある。

秋田へ移ったとき龍泉寺の住職は、佐竹氏の家臣前沢筑後の弟其阿弥陀仏正伝であった。また、秋田にも新しく時衆の寺院を建立することが認められた。声体寺である。開山となった人物は其阿弥陀仏義山という。この義山は佐竹義雅の次男で、普光の四歳年長の甥である。普光のもとで藤沢道場の「六寮」の地位にあった。六寮とは、遊行上人の旅の集団、および時衆本山の事務部門のそれぞれの責任者である（つまり、六寮が同時に二人存在する）。

一方、相模国藤沢の旧本山の故地には、天正十九年（一五九一）十一月徳川家康が百石の地を寄進した。これを基礎にしてこちらでも本格的な堂宇の再建が始まった[20]。寺領を寄進したのは、全国の時衆の心が集中的に水戸へ向かわないようにとの政治的配慮であろう。やがて時衆の指導層のなかで、佐竹氏の秋田転封をきっかけに、本山を藤沢に戻すことが検討され始めたに違いない。佐竹氏が秋田へ移ってしまったのでは、水戸藤沢道場が本山でいる理由は消滅したといってよい。『徳川実紀』慶長八年（一六〇三）四月二十八日条に、「この日藤沢の清浄光寺、遊行、伏見に参り拝謁す」とあって、「藤沢の清浄光寺」（普光）と「遊行」（遊行三十三代満悟）とが二人で伏見城で徳川家康に面会したことを記している。普光は新しい権力者である家康に一宗を代表して接近しようとした。家康もまた

時衆の利用価値の高さを思って、佐竹氏との関係が深いにもかかわらず、普光を受け入れたのである。

こうして普光は慶長十二年（一六〇七）、本山を水戸藤沢道場から再建成った相模の藤沢清浄光寺に戻した。こうして藤沢道場は十八年ほどで本山としての役割を失うことになった。しかも水戸の領主はすでに佐竹氏ではなく、武田信吉から徳川頼宣・頼房と変わっていき、寺領も一転して四十三石余に減らされた。また他方、普光の時衆教団再建と発展の活動はしだいに実を結んでいった。慶長十二年・元和八年（一六二二）の二度にわたり、普光の末寺住職任免権が幕府によって保証され（「七条道場金光寺旧蔵文書」[21]）、幕藩体制下の全国遊行も慶長十八年（一六一三）保護が約束された（「清浄光寺文書」）。さらにこうした普光の働きにより、時衆と似た行儀を持つ念仏系の小宗派も、少しずつ時衆へ組み込まれるようになった。近世に時宗十二派と称されるようになったのも、これらの活動の結果であった。

注

（1）浄光寺寺伝。
（2）遍照寺寺伝。
（3）藤沢市・清浄光寺蔵。
（4）（5）無量院蔵。
（6）『茨城県史』中世編（茨城県史編集委員会、一九八六年）二六一頁以下。
（7）『福島県史』第七巻（福島県史編さん委員会、一九六六年）二五〇頁。
（8）『真壁町史料』中世編（真壁町史編さん委員会、一九九四年）。
（9）『瓜連町史』（瓜連町史編さん委員会、一九八六年）。
（10）茨城県立歴史館所蔵。
（11）正宗寺蔵。
（12）石井進「鎌倉時代の常陸国における北条氏所領の研究」（『茨城県史研究』一五、一九六九年）。

(13)『日立市史』(日立市史編さん委員会、一九九四年)三九九頁以下。
(14)普光については、大橋俊雄『一遍と時宗教団』(教育社新書、一九七八年)二〇八頁。拙著『鎌倉新仏教の研究』(吉川弘文館、一九九一年)一八九頁以下。
(15)秋田県立秋田図書館蔵。
(16)『大日本古記録』第三一巻。
(17)高野修『遊行・藤沢両上人御歴代系譜』(時宗宗務所時宗教学部、一九七五年)。
(18)水戸市・神応寺蔵。
(19)拙著『鎌倉新仏教の研究』二〇二頁以下。
(20)橘俊道「藤沢山の焼亡とその再興」(『時宗史論考』法蔵館、一九七五年)、大橋俊雄「清浄光寺の再建と遊行上人普光の行動」(『時衆研究』六七、一九七六年)。
(21)京都市・長楽寺現蔵。

第四節　岡本氏と遊行上人

本節では、戦国時代に佐竹氏の一武将として主に対外関係を担当し、その関係で遊行上人とも大いに交流のあった岡本氏を中心に検討する。岡本氏は一代限りではなく、何代にもわたって遊行上人や時衆と交流があり、『藤沢山過去帳』にも名前を残した一族である。

(1)　岡本氏の出自

岡本氏は鎌倉時代初期、下野国最大の豪族である小山政光に出て、陸奥国磐崎郡金成《かなり》村（福島県いわき市内）に土着した一族である。はじめは鎌倉幕府の御家人として、また金成村の地頭として独立の小豪族であった。南北朝時代になると西国に転戦するなど大いに活躍した。これが岡本氏の最盛期であった。室町時代から戦国時代に入るとしだいに衰えていき、おりから発展してきた岩城氏に臣従することになる。十六世紀初頭、常陸国北部に勢力を張る佐竹氏の傘下に入り、外交交渉面に能力を発揮し、岡本妙誉—曾端—禅哲—良哲と四代にわたり佐竹氏にとってなくてはならない存在となった。

前述したように岡本氏の祖は鎌倉時代初期の小山政光である。政光はそのころ下野国最大の豪族で、小山地方を本拠にしていた。妻（「寒河尼」の名で知られている）が源頼朝の乳母であった関係で、頼朝に信頼され、鎌倉幕府創業に大いに働いた。子の朝政・宗政・朝光らは、それぞれ小山・長沼・結城を称し、一族は繁栄した。

朝政の領地は下野国から武蔵・陸奥・尾張・播磨に及んでいた。陸奥国の所領は菊田荘で、これは当時の磐崎・

菊田両郡にまたがる荘園であった。現在のいわき市南部である。この磐崎の金成（皮成）村に土着した朝政の子孫が岡本氏を名のるのである。鎌倉時代の岡本又太郎親元なる人物が岡本氏の初代である。ひとまず、『続群書類従』に収められている岡本系図によってこの一族の概要を見ておこう。

［岡本系図―続群書類従本①］

政光―朝政―朝長―長村―時長―宗長―貞朝┬秀朝（小山）
　　　　　　　　　　　　　　　　　　　├親元（岡本）―祐親┬隆親―重弘（隆弘）┬隆貞―道活法師―妙覚法師―曾瑞法師―菊月―禅哲―宣綱
　　　　　　　　　　　　　　　　　　　│　　　　　　　　　│　　　　　　　　　├隆信
　　　　　　　　　　　　　　　　　　　│　　　　　　　　　│　　　　　　　　　└隆政
　　　　　　　　　　　　　　　　　　　│　　　　　　　　　└重親
　　　　　　　　　　　　　　　　　　　└隆重

注　親元の兄弟の隆重は、実は親元の子であり、菊月は禅哲の父ではなく子である。また、妙誉法師は妙覚法師、曾瑞法師は曾端法師が正しい。

岡本又太郎親元の所領である磐崎郡金成村は現在のいわき市小名浜金成の地である。東南を藤原川が流れ、西北には小高い山が連なるやや細長い地域である。中世の金成村がどの程度であったか、正確なところは不明であるが、下って文禄四年（一五九五）の検地では百七十石余、近世末期には二百七十石余の土地であった。わずか一ヵ村とはいえ、小山氏の勢力を背景にして親元はれっきとした鎌倉幕府の御家人であった。

ところで、天文三年（一五三四）十一月一日、佐竹氏十七代義篤が右系図のなかの菊月に宛てた文書である「佐竹

義篤知行安堵状(1)」に、

依上のうち足蔵村、先例に任せて速やかに知行あるべく候、

とある。戦国時代の依上《よりかみ》は、広く現在の大子町一帯をさす地名であった。足蔵は、大子町依上地区の大字芦野倉のことである。つまり、岡本菊月が大子の芦野倉を領地とすることを佐竹義篤が承認しているのがこの文章の内容である。歴史的に確認できる事実としては、岡本氏が依上と深い関係を有するようになるのは、このときからである。

ところで、秋田藩家蔵文書のなかの岡本元朝家蔵文書に「岡本系図」の一本があり、そこでは岡本氏の先祖が三代にわたり依上氏を名のっていたように記されている。系図というのは、歴史研究の上ではあくまでも参考資料にとどまる場合が多い。それが歴史的事実を正確に伝えているかどうかについては、大いに疑ってかからねばならないことが多い。それを承知の上で、この岡本系図の依上の意味するところを検討し、岡本氏の先祖を探る一助としたい。まず左に問題の岡本系図を記す（この岡本系図は、かりに岡本元朝家蔵文書本とする）。

［岡本系図―岡本元朝家蔵文書本］

秀郷（鎮守府将軍下野守）―智常（鎮守府将軍内舎人）―文脩（鎮守府将軍下野守）―兼光（鎮守府将軍陸奥守）―頼行（鎮守府将軍安房守）―行方（足利三郎　秋田城介）―秀光（城八郎）―光連（城太郎）―重連（宮子太郎　下総守）―道連（依上八郎　下総権守）―為連（依上四郎）―元連（依上太郎）―親元（岡本又太郎　岩崎尼妙法）

比較検討の必要上、前掲続群書類従本岡本系図と『尊卑分脈』所収の左大臣魚名五男藤成流藤原系図のなかの小山系図（尊卑分脈本とする）を掲げる。

［岡本系図―続群書類従本②］

文脩―兼光―行則（壱岐守）―行高（太田別当）―宗行―政光（下野入道）―朝長（四郎左衛門）―長村（出羽守）―時長―

―宗長―貞朝―┬秀朝（小山）
　　　　　　└親元（岡本）

［岡本系図―尊卑分脈本］

秀郷―千常―文脩―兼光―頼行―行尊―行政―政光―朝政―

―長朝―長村―時長―宗長―貞朝―┬秀朝
　　　　　　　　　　　　　　├高朝
　　　　　　　　　　　　　　└秀政

注　岡本親元以下、岡本氏の記載はない。

右の三種の系図のうちでは、基本的に尊卑分脈本が最も信頼し得る。この系図は南北朝時代に洞院公定《きんさだ》によって企画され、洞院家の人びとによって継続的に編纂されたものである。室町時代を通じて増補・改訂がなされたというが、岡本氏の記載はない。続群書類従本の方は、同書の奥書に、

右、岡本系図は、中山信名本を以てこれを写し、常州久慈郡増井村[(2)]正宗寺の略本と校合しおわんぬ。

とあるように、中山信名（近世中期の国学者。久慈郡出身。塙保己一に師事して群書類従の編纂・校訂に尽くした。『新編常陸国誌』の著者）の所蔵本を底本に、正宗寺本で校合したものである。これも岡本氏の系譜を探るための史料として基本的に使用すべきものである。ただ事実関係に多少の誤認がある。それについては［岡本系図―続群書類従本

①」の注で述べた。

他に岡本氏の系譜を探る史料として正宗寺本「諸家系図・坤」[3]所収の岡本系図や、『常陸家譜』[4]所収の岡本系図などがあるが、続群書類従本と大差ないので、本書では特に取り上げることはしなかった。

岡本元朝家蔵文書本の岡本系図の特色は、以下のとおりである。

イ、続群書類従本・尊卑分脈本と同様、岡本氏を秀郷―文脩流の藤原氏としている。

ロ、続群書類従本・尊卑分脈本と文脩―兼光までは一致しているが、その後の人名については三本に出入りがある。特に続群書類従本では岡本氏を小山氏の流れとしているのに対し、岡本元朝家蔵文書本ではそう主張していない。

ハ、岡本元朝家蔵文書本では文脩の曾孫行方以降、足利・秋田・宮子・依上・岡本と、各地を転住したことを思わせる名字を名のっている。

岡本元朝家蔵文書本の岡本系図がなぜ三代にもわたって「依上」の名字を名乗らせていたのであろうか。「依上」とは、岡本氏にとってどのような意味があったか、以下に検討してみたい。

岡本氏の祖とされている親元は、建長五年（一二五三）二月十一日付関東下知状[5]のなかに、「岩崎尼妙法の代理人である子息の岡本又太郎親元」とあり、弘安八年（一二八五）四月二十三日付鎌倉将軍家政所下文[6]に、「亡父親元の弘安三年四月十五日の譲状」とあるところから、十三世紀中葉から同後半にかけて活躍し、弘安三年ころまで生存していた人物である。すると岡本元朝家蔵文書本の行方から元連（親元の父としてある）までは、平安後期から鎌倉前期のころに相当すると判明する。

他の二本の系図と異なる部分について考えてみよう。まず行方から。

・行方　足利三郎　秋田城介　……『尊卑分脈』によれば、頼行の曾孫、行政の甥としてこの名が出る。

小山政光の従兄弟とする。

頼行——行尊——行政——政光
　　　　　　└行光——行方（号大河戸、下総権守　母秩父太郎重綱女）

また『尊卑分脈』によれば、足利を名のる近い一族もおり、「足利三郎」の呼び名は不自然ではない。「秋田城介」は事実であるとして信ずることはむずかしい。秋田城介は、秋田城を守る役人の長官ということである。宝亀十一年（七八〇）から出羽国の国司の一人がこれにあたるようになり、やがて出羽介の専任となった。これを秋田城介あるいは出羽城介といい、天元三年（九八〇）以来平兼忠の子孫の世襲職となって、彼らは城氏と称した。建保六年（一二一八）には、安達景盛が秋田城介の職につき、子孫が秋田城介を名のった。しかしながら、秀郷流の藤原氏が秋田城介を名のったことはない。行方が秋田城介であったとするのは、明らかに後世の附会である。あるいは近世秋田に住んだ岡本氏が、昔からその地と関わりがあったと主張しようとしたのであろうか。

・秀光（城八郎）——光連（城太郎）……前述の理由から、城氏を名のるのは不自然であるし、人物そのものも実在していたかどうか確証はない。他の二本にも見えない。

・重連（宮子太郎　下総守）……宮子は豊前国に宮子郷があり、陸中にも宮子村が二ヵ所あって、上野国佐波郡にも宮子村があった。(7)

・道連（依上八郎　下総権守）——為連（依上四郎）——元連（依上太郎）……平安時代から鎌倉時代の武士は住みついた所の地名を名字として名のる習慣がある。「依上《よりかみ》」という地名は、陸奥国依上保以外には見られないから、「依上氏」はここを本拠にした豪族以外ではあり得ない。

『新編常陸国誌』巻九によれば、依上氏について、

依上保ヨリ起ル、北酒出義資ノ二子顕義、弥次郎ト称ス、三子アリ、義教義泰義実ト曰フ、義教播磨守、子ア

リ、義長ト曰フ、式部丞和泉守、白河郡依上保を食ム、因テ氏トス、足利尊氏ニ仕フ、子无シ、山入与義三子宗義ヲ嗣トス、三郎和泉守ト称ス、上杉禅秀ニ党スルヲ以テ滅ブ、

とあり、佐竹氏の一族である北酒出義長（北酒出氏は鎌倉時代初期の佐竹氏四代秀義の子季義に始まる）が依上保を領して依上を名字としたとする。依上義長は足利尊氏に仕えたが、子がなかったので同じ佐竹一族の山入与義の三子宗義を養子として跡を継がせたという（山入与義については本章第二節参照）。この依上三郎宗義は、応永二十三年（一四一六）から翌年にかけての上杉禅秀の乱で、禅秀に味方して滅亡した。所領は敵対者である鎌倉公方足利持氏方に没収され、鎌倉府の料所（領地）となった。六年後の「足利持氏預ヶ状」[8]（「遠藤白川文書」）に次のようにある。

陸奥国依上保佐竹依上三郎跡の事、料所として預け置く所なり。限り有る年貢に於いては、先例に任せ沙汰致す可きの状、くだんの如し、

応永卅年九月卅日　（足利持氏）（花押）

白河（氏朝）弾正少弼殿

応永三十年（一四二三）九月三十日、足利持氏は禅秀の乱で没収した依上三郎宗義の所領の管理を白河（結城）氏朝に任せたのである。また「足利持氏充行状《あてがい》」[9]（「遠藤白川文書」）には次のように記されている。

陸奥国依上保の内、依上三郎庶子分の事、あてがう所なり。てへれば、早く先例を守り、沙汰致す可きの状くだんの如し、

応永卅一年六月十三日　（足利持氏）（花押）

白河弾正少弼殿

応永三十一年六月十三日、持氏が依上宗義の庶子の所領を白河氏朝に与える、という内容である。「依上氏」の人物として文書のなかで確認できるのはこの宗義だけである。

一方、中世において佐竹一族以外の依上氏が存在していた可能性は十分にある。もし岡本元朝家蔵文書本岡本系図が事実を伝えているのであったなら、岡本氏の先祖は第二の依上氏となるが、はたしてどうであろうか。

元連の次が親元岡本又太郎である。親元も地名を名字にしたに違いないと思われるが、その正確な土地は未詳である。岡本氏はこの親元の代から陸奥国岩崎郡で活躍したと推定できるが、岩崎郡およびその付近には岡本という地名は見当らない。「岡本」の名字をもつ豪族は日本各地にいるが、いずれも地名を名字にしたものである。[10] そこでもう少し範囲を広げて岡本を探してみると、同じ福島県では信夫郡に岡本村があり、岡本を名のる武士もいるが、本節で検討している岡本氏がそこから来た必然性はない。関東では上野国甘楽郡に岡本村が、下野国にも岡本郷があった。相模国にも二ヵ所、岡本の地名が認められる。[11] 大子町内にも大字大子に岡本の字名がある。岡本氏が大子町（依上保）の出身であった可能性は皆無とはいえなくなる。

岡本氏が下野国の大豪族小山政光の流れであるという続群書類従本を信じれば、岡本氏は下野国の岡本を名字の地にした可能性もある。というのは、政光の嫡子朝政の嫡孫長村に「惣領分」として与えた寛喜二年（一二三〇）の譲状[12]に、下野国の権大介職や重代の屋敷地である寒河御厨《みくりや》（小山荘）などを与えたのはもちろんながら、国府郡内の数郷・国分寺屋敷地など九ヵ所を譲るとある（この譲状には全国にわたる領地が記してあるが、ここでは触れない）。これらの地域の東に接するのが河内郡であり（寒河御厨は河内郡の南に接する）、岡本郷にも小山氏（庶子家も含めて）の勢力が及んでいった可能性があるといえよう。

ここで岡本親元の母が「岩崎尼妙法」と記されていることに注目したい。この妙法は建長五年（一二五三）正月十八日付「岩崎隆泰和与状案」[13]、同年二月十一日付「関東下知状」[14]などによれば、岩崎郡に住む岩崎氏の出身であったらしい。そして岩崎尼妙法は実家から相応の所領を譲られていたようであるが、兄弟またはそれに近い関係の者と推定される岩崎隆泰との間に所領支配の争いを起こしていた。この両者の争いに、尼妙法の子親元が尼の代理人としてあたっている。この争いは、親元の子岡本祐親と隆泰の子隆綱の代に至っても続けられている。親元は母の権利を強く守るため、岩崎郡に移住したという推定もできる。

そろそろ「依上」の問題について結論を出してみよう。それは二つある。続群書類従本を前提にしての結論である。第一は、小山政光直系の子孫である貞朝の子親元は、陸奥国菊多荘（前掲の小山長村が惣領分として譲られた所領のなかに記されている。岩崎郡も荘域に入る）の一部と下野国岡本郷を領したが、母岩崎尼妙法に関わる所領争いのため陸奥国へ移り、岩崎郡金成村に住む。母の権利は親元に譲られる可能性が大であるから、これは親元自身の切実な問題でもあった。岡本郷に関する権利は以後も一切文書や記録に現われないので、手放したとみなければならない。子孫は岡本あるいは金成（可成）を名字として戦国時代に至る。

結論の第二は、江戸時代の岡本氏は、下野国の小山氏とは流れが異なること、依上出身であることを主張したかったのではないだろうか、ということである。これは続群書類従本と尊卑分脈本が基本的に信頼できると考えざるを得ない以上、何らかの意図があって作られたと考えることで成り立つ結論である。

小山政光の子孫であることは、一般的には決して不名誉なことではなかったはずである。戦国末期の岡本禅哲は、衰えたりとはいいながら小山氏嫡流である秀綱の娘を妻に迎えている。また禅哲は秀綱に伝来の系図を見せ、同族であることを確認しあっている。しかしこの秀綱の時代に、小山氏は豊臣秀吉に反抗して所領を没収され、滅亡している。(15)

小山氏も岡本氏も秀郷流の藤原氏であることにはかわりない。秀郷から三代目の子孫の頼行までは同じであるが、続群書類従本では岡本親元の父とされる小山貞朝までをすべて省き、他の名前と名字を付しているのは、小山氏を意図的に避けたものと考えざるを得ない。そののちは、足利・秋田城介・城・宮子と、下野国およびその付近と秋田の適当な名字を選びながら、依上の名字へとつなぐのである。したがって、岡本氏は依上保と縁が深いことを主張するのがこの岡本元朝家蔵文書本の示したいことの一つではないだろうか。

前述したように、天文三年（一五三四）岡本曾端の代に佐竹義篤から「依上のうち足蔵村」を「先例に任せて速やかに知行あるべく候」と与えられていた。慶長七年（一六〇二）の佐竹氏秋田転封まで、岡本氏は依上地方と直接の関係があったのである。岡本氏は天文三年よりずっと以前から依上地方と関係が深かったのだと主張したい事情があって、それが岡本元朝家蔵文書本の三代にもわたる「依上」の記載になったのであると推定される。

さて、岡本親元はしきりに実力の養成に努めていたが、金成村には敵対する勢力もあった。岩崎小三郎隆泰がその相手であろう。両者は領地を奪い合い、対立・和解を繰り返した。幕府に訴え出てもおり、その争いは二人の子の代まで続いている。

領地は当時の武士が命をかけて守り、獲得するものであった。現代にまで「一生懸命」のことばで伝わる一所懸命の語がよくそれを表している。そうであるから、領地を子どもに譲るときにも細心の注意を払っている。複数の子どもに領地を譲れば、当然子ども一人一人の分け前は少なくなり、ひいては一族の力を弱め、他人に攻め込まれる隙を作ることになるからである。試みに親元の孫又次郎隆親が嘉暦四年（一三二九）に書いた譲状を見てみよう（「金成隆親蓮生譲状」）。それによると、隆親はまずすべての所領を妻の蓮心に譲っている。これは子どもたち（男子四人、女子一人以上）がまだ幼いからである。妻蓮心は、いずれ息子のうち小二郎と三郎に適当に二つに分けて譲らねばならない。小二郎と三郎は決して仲たがいをしないという誓約書を書いてから所領を受け取ること。他の息子である四郎と五郎には、それぞれほんのわずかずつ小二郎と三郎の分から与えよ（四郎には三郎分から二反、五郎には小二郎分から一反）。ただし、四郎と五郎が出家するか、彼らが亡くなれば所領は返さねばならない（一期分）。娘には所領は譲らない。もし小二郎と三郎に子が生まれなければ、領地は他の三人に譲れ。ともかく他人の手に領地が渡るようなことがあってはならないし、兄弟が争うようなことがあってもいけない。

以上のようにこまごまと将来のことまで定め一家の力が分散するのを防ごうとしている。蓮心は夫の譲状を守り、一家の維持と子どもたちの養育に努力することとなる。

建武新政から南北朝時代は、岡本一族にとって第一の華々しい時代であった。まず岡本観勝房良円（系図上の位置は不明）は、元弘三年（一三三三）四月二十一日付の大塔宮護良親王の命令を受け、一族を率いて京都に上り、六波羅探題攻撃に参加している。続いて蓮心の子隆広（隆弘）も上京し、後醍醐天皇の綸旨をもらい、所領の支配を保障されている。

建武二年（一三三五）十月、足利尊氏は後醍醐天皇に背く。岡本良円は早くから尊氏に味方し、同三年には近江坂本、同五年には大和・京都男山・和泉堺・摂津天王寺などに転戦し、観応元年（一三五〇）から翌年にかけての観応《かんのう》の擾乱《じょうらん》（尊氏と弟直義との争い）においても尊氏に従い、遠く備州にまで出かけて戦っている。

岡本隆広もまた早くから尊氏に属し、こちらは主に奥州で、尊氏そして北朝方のために戦っている。そこで岡本一族に対する足利尊氏・直義・義詮、高師直・吉良貞家・相馬親胤・石塔義房（いずれも北朝方の武将）らの軍忠状などが数多く残されている。また岡本一族も忠誠を尽くしたうえでの恩賞として、いろいろな要求を出している。それは、領地の他に、良円は法眼の位を望み、隆広は掃部助《かもんのすけ》を、彦四郎親季は左兵衛尉を、助太郎隆貞は淡路守を、それぞれ申請して認められている。

このようにして岡本氏は南北朝時代を北朝方に従うことによって生き抜き、勢力を発展させたのであった。

ところが、磐崎・菊田・磐城地方（ほぼいわき市一帯）では岩城氏がしだいに力をつけ、この時代の後半にはまさに当地方随一の大名にのし上がった。岡本氏はしだいに圧迫されるようになり、ついには岩城氏の家臣として仕えるようになったのである。この間の事情を示す史料はほとんど見当らないので、詳しいことは不明である。ただ岡本系図を見ると、気づくことが一つある。それは、岡本隆光の代まではすべて実名で記してあるのに、その子道活からは法名で記し、さらにはっきりと「法師」としてあるのである。つまり、道活の時に岡本一族にとって決定的な事態が起きたと推定したい。時期はおそらく十四世紀末期である。

(2) 戦国時代の岡本氏

①岡本妙誉

中世の武士が出家するには、いろいろな場合がある。第一は、世のなかをはかなみ、世俗の世界を捨てる目的で出家する場合。第二は、出家の功徳によって病気などを治したいが、世俗の世界からは引退しない場合。第三は、戦争に負け、勝者に命を助けてもらうため、すべてを捨てて抵抗しない態度を示すために出家する場合。岡本道活の出家は、第三の場合に相当するのではないだろうか。彼は竹清庵と号し、延徳四年（一四九二）六月二十一日に亡くなっている。岩城氏は親隆から常隆の代である。岩城氏は左に示す親隆から重隆まで四代の間が最盛期であった。

［岩城氏略系図］

親隆――常隆――由隆――重隆＝親隆（伊達晴宗子）（宣隆）――常隆＝貞隆（佐竹義重子）

ともかくも岡本の名を残すことができた道活には、妙誉という子がいた。妙誉もまた法名であるから、早い時期に出家の形をとったに違いない。この妙誉が意外な能力を発揮し、岩城氏家中で重要な役割をはたすのである。それは外交能力である。

中世では僧侶が特殊な立場に立っていることが社会的に認められていた。世俗の社会を捨て逆に世俗を自由に往来でき、敵味方の区別なく交際できるという立場である。大名や武士にとってみれば、僧侶を使者として使うことによって、困難な外交交渉も楽にいく場合があるというものである。室町幕府における五山の僧侶や、毛利氏における安国寺恵瓊《えけい》などはその代表的な例であろう。

いくら戦国時代であるといっても、問題解決に戦争ばかりしていたのではたまらない。外交交渉で解決することができればこれにこしたことはない。むしろ上手な外交交渉を行う者こそ、戦国の世を勝ち抜いていけるのである。外交交渉にすぐれた能力を有する者が求められるゆえんである。岩城氏に吸収されたかにみえた岡本妙誉にはこの能力があった。彼は、父道活が亡くなったときにはすでに壮年に達しており、岩城親隆および常隆の十分な信頼を得ていた。では妙誉がどのような活躍をしたかを見ていこう。

岡本妙誉の名を、一躍有名にしたのは佐竹氏の内紛の調停である。佐竹氏は十二代義盛が応永十四年（一四〇七）に没して以来、内輪もめが絶えなかった。義盛の跡を養継子義人（上杉憲実の子）が継いだので、最有力庶子家の山入氏を中心にしてこれに従わない一族が反抗したのがきっかけである。彼らは義盛の弟義有を担いだ。

［佐竹氏略系図］

このいわゆる「佐竹の乱」は、断続的に一世紀間も続いた。延徳二年（一四九〇）には、十五代義治が亡くなった

のに乗じ、山入義藤・氏義父子は義治の根拠地大田に攻め込み、義治の嫡子義舜を追い出してしまった。このため、内乱は一段と激しくなり、周りの諸大名の干渉も激しくなって佐竹氏は危険な状態に陥ってしまった。ところが明応元年（一四九二）、山入義藤がにわかに病没したため、佐竹義舜と氏義との間に和解の気運が生まれてきた。

両者を仲介したのは岩城親隆・常隆父子であった。岩城氏はすでに南下して常陸北部の多珂郡に進出していた。このときの仲介にあたり、実際の交渉に奔走したのが岡本妙誉だったのである。妙誉は、義舜と氏義、親隆・常隆、および南の方から佐竹氏を脅かしていた江戸通雅・小野崎親通の意見を調節しながら、みごとに和議を成立させたのである。明応二年（一四九三）冬のことであった。もっとも、延徳元年（一四八九）以前、常隆の妹が佐竹義舜に嫁す話が持ち上がったとき、妙誉は佐竹方と交渉してまとめているから、すでに外交能力を認められた存在であった。

妙誉は重大な場面で名をあげた。佐竹義舜は太田に復帰することができ、以後しきりに妙誉を頼りにするようになる。

佐竹氏の内紛を調停して以来、岩城氏に好《よしみ》を通じたい豪族たちが妙誉に接触をはかるようになってきた。その第一が古河公方足利政氏である。政氏は父成氏の跡を受けて古河公方となった。まもなく子高基と争うようになり、永正三年（一五〇六）から両者は決定的に対立することになった。政氏は岩城氏・佐竹氏を頼り、高基は小田原北条氏に援助を求めた。政氏は妙誉を通じて何度も岩城氏・佐竹氏の出兵を要請していて、その書状が十通も残っている。また妙誉の子顕材（後述）を通しての依頼状も五通残されている。対立する高基でさえ、妙誉に書状を寄こし、味方につけようとしている。永正十一年（一五一四）、岩城由隆は佐竹義舜とともに出陣し、宇都宮城に宇都宮忠綱を攻撃した。ここには高基がいたからである。しかしこの攻撃は大失敗に終わり、政氏に対する援助は成功しなかった。(17)

このように岩城で重要な役割をはたしていた妙誉であったが、いつのころからか佐竹義舜に従うようになり、太田の松山に居住するようになる。義舜が没したのは永正十四年（一五一七）三月十三日であるから、それ以前のことである。それはどうも足利政氏と高基とが抗争している間のことらしい。政氏が妙誉に与えた書状十通を見ると、岩城氏を妙誉の主君として扱っている場合と、義舜を主君としている場合の、二通りある（十通の書状はすべて無年号である）。何らかの理由で、永正十四年以前に妙誉は義舜に臣従し、太田に移っているのである。しかも、妙誉と岩城氏との関係が悪化している気配はない。

ではなぜ妙誉は義舜のもとに移り、太田に住むことになったのであろうか。岩城氏と義舜とは、お互いに胸に一物を抱きつつも、長い間の同盟者である。その上、岩城氏の方が強大である。単純に妙誉が岩城氏を見限って義舜についたとは考えにくい。ただ、義舜がつよく妙誉を求め、岩城氏が監視役のような形で太田へ送り込んだことは可能性として考えられる。この場合、妙誉はあくまでも僧侶の立場であるのが移動を容易にしたであろう。

岩城氏から佐竹氏へ移ったことについて、妙誉個人の意志はどの程度働いていたのであろうか。それを知る何のよすがもないけれど、戦国の世であり、岩城氏のもとで十分に活躍していた妙誉が、自分と岡本一族の運命に無関心であったはずはない。まして外交能力にたけ、先の見える妙誉である。なぜ佐竹義舜を選択したのであろうか。そしてこの選択は、結果的には妙誉はもちろん、佐竹氏にも大きな利益をもたらしたのであった。岡本氏はこののち、妙誉―曾端―禅哲―良哲の四代にわたり、外交能力をもって佐竹氏に仕え、その発展に尽くすのである。

妙誉が住んだ太田の松山とは、今の常陸太田市大字馬場と考えられる。大字馬場は、近世に大田村から分かれた馬場村であり、大田村と連続した台地の上にある。ここに屋敷を構えた妙誉は、その屋敷のなかに少林院（正林院）と称する臨済禅の一院を設ける。妙誉以後、良哲に至る岡本氏の歴代は、公式にはこの院の住職として立つのである。(18)

永正十三年（一五一六）十二月、妙誉は曽端に所領の譲状を与えている。そこには、「御屋形様より連々拝領の地、一所をも相除かず、曽端蔵主に譲り渡す所、実なり」とある。御屋形様とは佐竹義舜のことである。義舜は何度も妙誉に領地を与え、自分のもとにしっかりと繋ぎ止めようとしていたことがわかる。

ところで、岡本氏のかつての本領磐崎郡金成《かなり》村はどうなったのであろうか。妙誉が岩城氏の家中にいた時代には領有を続けていたようである。義舜のもとへ移ってからは金成村は所有できなかったであろう。以後、妙誉およびその子孫が同村を支配していたと語るような史料は一切ない。

では妙誉は岩城領のなかですべてを失ってしまったのかといえば、実はそうではない。息子の一人を岩城領の禅長寺なる寺に僧侶として入れていたのである。巧みなやり方である。その人物の名は顕材、号は喜蘆軒である。左に示すのは、近世の秋田藩で編集した諸士系図による岡本系図の抜粋である。

妙誉
├─顕材西堂
└─曽端─禅哲
　　　　├─顕良和尚
　　　　├─女子
　　　　├─女子
　　　　└─良哲─宣綱

禅長寺は、現在もいわき市小名浜林城に存在している。小名浜林城は林城郷として鎌倉時代の史料にも見え（「関東下知状」[11]正応二年〈一二八九〉七月九日付）、小名浜金成に南接した地域である。岡本氏が影響力を持っていた地域と考えることもできる。禅長寺は大同二年（八〇七）、徳一《とくいつ》大師の開基と伝えられ、文永年間（一二六四―七五）に遠峰禅師が臨済の寺として再興、弘安年中（一二七八―八八）には亀山上皇の祈願所とされたと、寺伝ではいう。臨済宗建長寺派の有力寺院であったことは確実で、歴代住職は鎌倉建長寺の住職を経験した者が多い。天正七年（一五七九）

には正親町《おおぎまち》天皇から「普門山禅長護国禅寺」と「海会」の二面の額を下賜され（現存）、同時に勅願所となり、また臨済宗妙心寺派に変わって現在に至っている。顕材はこの禅長寺で修行して住職となった。享禄元年（一五二八）には建長寺の住職の地位にもついている。

妙誉や曾端は俗世界に重心を置いた、形だけの僧侶といってよいが、顕材は実際の修行僧の世界に入り、しかも父と同様に政治活動も行って岩城氏のために働いていた。妙誉は岩城領の内部にもしっかりと手がかりを残しておいたのである。妙誉亡きあとも、顕材・曾端兄弟（おそらく顕材が兄）はそれぞれ岩城と佐竹に分かれつつ、固く手を結びあって活動を続けている。

しかも興味深いことに、妙誉は十分に安心して岩城から佐竹へ移ったのではないようである。当然であるともいえようが、やはり鎌倉時代以来の父祖の地から出ていくについては相当な決心が必要であった。そのため、万一の場合を考慮してであろう、父祖から伝えられた重要な文書は持っていかずに、顕材に託しておいたのである。顕材はこれを大切に保管した。三十年ほどが過ぎ、顕材も老い、大病して自分の将来に不安を抱いたときに、曾端に譲り渡している。そのときの顕材から曾端への手紙には、「病気中に何度も見舞いの手紙をもらい感謝に堪えない」と、まず二人の親しさが示され、「文書を渡すので、梅江（曾端の子禅哲のこと）にもよくよく秘蔵すべきことを話してもらいたい」と、子の代以降にも大切に伝えられていくことを望んでいる（「禅長寺顕材書状」[20]）。これは天文九年（一五四〇）のことであった。

妙誉は、永正十四年（一五一七）三月十三日に没した佐竹義舜のあとを追うように、その五日後に亡くなっている。

②岡本曾端と遊行上人

岡本曾端は月叟庵と号し、松庵・掬月斎（掬月軒）とも称した。祖父・父と同様に出家の姿をとった。彼もまた義舜のあとを継いだ佐竹義篤に信頼され、外交面を担当することになる。曾端と交渉があった武将は、伊達稙宗・晴宗、岩城重隆、小田政治、那須政資、大館晴光、藤原直広、結城義綱らが知られている。佐竹氏を取り囲み、隙あらば攻め込もうという豪族ばかりである。曽端は彼らに対し、佐竹氏の眼となり頭脳となって縦横の働きをしたのである。もちろん外交であるから相手から信用されなければならない。佐竹方だけが一方的に有利な外交交渉であれば、それが長続きするはずはない。曽端に任せれば悪いようにはしないというように相手に思わせなければならない。その点で曽端は父同様に十分な能力を持っていた。外交辞令が入っているとはいえ、那須政資には「先年御親切の儀を以て、今に於いても忘れ難きに候」(「那須政資書状」)といわせ、[21]小田政治には「条々示し給い候、先ず以て心易く存じ候(いろいろお示しくださったことで、ともかくも安心しました)」(「小田政治書状」)と信用させ、[22]結城義綱には「合力憑み入る可く候、其の時至らば、速やかに御信用候様、是れ又御諷諫に任せ入る外、他無く候(佐竹義篤殿に援助をしてほしいと思いますので、その時期が来ましたらぜひ義篤殿にその気になっていただけるよう、あなたから申し上げていただくほか、私には手だてがありません)」(「門舟院道海結城義綱書状」)と頼らせている。[23]

旧主家である岩城氏との関係もうまくいっていた。天文十年(一五四一)、岩城重隆は佐竹・白川両氏の東館(福島県東白川郡矢祭町)をめぐる紛争を調停している。このとき、佐竹氏にあっては曽端が活躍し、重隆に、「今般無事に就き、種々御苦労、更に謝す所を知らず候(このたびうまく調停が成功したことにつき、いろいろ御苦労をかけ、まったく感謝のことばもありません)」(「岩城重隆書状」)と感謝されている。[24]また別のときに「禅和尚より懇意の旨、委しく仰せ越さるべく候、猶、彼れ是れ金成治部少輔口状に申し候(禅長寺顕材和尚からも私の考えを詳しく伝えてもらいます。なお、いろいろ金成治部少輔に話させます)」(「岩城重隆書状」)と曽端に書状を送っている。[25]

顕材が岩城重隆と佐竹・曽端を結ぶ一方の綱であることは当然ながら、気になるのは重隆の使者「金成治部少輔」の存在である。曽端の父祖のかつての本拠地の地名を名字としており、曽端への使者として来るのであれば、岡本氏の一族であることが十分に考えられる。この時点で岡本氏は佐竹方と岩城方とに分かれており、それぞれで活動していたとみることができようか。
岡本氏が依上の足蔵村を所領としてもらったのはこの曾端の代であった。永正八年（一五一一）には七十貫（約二百十石）の土地であった（「常陸国依上保目録」八槻文書）[26]。佐竹氏は依上保を手に入れたばかりであり、岡本氏にとっても楽な所領支配ではなかったであろう。

さて曾端は、遊行上人二十七代他阿弥陀仏真寂と親しかった。太田には佐竹貞義が開いた時衆浄光寺があった。『時衆過去帳』天文七年（一五三八）八月二日の条に、この真寂が、

其阿弥陀仏　（裏書）「八二（八月二日）佐竹坊主」

と記している。亡くなった浄光寺住職の其阿弥陀仏を記入したものである。

岡本元朝家蔵文書中にある五点の真寂書状写や『時衆過去帳』の記載から判断すると、真寂は天文七年に常陸国をめぐって布教し、住吉村（西茨城郡友部町）の時衆教住寺の覚阿弥陀仏や浄光寺の其阿弥陀仏の名を過去帳に記入し、太田に滞在して佐竹義篤や岡本曾端（松庵）の歓迎を受けた。太田を去るにあたり浄光寺の新住職を遊行に伴い、越後国北条や佐渡をめぐるなどした。それは二年にわたった。天文十二年（一五四三）には再び太田に滞在している。

天文九年（一五四〇）ころの三月二十三日付曾端宛真寂書状[27]に、

珍簡披閲祝着、諒成㆓再観之思㆒候、遠境故緬久音絶之事、誠遺恨候、（中略）将又浄光寺雖㆓遠境之儀被㆑申候㆒、夏中者頻令㆓抑留㆒候、客裏労煩之躰、可㆑有㆓御察㆒候、

「お手紙をありがとうございました。ほんとうにまたお目にかかれたような思いが致しました。遠くにいますので、なかなか連絡が取れないのが残念です。なおまた浄光寺住職を返していただきたいというご要望ですが、この夏中はぜひ私のそばにいて欲しいと引き留めています。この地に客としている私どもの煩わしさをお察しください」などとある（「岡本元朝家蔵文書」）。またもう一通（七月二十一日付）の真寂の松庵宛書状には、

去春珍書披閲本望之至候、（中略）次浄光寺去春雖下可レ有二帰寺一候上、佐州修行申候間、致二抑留一候、両年随逐辛労、可レ被レ成二賢察一候、諸余任二彼伝語一候、

「今年の春にはあなたの手紙をいただいてほんとうにうれしかったです。次に、浄光寺住職は今年の春には帰国してもらうはずでしたが、佐渡国をめぐって布教していますので手伝ってもらいたくて引き留めました。二年も供をしての苦労を察してやってください。他のことは浄光寺住職の手紙をご覧ください」とある（岡本元朝家蔵文書）[28]。浄光寺新住職も真寂のもとでなくてはならない人物として遇されていることがわかる。

この他に、「天文十二年癸卯三月、遊行上人（真寂）がこれをくださった」という張り札のある文書がある。そこには和歌が記されている。

松山に心とめても
老の浪かへりこむ
ともおもひよらねば

「太田の松山に心を留めてずっといても、昔のなつかしい若いころが返ってくるとも思えないので、岩城へ帰ってみたいものだ」

この文書にはあとがきが書かれていて、そこには「芳叟誉公庵主（曽端）が太田松山の草庵から陸奥国岩城へ帰りたいと思ったときに詠んだものだそうである」とある。曽端は年をとって望郷の念にかられていたのである。

曽端の没年は不明である。天文十二年（一五四三）と推定される伊達晴宗の曽端宛ての書状が残っているので、これ以降であることは確かである。

③岡本禅哲と遊行上人

曽端の跡を継いだのは岡本禅哲である。彼もまた遊行上人真寂と親しかったようである。ところで岡本氏が太田

の松山に住んでいたというのは、「佐竹義篤家譜」(秋田藩家蔵文書)天文四年(一五三五)条、秋田藩家蔵文書本岡本系図の妙誉の項などに見えるところであるが、右の天文十二年の真寂の文書を傍証としてつけ加えることができる。また岡本氏が同じく妙誉以来、少林院(正林院)をその邸宅内に建立して院主となっていたことは、正宗寺旧蔵「当寺并末寺由緒之記」の伝えるところでもあった(正宗寺は常陸太田市に現存)。

岡本氏が少林院主であったことについては、やはり真寂の次の文書が傍証となる。この文書は曾端の子の禅哲(梅江斎)に対し、「慕叟」の号を与えたときのものである。

慕叟　梅江之雅号如㆑斯歟、
潙山慕喆真如禅師、
哲喆同也、以㆓来便㆒可㆑
有㆓返答㆒、可㆑得㆓其意㆒也
少林下

「慕叟――梅江(禅哲)の雅号はこれでいかがでしょうか。昔、唐に潙山慕喆というすぐれた禅僧がいました。哲と喆は同じ意味ですので、この禅師の名から慕叟の号を考えだしました。この雅号が気に入るかどうか、手紙で返答をください。どうか気に入ってもらいたいものです」

宛名に「少林」とあるから、岡本禅哲は間違いなく少林院主であった。したがって、岡本氏が代々正林院主であったこともまず確実である。

遊行上人他阿弥陀真寂に「慕叟」(29)の号をもらった曾端の子禅哲も、父同様に僧侶の形を取った。少林院主として外交僧をめざしたわけである。慕叟庵・梅江斎・竹閑斎とも称した。実をいえば、禅哲の代が佐竹氏のもとにおける岡本氏の最盛期であった。佐竹氏の歴代でいえば、十九代義昭・二十代義重のときである。佐竹氏はようやく岩城氏をはじめとする周囲の豪族の重圧をはねのけ、北関東の戦国大名として急激に発展した時期であった。禅哲は時を得たともいえるであろうが、これほど外交能力にたけた者が続く家も珍しいといわねばならない。多くは一代限りである。

禅哲と交渉があって、書状を今日にまで残している者を列挙すれば、足利晴氏・藤氏、小山秀綱、岩城重隆・常隆、武田信玄、那須資晴、海老名政資、足利義昭、細川藤孝、結城義綱、簗田晴助ら多数にのぼる（『福島県史』第七巻収集文書による）。佐竹氏の発展に伴い、外交の折衝もまわりの豪族たちだけではなく、遠く京都の将軍とも行わなければならなくなってきていることがわかる。これに対応するため、禅哲は十分に活躍し、佐竹氏のために働いた。

ここに臨済宗の策彦周良《さくげんしゅうりょう》という僧侶がいる。彼は五山文学の詩文にすぐれており、外交能力も持っていた。中国（明）へ幕府の使者として二度も渡っている。織田信長に請われて「岐阜」の地名を作ったことは有名である。武田信玄にも招かれている。この策彦周良が禅哲のことを絶賛している。(30)

夫、公之於レ為レ人也、生而天資英発、韜略兼備、以二壮年之頃一扶二起佐竹之家一、抽二衷赤一者、数矣、加レ之、被二堅執レ鋭征伐一、及二奥之北一、戦必勝、攻必取、取二白川関一以為二己有一矣、

禅哲は能力が天性すぐれ、よく兵法をきわめ、佐竹氏を助けて心から忠義を尽くしたという。

右の文でおもしろいのは、後半に、禅哲は戦いの能力にもすぐれていると述べているくだりである。外交能力に加え、軍事能力にも非凡なものを持っていたのである。佐竹氏にとって得難い家臣の一人であったといわねばならない。

しかも禅哲は、俗縁・法縁（僧侶）関係でも布石を打つことを忘れなかった。その妻には下野国の名族小山秀綱の娘を迎えた。(31) 岡本氏も小山氏の流れであるから、両氏は同族であるが、一方は嫡流、他方はもともと一ヵ村の地頭職を所有したにすぎない庶流で、佐竹氏の家臣である。禅哲に有利な結婚である。また禅哲は三人の娘をそれぞれ

今宮光義（佐竹義舜の孫）・小瀬義春・小田野義定に嫁がせている。いずれも佐竹の一族である。さらに息子顕良を太田の正宗寺に送り込んでいる。正宗寺は佐竹氏代々の菩提寺で、重要な寺であった。

④岡本良哲

岡本良哲は禅哲の後継ぎで、顕逸ともいった。号は禅有庵、菊庵・好雲斎とも称した。佐竹義重・義宣に仕えている。天正十八年（一五九〇）、豊臣秀吉の小田原征伐に際し、佐竹氏は秀吉に従うこととなった。同年、岩城氏の当主常隆は病死した。ここに佐竹義重は三男能化丸を岩城氏に送り込み、常隆の後継ぎとすることに成功した。すなわち岩城貞隆である。佐竹氏の発展と反比例するように、岩城氏は衰退し、永禄末年（一五七〇）には佐竹氏に従属するようになっていた。良哲は、かつての岩城氏との関係からか、貞隆の守役を命ぜられ、岩城の本拠平城に入った。これは岡本氏の立場の変化を示す実に象徴的なできごとであった。つまり、佐竹氏にとって岡本氏の必要性が低下したのである。常陸北部でまわりの豪族たちともみ合っていた時代とは異なり、豊臣秀吉など中央の実力者との交渉が必要な時期となった。岡本禅哲はすでに亡く、そのあとを継いだ良哲ではまだ力不足である。この間に有能な外交官としてのし上がってきたのが佐竹（東）義久であった。義久こそはまさに全国的な規模での外交官にぴったりの能力を備えており、義重そして義宣に重用された。義久は佐竹一族でもあり、義宣の代には第一の家老格であった。豊臣秀吉も義久の働きを認め、義宣に常陸五十四万五千石余の支配を許可したとき、義久には特に六万石余を直接与えている。

ここにおいて岡本氏の影は薄れ、良哲の仕事は常陸国付近の豪族対象に限定されてしまうのである。長い間にわたり佐竹氏を圧迫した岩城氏の本城に乗り込むのも重要な仕事であるとはいうものの、良哲が活躍できる範囲は限られてしまったといわざるを得ない。

のちに常陸に帰ってから、良哲は病気にかかり、家督を如哲（宣綱）に譲って京都で隠居生活を送った。外交能力があることはもちろん認められていたから、情報収集にあたっていたのであろう。大坂の陣で豊臣氏が滅亡するころ、良哲も京都でなくなっている。

⑤岡本宣綱

良哲の子は如哲という。はじめは父祖の例にならって出家し、如哲と号したが、佐竹義宣の命で還俗し、その一字をもらって蔵人宣綱と称した。慶長七年（一六〇二）義宣に従って秋田に移り、五百石を知行した。宣綱も佐竹氏に信頼されており、慶長十七年（一六一二）に生まれた義宣の弟義直（義重の子）の養育係を命ぜられている。義直は元和七年（一六二一）義宣の後継者にあげられたが、のちに廃嫡となった。

時衆の本山である相模国藤沢の遊行寺（清浄光寺）の『藤沢山過去帳』に、次のような記載がある。

了一房岡本蔵人妻女三十才 寛永二乙丑二月十六日

岡本蔵人宣綱の妻が、寛永二年（一六二五）二月十六日に亡くなった。その法名は了一房である、という意味である。曾端や禅哲が遊行上人と親しい様子であったことは前述したが、彼らの名（法名）が『時衆過去帳』や『藤沢山過去帳』に記入されることはない。岡本一族ではこの宣綱の妻と、もう一人、『藤沢山過去帳』に、

三一房岡本蔵人妹

とあるように、宣綱の妹だけである。なぜこの二人が時衆の過去帳に記入されたのであろうか。まず、宣綱の妻について。岡本元朝家蔵文書本岡本系図の宣綱の項を見ると、

初ノ妻ハ小場式部大輔義宗法名幽庵女、後ノ妻ハ小野大和義雅女、

とある。「佐竹本宗及支族系図」によれば、小野岡（小野）大和守義雅の娘の一人に「岡本蔵人宣綱妻、寛永二丑二月十六日卒」と記載がある。小野氏は時衆と関係が深く、三十二代遊行上人を出している。関係系図を示すと左のようになる。

（佐竹義森）――（義高）＝可蘇妙不了一房

住一房＝義雅　高岳天桂僧阿　僧阿弥陀仏

文光　伝燈院主、周郁文光西堂

普光　他阿弥陀仏　遊行三十二代上人

実山道蓮梵阿

（義継）

甚次郎　文阿弥陀仏＝岡本蔵人妹　三一房

（其阿弥陀仏　六寮、秋田声体寺開山）

了一房＝岡本宣綱

この系図は、カッコ内を除き、すべて『藤沢山過去帳』の記事によって作成した。同過去帳には、遊行上人の実家であり、同時に時衆復興に力を尽くした普光の関係者なので詳しく記入したものであろう。

つまり、了一房と三一房は岡本氏の一族であるからではなく、普光の一族であるから『藤沢山過去帳』にその名が記入されたのである。これらの小野氏関係の記載は、筆跡から判断してすべて普光の手になるものである（本人の部分を除く)。普光は、近い一族の者で自分より先に亡くなった者を、供養の意味で過去帳に記入したものであろう。普光は八十四歳まで生存した。

注

(1)「岡本元朝家蔵文書」(「秋田藩家蔵文書」のうち。秋田県立秋田図書館蔵)、『福島県史』第七巻(福島県史編さん委員会、一九六六年)。

(2)増井村は現在の茨城県常陸太田市内。

(3)正式名称は、「常州増井正宗寺蔵書四冊之内　佐竹并諸家系図」。写本。「秋田藩家蔵文書」の内。

(4)「秋田藩家蔵文書」。

(5)(6)「岡本元朝家蔵文書」。

(7)吉田東伍『大日本地名辞書』第六巻(富山房、一九〇九年)宮子の項。

(8)(9)『福島県史』第七巻、四六二頁。

(10)太田亮『姓氏家系大辞典』第一巻(角川書店、一九三八年)岡本氏の項。

(11)『大日本地名辞書』第一巻、岡本の項。

(12)「小山文書」。『福島県史』第七巻、八六二―八六三頁。

(13)(14)(15)「岡本元朝家蔵文書」。

(16)『福島県史』第七巻、二一七頁。

(17)『福島県史』第七巻、一二三〇―一二三三頁。

(18)岡本氏歴代が馬場村少林院(正林院)院主であったというのは、正宗寺旧蔵「当寺并末寺由緒之記」(茨城県那珂郡瓜連町・弘願寺現蔵)正林院の項の伝えるところである。
一方、「佐竹義篤家譜」(秋田県立秋田図書館蔵)天文四年(一五三五)条に、「妙誉ノ時ヨリ義舜ニ随逐、太田ノ松山ニ居住」とあり、秋田藩編「諸士系図　岡本系図」(同図書館蔵)妙誉の項に、「常州太田松山ニ住ス」とある(『佐竹家臣系譜』常陸太田市編さん委員会、一九八二年、一三〇頁)。また小山秀綱は妙誉の孫禅哲と結婚したその娘を「まつ山」と呼んでいる(「小山秀綱消息」『福島県史』第七巻、二四二―二四三頁)。したがって、「太田の松山」の存在は認めなければならない。

現在の常陸太田市内には「松山」の地名が小字として二ヵ所残っている。大字島字松山と、大字幡字松山である。前者は同市の西南端の低地で、後者は旧太田市街と里川で隔てた東側の高台の上にある。中世の「太田」の範囲がはっきりしないので、「太田の松山」の位置を確定するのに困難を感じる。大字島字松山と大字幡字松山には、岡本氏との結びつきを示す積極的な証拠はまったくない。これに対し、岡本氏歴代が住持であった少林院は大字太田にあった。そこで大字馬場を「太田の松山」があった地域と推定しておきたい。

(19)(20)『福島県史』第七巻、二四六―二四七頁。

(21)『福島県史』第七巻、二四六頁。

(22)『福島県史』第七巻、二四五頁。

(23)『福島県史』第七巻、二四九頁。

(24)『福島県史』第七巻、二四四―二四五頁。

(25)『福島県史』第七巻、二四三頁。

(26)『棚倉町史』第二巻（棚倉町史編纂委員会、一九七八年）二八二頁。

(27)(28)『福島県史』第七巻、二五〇頁。

(29)禅哲の名を記すほとんどの系図類に、彼の号を「幕叟」と表記してあるが、真寂が禅哲に与えた号は「慕叟」であるから、「幕叟」と訂正されるべきである。もっとも「岡本元朝家蔵文書」のなかに残る真寂の文書も写しであるから絶対的な証拠とはいえないが、しかし号を「慕叟」とつけた由来の文を読むと、やはり「幕叟」ではなく「慕叟」の方が正しいと判断できる。

(30)(31)(32)(33)「諸士系図　岡本系図」禅哲の項（『佐竹家臣系譜』一三一頁）。

(34)「御分流系図　小田野系図」（秋田県立秋田図書館蔵。『佐竹家臣系譜』一四三頁）。

第五節　大和田氏と遊行上人

常陸国の豪族佐竹氏の一家臣に大和田氏がある。その大和田氏に、戦国時代末期から安土桃山時代・江戸時代初期に活動した大和田重清なる人物がいる。彼は佐竹義重・義宣に仕え、禄高二百石、預り分二百十四石余を給与されていた中程度の武士である。重清は、公私にわたる毎日の生活について詳細な日記をつけていた。ただ残念ながら現在伝えられているのは、そのうちのほんの一部、わずかに一冊である。その表紙には、

文禄弐年　九州名護屋にて書レ之
　従二卯月拾七日一
　至二極月晦日一　日々記
第二

とあって、文禄二年（一五九三）四月十七日（実際は十八日）からの分と知られる。文禄二年といえば、前半に朝鮮で激しい戦争があった。豊臣秀吉の朝鮮出兵であり、いわゆる文禄の役である。同年四月にはすでに講和の方向が固まっていた。この時肥前名護屋（長崎県松浦郡）にいた佐竹義宣も、留守部隊を残して一応常陸へ引き揚げている。重清の日記である『大和田重清日記』には、名護屋在陣から常陸への帰路の様子、水戸を中心とした両国のありさまがこまごまと書き記されている。この日記は特に商業面・経済面から注目されてきており、『水戸市史』上巻にはその研究成果が示されている。

一方、この日記には「藤沢様」「龍泉寺」「遍照寺」など、時衆（時宗）関係の名称が出てくる。そこで本節では、

佐竹氏の一中級家臣のみた文禄二年の水戸を中心とする時衆のありさまを、日記の記事を検討しながらうかがっていこうとするものである。

(1) 九州から水戸まで

大和田重清は、慶長七年（一六〇二）佐竹氏の秋田転封に従って、かの地に移り住んだ。二百石を与えられ、元和五年（一六一九）に亡くなった。やがて江戸時代中期の、秋田藩の古文書採集事業の中でこの日記が発見された。当初何冊かあったうちのただ一冊だけが、今日、秋田県立秋田図書館に伝えられている。この図書館は、秋田藩採集文書を所蔵していることでも知られている。写本が千秋文庫（東京都千代田区）と東京大学史料編纂所にある。また小葉田淳氏によって全文が翻刻されている（「大和田重清日記」『日本史研究』四四―五二、一九五九―六一年）。ほかに同氏の考察がある（「文禄年間の一中流武士の日録――大和田重清日記――」『神田博士還暦記念書誌学論集』一九五七年）。

さて、『大和田重清日記』によれば、文禄二年八月十七日まで重清は名護屋に滞在している。したがって、現存の日記の最初の日付である四月十八日から四ヵ月間は、名護屋における生活の状況が記してあることになる。四月十八日条には、「御城普請見廻ニ大采同心ニ参、木工殿へ参、御座敷共見物する、（中略）高麗人之うた聞、荒弥よりつち石借用シテ帋打」とあり、同二十二日条には「御南ニてゆ付あり」、同二十五日条には「御北へ月次ニ参」などとある。「御南」「御北」は、それぞれ佐竹の一族で重んぜられた南家・北家のことである。もう一家、東家があり、当主の東義久は佐竹義宣の所領五十四万五千石余のうち、六万石を秀吉の直臣扱いで与えられている家老である。

あるいは五月九日条に、「関白さまヨリ為二御見舞一御帷二参」、同二十五日条に、「太閤さま御舟遊アリトテ長太より御さいそく付、兵へ御出之段被レ仰分」などとある。「関白さま」は豊臣秀次、「太閤さま」は秀吉である。一日前の二十四日条には「治少さま増右さま大刑さま御渡海」と、石田三成（治少）・増田長盛（増右）・大谷吉継（大刑）

の朝鮮半島への渡海を記し、六月五日条には「景勝御渡海、風立テ大舟共ハ皆もどる」などと、上杉景勝の様子を記してある。

七月三十日条には、「黒舟見物スル、同白舟モミル、火縄不レ入ノ小鉄炮見物スル」などと興味深い記事もあり、また重清は眼病を患ってしまったようで、八月八日条に、「薬師眼病ノ祈念ニ十二燈上ル、同十二文、午時迄塩タツ、同三月宿願スル」とある。昼までの塩断ちを眼病回復のため三ヵ月続けるというのである。その他、公私の生活の日記をつけた後、八月十八日条に「七時名護屋被二打立一」とある。主人義宣に従って常陸国へ帰ることになったのである。

(2) 水戸の生活

名護屋から唐津を経て、八月二十一日に小倉着、海を渡って翌日に長門の国府、同二十七日に岩国、二十八日に広島などを経て、九月十一日には堺（境）、十四日には京都、さらには近江の草津を通り、東山道を取る。閏九月二日に上野国松井田に着き、同五日に笠間、翌六日にやっと水戸へ帰着した。その時のことを「八時打被レ出、雨フル、御迎衆アリ、カノ山中迄被レ参、四巳前水戸へ被レ成二御着一、御台様拝申」と記している。義宣の夫人に長旅のねぎらいの言葉をかけられたのであろう。

(3) 水　戸

閏九月七日条には次のような記事がある。傍線部分に注目していただきたい。

閏九月七日　甚が入来、尾張内匠来、長瀬出雲樽肴孫ヲソエテ越、甚衛門山ノイモ上ル、一台御樽肴被レ下、少将殿ヨリ使アリ、越後殿入来、道春可レ有二振舞一トテ両度使アリ、川又入来、右衛門殿ヨリノ御状藤沢様へ上ル、追而御使被レ下、前丹延若入来、さ介四郎右衛門甚五郎迎ノ馬ニテ宮ヨリ来、孫四郎馬ノ機合好成テ彦六同心ニ来、馬ハ水戸ニ立ル、長刀持来、町田ヨリ使アリ、文越、川又前筑同心ニ道春へ参、振舞過テ孫殿太ニ被レ為レ打、後段ハウンドン、真弓ヨリ樽肴給、別当入御、ザウニ斗ニテ被レ帰、小貫左馬ヨリ樽肴有、

人名は略称で記しているので、わかりにくい。しかし、右の傍線部分が時衆関係記事の初出である。意味するところは、川又大炊介（川又）がやってきて、小野右衛門義継（右衛門殿）からの書状を、遊行上人三十二代で現在は藤沢上人である他阿弥陀仏普光（藤沢様）へ差し上げ、後刻、普光から川又大炊介へ使者が遣わされたというものである。普光も小野右衛門義継も佐竹氏の一族で、義継は普光の甥である。

隠居ながら佐竹氏で重要な役割を果たしていた義重は普光を自分の領国へ招いた。一族であるということと、全国遊行の普光ならば各地の情報も握っており、また諸国の時衆からのニュースも入ってくるからであろう。こうして普光は常陸へ来て、天正十九年（一五九一）水戸に藤沢道場を建立、佐竹一族の外護のもとにこの寺を本山としたのである。場所は今日の水戸市梅香の地である（藤沢道場はのちに神応寺と称し、やがて水戸市元山町の現在地に移転した）。本山には、当然ながら組織がある。それが寮制度である。そこに詰める時衆は、一寮から六寮までの六つの班に分けられて、それぞれの仕事を分担し、それぞれの責任者を一寮……六寮と称した。そして全体を束ねる事務長格の者が六寮である。水戸藤沢道場での六寮は、普光の甥其阿弥陀仏義山であった。叔父・甥で時衆教団の本山水戸藤沢道場を運営していたのである。時衆教団は、十五世紀中葉を境に、衰退の傾向にあった。これを立て直し、時衆を近世幕藩体制の中で確固たる存在にするまでの基礎を築いたのが、普光である。水戸藤沢道場は活気にみちていたというべきである。

こうして、前掲『大和田重清日記』文禄二年閏九月七日条に戻れば、藤沢上人普光への手紙を託したのは、普光の甥で小野家の当主である義継だったのである。普光と実家の当主との具体的な交渉を示す貴重な記事であるとい

うことになる。ちなみに、前掲記事にみえる「前筑」とは前沢筑後守（実名未詳）といい、後述する時衆龍泉寺の住職である其阿弥陀仏正伝の兄であった（前述の其阿弥陀仏義山とは別人。時衆教団には、同じ法名を持つ別個の僧侶もみられる。特に「其阿弥陀仏」の法名は、「他阿弥陀仏」に次いで格が高いと考えられており、多くの同名異人がいる）。以下、しばらく日記に即した考察を加えていこう。

閏九月八日　遍照寺ヨリ御酒食籠被レ下、留守ニテ御使へ合不レ申、

遍照寺も、多少疑念は残るが、太田にあった時衆の寺院と推定する。疑念というのは、水戸と太田遍照寺とは一七キロほど離れているので、手軽に往復できる位置関係にあったかどうか、気になるからである。もっとも、重清は太田へ移っている時期もあるようなので、そのときは問題ない。遍照寺に関する『大和田重清日記』の記事を、参考のために以下にあげておく。

閏九月九日　遍照寺御光儀御酒上ル、
閏九月十日　遍照寺カミソリ扇弐本筆進上スル、
拾月廿三日　遍照寺ヨリ御法事アリトテ御樽食籠被レ下、
拾月廿四日　遍照寺へ進上之物申置、
霜月六日　遍照ヨリ菅庵様御相伴ニ可レ参ト御使アリ申分テ不参、（中略）遍照へ宮酒進上、直ニ菅庵様へ被レ越進一トアリ、兵蔵遍照へ参、暮テ帰、
霜月七日　遍照ヨリ可レ有二御振舞一ト御使アリ、三戸へ参ト申分ル、
十二月朔日　遍照寺へ御樽肴進上スル、
極月十四日　遍照寺申立祈念スル、守御茶三給、
極月廿六日　遍照寺申立日伏ヲス、御フセ百文御樽肴被レ下、（中略）真丘ニテ小太振舞相伴ニ可レ参トテ書中ア

レドモ、遍照御光儀ト申分、

次に時衆龍泉寺についていろいろな記事がある。初出は閏九月十六日条である。

閏九月十六日　龍泉寺入御、連歌再篇被レ遊付ㇾ御北へ参、正長大片サン西出合、御振舞アリ、夜更テ帰、御酒度々アリ、

意味するところは以下のとおりである。龍泉寺の住職である其阿弥陀仏正伝がいらっしゃった。連歌の会をもう一度開かれるということで、北家（佐竹又七郎）へ参上した。連歌師の正長、大片（未詳）、片岡讃岐守政長も連歌の連衆としてやってきて、御馳走にあずかり、夜が更けて帰宅した。龍泉寺は、東茨城郡常磐村（水戸市宮町のあたり）にあった時衆寺院である。佐竹氏が水戸へ進出する前は、太田にあった気配もあるが、不明である。この時の住職は佐竹氏の家臣前沢筑後守の弟である（前述）。

閏九月廿一日　和安ヨリフロへ可レ参ト使アリ、龍泉寺ニテ振舞ニ付風呂へ不レ参、筑父子以後田善伊来ル、大酒ニ成、夜更テ帰ル、（中略）龍泉へ扇筆進、

和田安房守昭為（和安）から、風呂に入りにいらっしゃいとの使いがあった。しかし、龍泉寺から食事に招かれているので、和田昭為の所へは行かなかった。前沢筑後守父子も龍泉寺へ来て、後に田所善助直脩（田善）と小貫伊賀（伊）もやってきて、大酒になり、夜が更けてから帰宅した。（中略）龍泉寺住職へ扇や筆を送った。

この記事からは、重清と其阿弥陀仏正伝および前沢筑後守らとの親しさがうかがわれる。また、風呂に招くのは歓迎の意味があることも推定されて興味深い。

閏九月廿九日　龍泉寺へ茶入返申、又返書アリ、

閏九月卅日　夜ニ入テ龍泉寺御立寄、卿佗言之旨物語アリ、

拾月朔日　龍泉寺へ文進、返事あり、

拾月三日　龍泉ヨリ夫御文アリ、帰宿坂見、即参、片讃出合、屋地賛付談合アリ、墨付共被レ見、片筑被レ悦、人主へノ使ニ両人被レ頼、三ヵ月ヲカミ申、寺家ニテ火物ヲアグル、直ニ主へ参、留守也、直ニ山右ノ所ヲ尋、御城ニテ尋合申渡、替地有増見立、上意御一覧之上、三日之間可レ為二落居一ト挨拶、其上、人脚之儀ニ郷モ以二御積一御助成可レ被レ成ト被レ申、直ニ龍へ参、為二知申一、珍重也トテ酒アリ、筑同途シテ帰、チヤウチン被レ借、古宿ヨリ筑へ渡ス、

どうやら、龍泉寺の寺地変更に関する問題が起きているようである。重清は、片岡讃岐守政長（片讃）、片岡筑前守政胤（片筑）、人見主膳藤道（人主・主）、山方右馬助（山右）などと検討を重ねている。其阿弥陀仏正伝が重清をねぎらって酒を飲ませている記事もある。この龍泉寺の件は、まだ数日続いている。

拾月四日　龍ヨリ使者アリ、口上迄ニテ返答仕、（中略）片筑龍之儀付入来、閑談シテ被レ帰、（中略）田伊龍之儀付入来、酒アリ、（中略）房州へ参、大釆出合龍泉之事雑談アリ、山信入来、坊ニテ被レ合、同心ニ帰、（中略）龍ヨリ御文アリ、明日可レ参ト口上ニ申、

重清の相談の相手になっているのは、片岡政胤や田口伊予守（田伊）・和田昭為（房州）・大山釆女重光（大釆）・山方信濃守（山信）らである。

次に同六日・八日・十日・十一日・十二日・十八日にも、龍泉寺やそれをめぐる人びとについての記事があるが、懸案がどのように解決したのかについては、具体的な記事がない。

十月には、再び藤沢上人普光に関する記事が次のように記されている。

十月二十二日　藤沢様へ扇子弐本筆持参仕、

十一月朔日　藤沢様ノ御使者京ヨリ帰着、町ニテ合、

十月二十二日には、普光へ扇子二本と筆を持参したというのである。十一月一日には、京都から帰って来た普光

の使者に、町で会ったとある。京都には時衆の寺が多いが、なかでも清浄光寺に次ぐ準本山格の七条道場金光寺が知られている。遊行上人が京都へ入ったとき、しばらく滞在することが多い。むろん、金光寺から帰ってきたのかどうかは右の記事からは不明である。十一月二十七日には次のようにあって、龍泉寺関係の記事は終わる。

霜月廿七日　龍泉ヨリ長ヒウタン二ツ借用スル、

以上のように見てくると、大和田重清は特に龍泉寺の其阿弥陀仏正伝と親しく、また藤沢上人他阿弥陀仏普光や遍照寺の住職とも交渉を保っていたといえる。佐竹氏の一中級武士の毎日の生活の中で、どのように寺院や僧侶がかかわっていたか判明して興味深い。

第四章　時衆と芸能

第一節　京都の時衆と芸能

本節では、戦国時代の時衆の芸能面における活動の実態を検討することにしたい。まず、戦国時代における時衆の様相を通観し、芸能との結びつきの背景を明らかにする。次に時衆の本拠地の一つともいうべき京都においての芸能のありさまを検討する。

(1)　戦国時代の時衆

戦国時代が応仁の乱から始まるとした場合、時衆教団はその開創から二百年を経ていることになる。その中心勢力である遊行派をみれば、指導者の遊行上人は十八代を数えている（開祖一遍を初代とする）。二代遊行上人他阿弥陀仏真教が教団を確立し、主に北陸と関東を地盤としつつ、信者・寺院を増加させた。南北朝時代から室町時代前期を通じ、賦算《ふさん》（念仏の札くばり）・踊り念仏・遊行を旗印とする時衆教団は、発展の一途をたどった。

時衆は俗に十二派あったというが、同時期に存在していたわけではない。「時衆十二派」とは、十七世紀後半にいい始められたことである。(1)それでも、十五世紀前半には、いくつかの派が分立していたことが判明している。それは遊行派（本寺・藤沢清浄光寺〈遊行寺〉）、四条派（同・京都四条道場金蓮寺《こんれんじ》）、六条派（同・京都六条道場歓喜光寺）、御影堂派《みえいどうは》（同・京都御影堂新善光寺）、市尾派（同・京都市姫金光寺）、霊山派（同・京都東山正法寺）、当麻派（同・相模国当麻無量光寺）などである。ほかに、一遍と真教の系統の時衆ではなく、似た行儀を持つ一向派などの諸派があったが、これは省略する。京都には清浄光寺と並ぶ遊行派の本山格寺院である七条道場金光寺《こんこうじ》（市姫金光寺とは別の寺）もあった。他の有力時衆諸派寺院の存在とあいまって、京都には大きな時衆の勢力が存在していたのである。

さて、一遍は宗教の階級性を取り払い、すべての人々を救おうとした。これは真教以降も受け継いでいこうとしている。ただし真教以降の教団指導層は、一遍の一過的な布教方法を考え直し、しっかりした教団の基礎を築くために積極的に武士層に近付き、その外護を求めた。こうして時衆は各地の寺院・道場に止住するようになり、檀那である武士のために尽くすことになった。それはあたかも鎌倉末期から建武新政の混乱期にあたり、武士たちは戦争に出陣する機会が多かった。その際、時衆を中心とする僧侶のなかに、武士に従って戦場に赴き、武士が傷つけば手当てし、討たれて臨終の際には最後の十念を授けて極楽浄土へ行けるようにしてやり、また葬送を行い、最後のありさまを故郷の家族へ伝える役目を果たした者がいた。これがいわゆる陣僧《じんそう》である。(2)彼らは、普段から檀那と固く精神的に結ばれているが故に、あえて危険な戦場へと従ったのである。

陣僧は、戦いのない時には、武士のつれづれを慰める役割を努めた。興味深い物語を話し、即興歌をうたい、流行の連歌の会を催したりしたのである。こうして、芸能や文化面を担当するようになった時衆は、南北朝・室町前期を通じ、社会の芸能・文化の先端に立つに至った。時衆はその法号の特徴として、僧は阿弥号（本来は阿弥陀仏号。または阿号）を有していたので、文化・芸能面で活躍する者に阿弥号を有する者が目立つようになった。足利将軍家

の同朋衆、立花・喫茶・作庭・能楽・連歌、その他多方面にわたって阿弥号が認められる。(3)

しかしながら、右のような文化・芸能は宗教の本来の仕事ではない。一見華やかにみえる時衆の発展も、実はさまざまな問題を抱えていた。能楽の観阿弥・世阿弥のように、芸能に携わる人々が阿弥号を有しつつも、必ずしも時衆の信者ではないことがそれをよく物語っている。本来の任務である衆生の宗教的救済面において、時衆は社会から取り残されかけていたのである。

一遍の開宗から二世紀、時衆教団が停滞し衰退し始めた理由を、石田善人氏は次の諸点に求めている。第一に、外部的理由として、北陸信者の真宗門徒化と関東の時衆大名の没落。第二に、内部的理由として、一遍の精神を忘れた形式主義や権威主義、遊芸性と頽廃性。(4)

以上の状況のなかで、では実際の時衆と芸能との関わりはどのように展開していたのか。まず、芸能の一例として踊り念仏と連歌が、遊行二十四代他阿弥陀仏不外の活動のなかで、どのような位置にあるか探ることから始めたい。

(2) 遊行二十四代他阿弥陀仏不外の活動

遊行二十四代他阿弥陀仏不外は、長禄四年(一四六〇)武蔵国に生まれ、遊行十六代他阿弥陀仏南要の弟子となり、永正十五年(一五一八)近江国上坂の乗台寺において遊行上人位を相続、兵庫・近江・越前・加賀・越中・信濃などを遊行した。永正十七年、仏天に遊行上人位を譲り、甲斐・信濃などを転々として、大永六年(一五二六)五月十七日、豊後国(大分県)の西教寺において入滅した。

不外の旅行記として『遊行二十四祖御修行記』がある。永正十五年の登位から大永二年(一五二二)まで、五年間の記事がある。筆者は遊行二十五代仏天と推定される。原本は失われて写本で伝えられ、水戸彰考館の所蔵である。

本書のなかに、踊り念仏に関して次の記事がある（以下、本項の史料引用は断りのない限り同書からである）。

越中と越後の鉾楯年を重ぬ、然に庚辰(永正十七年)十二月廿一日に時節極りて軍破れぬる由、二月八日実説有、則位牌を立、三昼夜の弔を始、同十日は四十九日に当たりける間、臨時のおどりを興業し、塔婆を立、

不外が甲府に滞在していたとき、長年争っていた越中勢（富山城主神保越前守慶宗）が越後勢に敗れ、神保慶宗は自殺したことが伝えられる。慶宗は四十年近い不外の檀越であり、親しい間柄であった。当時、藤沢清浄光寺が灰燼に帰していたので、不外は慶宗保護下の富山報土寺に時衆の本拠を定めようと準備している途中であった。しかも、「越后之軍旅六百余、越中之軍兵三百余討死云々。遷二夕陽一国軍敗北兮。残党或渡二氷河一事十一瀬。或凌二素雪一事四五里也。因レ茲半溺レ水半凍死者二千余人云々」という惨状を呈した。この知らせを永正十八年二月八日に受けた不外は、「臨時のおどり」すなわち踊り念仏を行って弔うのである。

踊り念仏は、一遍が弘安二年（一二七九）信濃国（長野県）伴野で開始したものである。『遊行上人縁起絵』第二巻に、その時のありさまとして「念仏往生をねがふ人（中略）、そゞろに心すみて、念仏の信心もおこり、踊躍歓喜の涙いともろくおちけれバ、同行ともに声をとゝのへて念仏し、提《ひきげ》をたゝいておどり給けるを、みるもの随喜し、聞人竭(渇)仰して」とあるように、踊り念仏は、念仏による救済に対しての歓喜を表現したものである。これが時衆本来の踊り念仏である。[5]

偶発的なこの踊り念仏は、やがて計画的に行われるようになり、時衆の一大特色として貴賤の目を引くこととなる。やがて追善の色が濃くなっていった。[6] 同第十巻に、一遍十三回忌の時、「錚人々たる金磬の響の中に、同心称名の声雲をうがち、片々たる香煙の薫する所に、大衆踊躍の行地もとゞろくばかりなり」とあるのは、これを物語っている。

むろん踊り念仏は、遊行上人の一行のみでなく、地方の時衆寺院においても行われている。不外の同時期の史料

としては、永正九年（一五一二）二月一日、松平信忠が三河国大浜の称名寺（愛知県碧南市内）で敵味方追善のために行われた踊躍《ゆやく》念仏に水田を寄進している例をあげることができる（「称名寺文書」）。

「臨時」のおどりとは、特に追善供養の目的で行われたものである。永正十七年二月不外は、檀那神保慶宗と軍兵の死をいたんで、

日を重ね夜をつらね、つとめあかしつとめ暮し、臨時のおどりといふつねには稀なる行ひ迄営、

また同年九月三日、不外が信濃国から甲斐国へ入って若神子の長泉寺（山梨県北巨摩郡須玉町内）へ着いた時、やはり臨時の踊り念仏を行った際に、信濃から伴野修理進なる者がきて次のようにいう。

去五月十九日にことし十四になる子を先にたてゝ侍るとて、その親過去帳に入侍る、其後或夜かのわらはべ母の所へ夢のうちに来りて、我よき所へうつされ奉りぬ、此後はいつも上人の御座の所にあるべし、こよひは臨時のおどり有、まいるべし、出立に食事せんと乞ける間、やがて飯をとゝのへてあたふるとおぼして、夢おどろきぬと云々、

去る五月十九日に十四歳の子を亡くした母の夢に、その子が現れ、今晩臨時の踊り念仏があるので行きます、その出発前に食事をしたい、というのですぐ準備をして食べさせると夢がさめた、との話である。「こよひ臨時のおどり有とは、九月三日の夜、長泉にてよるのおどりの事也」との夢あわせがある。

右の挿話も、踊り念仏が追善供養に使われていることを示している。ただし、この長泉寺での踊り念仏は、「日なたの図書助」という篤信の者が「当国の利益始に」「興行」したとある。つまり、依然として遊行上人の救済活動の象徴として扱われていたことは確かである。それは、この踊り念仏が終了したのち、図書助が、

今夜親類の老者俄に頓死す、をの〳〵集まりて歎きあひけるに、数刻有て目をみひらき物を云出ぬ、われ広き野を西へさしてあゆみ行きけるに、此度上人より遊ばし給はる名号我先にたちて導給ふとみるに、道中にて此

名号のたまはく、汝が命いまだ限りにはあらず、然れば是れより帰り候へ、必はたして死せん時は、我むかふべしと云々、

次に、連歌についてみていこう。永正十六年（一五一九）正月の記事に、

同じき二日会はじめに、

代々に梅つたへつたふる色香かな

とある。「会」とは連歌の会のことである。一句記されているのは、不外の句である。連歌会はじめの儀式が毎年正月二日に行われていたことが、次の記事によってもわかる。翌年正月、

二日加（華）例の会に、越てとしけふや二葉の花のはる

とある。以下、毎年開かれている。

中世の連歌は、神を迎え、神人相唱和し、さらには神意を汲み取ることにその本質がある、といわれる。[7] すでに恒例の行事と化してはいるが、遊行上人のもとでの連歌の会は、年頭の正月二日に行われているという点に、この精神が受け継がれていると判断することができよう。

連歌の会は、ほかにもおりにふれて開かれている。例えば

十月なかばの此、賀州梅田光摂寺へ移らせ給ふうちに、奥谷宝厳寺下向に付て一会有、

御発句　忘れめや声に霜ふる小夜《さよ》鵆《ちどり》

同脇　宝厳寺其阿　茅原にさゆる月の河原

とか、

霜月廿五日に武田殿（信虎）俄に新造をとゝのへて申上らるゝ時、御発句、

なれてきけ声を八千代の友ちどり

などとある。大永二年（一五二二）九月二十五日の連歌の会で、不外は、

此懐紙、京都にて宗碩《そうせき》などにみすべし、

と、京都へ帰る時衆に命じている。京都の文化人たちとの交際があることが確認できる。では、多分に宗教的色彩を残した踊り念仏や連歌が、京都ではどのような社会的存在となっているかみていこう。

(3) 京都七条道場金光寺の芸能

七条道場金光寺とは、清浄光寺と並び、時衆遊行派の本山格の寺院であった。正安三年（一三〇一）、真教が呑海に命じて、京都仏師の喜捨した七条河原口の宅地に建立させた寺である。時衆内で重要視されるとともに、京都の人びとのなかでの人気も高かったことは、『看聞御記』(8) 応永三十一年（一四二四）八月十一日条に、

近年七条上人有二念仏奇特之事一、万人令二信仰一、

とあることでうかがわれる。また、十四世紀末からの時衆の朝廷・幕府への接近策とあいまって、足利将軍家からの尊崇も篤かった。『後鑑《のちかがみ》』(9) 巻二九一、大永五年（一五二五）四月二十五日条に、

御作事日記云、今夕為二御方違一、七条道場へ渡御也。一夜御逗留也。一献有レ之。

と、将軍義晴が方違えに七条道場を使ったことが記されている。もって七条道場の社会的地位がわかるのである。

この七条道場は、踊り念仏が行われる道場としてもよく知られていた。『晴富宿禰記』(10) 文明十二年（一四八〇）二月十九日条に、

室町殿今日時正満散、七条道場躍御聴聞、准后義政公御車将軍御方義尚卿御馬也上様室町殿御同車其の外出車一両以上車二両輿数丁、御比丘尼達御輿同昇連也、

とあり、『親元日記』[11]同日条にも、

七条道場御成、今日彼岸結願、おどり御二聴聞之一、先御方御所御成、御馬、其後御所様、上様御同車にて御成、（中略）御方御所様は御桟敷に御座、御所様は御立車にて御聴聞、

前将軍足利義政が、夫人日野富子と将軍義尚と連れ立って七条道場の踊り念仏に参会しているのである。『実隆公記』[12]永正八年二月二十一日条には、

相公羽林（三条西公枝）詣二七条道場一、踊躍念仏見聞結縁云々、及レ晩帰、

とあり、『二水記』[13]永正十八年（一五二一）二月十二日条にも、

今日宮（知仁親王）御方蜜々有二清水寺御参詣一、（中略）然後為二躍御見物一、被レ寄二御輿於七条道場一、

とあって、皇族・貴族らが踊り念仏を「聴聞」し、「見聞結縁」し、「見物」していることがわかる。『親元日記』によって、見物のための桟敷まで準備されていることも判明する。むろん宗教的な色彩を残してはいるものの、「見物」ともなれば、すでに一種の芸能を楽しむ軽い気持で七条道場にきていることになる。すなわち、遊行上人一行は、依然として救済の象徴として、また追善の行としての踊り念仏を維持しようとしているにもかかわらず、七条道場においては、芸能としての見世物と化しつつあるのであった。

七条道場では、連歌の会もよく催された。『新撰菟玖波《つくば》集』[14]第十九によると、延徳四年（一四九二）三月十九日、宗祇らが七条道場で山河百韻を催している。

次に、四条道場金蓮寺をみてみよう。

(4) 京都四条道場金蓮寺の芸能

四条道場金蓮寺は、真教の弟子浄阿弥陀仏真観によって開かれた。真観は後伏見天皇の帰依を受け、四条祇陀林

寺を賜わって寺名を改めたものという。以後住職は代々浄阿弥陀仏を称し、時衆四条派の本山として発展した。七条道場に引き続き、四条道場の踊り念仏についてみてみよう。『宣胤卿記』[15]文明十二年（一四八〇）二月九日条に、

伴二一条黄門一、詣二四条道場一、躍念仏聴聞、宣秀相具、

とあり、『二水記』永正十四年（一五一七）三月二日条に、

彼岸結願、三間処々物語、其次四条道場躍令二見物一了、

また『言継《ときつぐ》卿記』[16]永禄七年（一五六四）八月十六日条に、

四条へ道場之躍見物に罷向

とあって、貴族たちが芸能としての踊り念仏を見物していることが確認される。

貴族だけではなく、庶民も四条道場へ見物に行っている。天正狂言本「いもあらい」[17]に、主人に内密で上洛した太郎冠者が、

清水へ参、又四（条）とのだふぢやう（道場）へ参、をどり見て、

と、京都見物をしたことが語られる。つまり、四条道場の踊り念仏は京都内外に有名で、ぜひ見物すべき芸能であったことを知ることができるのである。

京都の他の寺院も、踊り念仏で有名であった気配がある。『康富記』[18]宝徳二年（一四五〇）十月二十日条に、

量阿五条堀川躍道場時衆

とあって、五条堀川の時衆寺院が「躍道場」と呼ばれていたことがわかる。五条堀川には時衆の御影堂新善光寺があったので、この寺のことであろう。時衆御影堂派の本山である。また時期は早いが、『祇園執行日記』[19]応安四年（一三七一）八月九日条に、

六条道場日中躍聴聞了、

とあって、六条道場歓喜光寺（六条派の本山）でも踊り念仏が催され、外部の者が参会していたことがわかる。

こうして、京都においては、芸能としての踊り念仏が時衆寺院で盛んに行われていたことが確認される。

四条道場の他の芸能についてみてみよう。もともと四条道場の開山浄阿弥陀仏真観には和歌の才能があり、『新千載集』[20]巻九の浄阿の一首はこの真観の作と思われ、[21]三条派の歌人頓阿と親しく、四条道場で何度も歌会や歌合を催している。

二代浄阿弥陀仏も同様に和歌の才能を示した。『新千載集』巻七の浄阿一首はこの二代浄阿の作と思われる。また『菟玖波集』巻二十によれば彼は清浄光寺へ行って連歌の会を催し、兵庫においても遊行七代他阿弥陀仏託何と連歌に興じている。三代・四代・五代浄阿弥陀仏も歌人で、連歌も得意であった。このような伝統の上に立ち、四条道場は連歌の道場としても発展していった。『満済准后日記』[22]永享二年（一四三〇）六月十一日条に、

室町殿（足利義政）今朝四条道場へ渡御、聖人（七代浄阿弥陀仏）御発句事所望申入云々、仍被レ遊レ之、さく花のさかり久しき蓮哉、脇聖人云々、

とあるように、将軍が四条道場へ出かけて連歌を行うまでに至る。このときの七代住職浄阿弥陀仏は連歌の名人として知られており、『看聞御記紙背文書・別記』[23]によれば、応永二十七年（一四二〇）五月二十五日の連歌には「四条上人点」とあり、『看聞御記』七月八日条によると、後小松院の花合に四条の聖が発句を詠んだとある。いずれも七代浄阿弥陀仏のことである。また、室町時代の有名な連歌師で、四条道場の時衆であった者も多い。

ほかに、これも少しく時代が早いが、『祇園執行日記』康永二年（一三四三）九月十三日条によると、四条道場において郢律講《えいりつこう》がうたわれており、十月二十五日条には曲舞《くせまい》が舞われたことがあり、六月条には新座田楽と獅子舞との興行権の争奪事件を二代浄阿弥陀仏が和睦させたことが記されている。

立花の名人綉谷《しゅうこく》庵文阿弥は、『翰林胡蘆集』[24]巻十一所収「綉谷庵文阿弥肖像讃」によると、晩年に四条道場の近くに住み、

本朝之時宗、有㆓三上人㆒、一則四条上人、化㆓度京三里㆒、二則藤沢上人、化㆓度奥六国㆒、三則遊行上人、化㆓度於
日本国㆒也、

と、時衆、特に四条道場との親しい関係を示している。こうして四条道場は京都における芸能の一つの中心地であったことがわかる。

では次に、遊行三十一代他阿弥陀仏同念と芸能との関わりをみていこう。

(5) 遊行三十一代上人同念の活動

遊行三十一代他阿弥陀仏同念は、永正十五年（一五一八）越前国に生まれた。遊行二十五代他阿弥陀仏仏天の弟子となり、元亀四年（一五七三）、常陸国江戸崎の顕声寺において遊行三十代他阿弥陀仏有三の譲りを受けて遊行上人となる。彼は十二年間にわたって各国をめぐり、天正十二年（一五八四）日向国飫肥《おび》（宮崎県日南市）の光照寺で普光に遊行上人を譲る。同念はそのまま光照寺に留まること四年、天正十五年六月二十八日に亡くなった。

同念の遊行についての旅行記に『遊行三十一祖京畿御修行記』がある。撰者は未詳。原本は失われてしまったが、写本が鎌倉の別願寺に所蔵される。本書は、天正六年（一五七八）七月から八年三月まで、伊豆国下田から伊勢・尾張・美濃・近江・京を経て大和国当麻寺へ至る遊行の記録である。本書の踊り念仏と連歌の記事に注目しながら、それが遊行二十四代不外のときよりずっと娯楽的芸能的な要素が強くなっていることを見ていきたい。まず、例によって踊り念仏から。

同念が尾張国萱津の光明寺（愛知県海部郡甚目寺町内）に逗留中の天正七年正月、

同十六日、臨時踊候事、

清須城主埴原加賀守女中檀越にまいられ、遠近村里聴聞衆群衆して、凹なるところにては脚木を踏てたち、凸

なる所にハ前人の肩に取付のびあがる、誠殊勝かぎりなし、

清須城主埴原加賀守関係の女性たちのために臨時の踊り念仏を催したところ、うわさを伝え聞いた遠近の村々の人たちが群れ集まり、熱心に見物したという。

翌日、この話を聞いた織田信長の嫡子信忠の求めで、また臨時に踊り念仏を催すことになった。

折節美濃尾張両国の大守ハ信長の嫡子也、岐阜山城の家督三位中将(信忠)殿、初鷹狩とて清須へ来る儀侍りしが、余行事参者の体見聞故、翌日十七日早朝辰刻光明寺へ御出のよし、案内、則ち住持対面あれバ、日中踊念仏所望也、無レ挽引あけ被レ勤ば、上人江御礼被レ申、折節不レ被二有合一時衆も有、俄事仰天して小僧たちハ着する間もなく、衣服を抱て、馳走の人も有、如レ例被レ行、

信忠の突然の来訪と要求に、折悪しく時衆が足りなかったので、「急に代役をいいつけられた小僧たちがびっくりして、着替えをするひまもなく、衣装を抱えて走りまわる者もいた」と、皆であわてふためくさまが描かれていておもしろい。信忠は珍しい芸能の一つとして踊り念仏に対している。前日の埴原加賀守女中の場合と合わせ、踊り念仏の人気の高さをうかがわせる。

この年九月二十五日、上洛して七条金光寺に逗留中の同念は、遊行二十五代仏天のための追善供養を行う。仏天は同念の師で、八年前の元亀二年（一五七一）九月二十五日、越前国井川の新善光寺（福井県敦賀市内）で亡くなっていた。

同廿五日、廿五代御正忌、別而今度御上洛御参裏御冥加之程、是も師恩とて臨時踊有、上下京中洛外より参男女貴賤無申斗、殊謁(渇)仰のあまりにもや、諸人申沙汰する不思儀(議)共、筆にあらハすも何とか満しけれ共しるし残せり。廿五日深更まで相詰之道俗入堂侍り、

この踊り念仏の目的は仏天の追善供養であったが、京都内外の人びとは明らかに芸能の一つとして見物に来ている

のである。仏天は特に京都に関わりのある人物ではない。この法要と前後して、同念は石清水八幡宮へ参詣する。すると八幡宮の社僧たちも踊り念仏を見たがるのである。

八幡山へ御参。如二先例一御礼拝読経有、社僧衆御宝前にて御行事踊あれと頻被レ申、

天正八年二月二十一日、同念は宇治の平等院に移り、信長の家来山口甚介の息子のために踊り念仏を行う。

為二仙清雲宗《(山口甚介亡息)》追善一臨時踊有、于レ時所々より参人おほく、高瀬さしつれミゆるかず〳〵は当所の柴舟かとぞ。川辺のかゝりめぐる朝日山ハくれて月の光をうつす。御場火に時衆たちの踊躍歓喜一入《ひとしお》殊勝に侍り、しかあれば世を宇治山のかくれ家と、たれかのこる人のありなんともおぼえず、

ここでも各地から参集する人は多かった。同念の踊り念仏は、不外と比較して、宗教性は希薄になり、芸能的な性格が強くなっているとみられる。

次に連歌をみよう。天正七年（一五七九）正月の記事に、

同二日、御会、

とあるから、正月二日の連歌始めの会は依然として続けられていたようにもみえるが、翌年には、

天正八年元日、御発句、

今年たつ雲をしきたる霞哉

とあり、二日にはすでにこだわっていないようである。また、各地でいろいろな機会に連歌の会を催している。天正六年八月二十五日、伊勢国山田（三重県伊勢市）で、

為二御法楽一御発句

色かへぬ杉の葉月の光哉

と被レ遊、神官六人束帯紲して出座、

とあり、十月十九日には萱津の光明寺で、

御局坊主関東より御渡海立願に付て、一日三百韵之会興業、

などとある。天正八年正月には、連歌界の第一人者里村紹巴《じょうは》と七条道場で連歌会を催している。二月八日には、こんどは紹巴邸に招かれて会を開いている。同念が高名な連歌師たちと親しく交際している様子がわかる。遊行上人の一行は、宗教集団であると同時に、動く芸能集団ともなっていたのであった。

注

(1) 時衆に十二派あるというのは、江戸時代の元禄十年(一六九七)の『時宗要略譜』に初めて出るのである。阿弥陀仏の十二の徳目(十二光)になぞらえて作り出されたものであろう。

(2) 拙著『中世社会と時宗の研究』(吉川弘文館、一九八五年)三四四頁以下。

(3) 吉川清『時衆阿弥教団の研究』(池田書店、一九五六年)、林屋辰三郎『歌舞伎以前』(岩波書店、一九五四年)。

(4) 石田善人「室町時代の時衆について」下(『仏教史学』一一―五、一九六四年)九五頁以下。

(5) 拙著『一遍――遊行する時衆の祖』(三省堂、一九九七年)。

(6) 私見では、踊り念仏は鎮魂・鎮送を目的としたものではないと考える。詳しくは拙著『捨聖 一遍』(吉川弘文館、一九九九年)。鎮魂・鎮送を目的としたとする代表的な説には、五来重「一遍と高野・熊野および踊り念仏」(日本絵巻物全集『一遍聖絵』角川書店、一九六一年)がある。

(7) 岡見正雄「室町ごころ」(『国語国文』一九五一年十一月号)、金井清光「一遍の和歌と連歌」(『時衆文芸研究』東京美術、一九六七年)。

(8) 『続群書類従』補遺二。

(9) 『新訂増補国史大系』第三七巻。

(10) 宮内庁図書寮本。

(11) 『増補続史料大成』第十一巻。

(12) 続群書類従完成会本。

(13)『帝塚山学院短期大学紀要』三五。
(14)『続々群書類従』第十五輯。
(15)『増補史料大成』第四四巻。
(16)『言継卿記』(大日本古記録)。
(17)『日本古典全書』狂言集下。
(18)『増補史料大成』第三九巻。
(19)『八坂神社叢書』第一輯。
(20)『新編国歌大観』一。
(21) 金井清光「時衆十二派・四条派」(『一遍と時衆教団』角川書店、一九七五年)四二三頁。なお、四条道場の項は同論文にその多くをよった。
(22)『続群書類従』補遺一、雑部第八七〇下。
(23)『続群書類従』補遺二。
(24)『五山文学全集』第四巻。

第二節　小栗伝説とその展開

江戸時代に説経節の一つとして人気を博した「小栗判官」の話は、実は中世後期に時衆が関わって成立したものである。鎌倉御所（鎌倉公方）の足利持氏に滅ぼされた常陸国の悲運の武将小栗判官の流浪譚と、それにまつわる照手姫の話である。本節では時衆と芸能に関するテーマのなかで小栗判官伝説の成立と展開について検討する。

(1)　時衆と鎌倉御所

小栗判官と照手姫の伝説の最も古い型は、室町時代に成立した『鎌倉大草紙』に見える。そのなかでは、次のように鎌倉御所の足利持氏と、遊行上人や藤沢道場・藤沢上人が現れてくる。

応永三十年（一四二三）、常陸国小栗の城主小栗孫五郎満重は、鎌倉公方の足利持氏に叛いた。持氏自ら出馬しての攻撃によって城は陥落し、満重は三河国へ落ちて行く。三河国には一族貞重の領地があったからである。満重の子である小次郎助重は、ひそかに関東にとどまり、相模国の権現堂に至って、近くの盗賊の集まっている所に宿をとった。ところが盗賊たちは小次郎の財宝を奪おうと企て、宿の遊女を集めて酒宴を催し、小次郎に毒酒を飲ませようとする。遊女の一人照姫は小次郎に同情し、この企てを小次郎に知らせる。小次郎は毒酒を飲んだふりをしてその場を逃れ、盗賊の鹿毛《かげ》の荒馬に乗り、藤沢道場へ駆け込んで上人を頼む。上人は小次郎を憐れみ、時衆二人を付けて三河国へ送る。そののち小次郎は三河国から戻って照姫を捜し出し多くの財宝を与え、盗賊すべてを討ち取った。小次郎の子孫は三河国に住んでいるという。

右の藤沢道場の上人とは、時期から判断して遊行上人十四代他阿弥陀仏太空のことであると考えられる。引退した遊行上人は藤沢道場（清浄光寺）の住職となり、藤沢上人と呼ばれる。引退したといっても、藤沢上人は遊行上人と同じ権威を持ち、同じように救済活動をする。

太空は応永十九年（一四一二）、十三代遊行上人他阿弥陀仏尊明の譲りを受けて、遊行上人となった。同二十一年引退して尊恵という時衆に遊行上人の職を譲り、自分は藤沢道場に入って八代藤沢上人となった。これは、七代藤沢上人他阿弥陀仏尊明が亡くなったので跡を継いだのである。太空は四十三歳であった。

以後、永享十一年（一四三九）六十五歳で亡くなるまでの二十二年間、藤沢上人として活躍する。この太空に鎌倉御所足利持氏に落城させられた小栗小次郎助重が救われたというのである。

興味深いことに、代々の藤沢上人は鎌倉御所と親しい関係にある。藤沢道場と鎌倉御所の屋敷とはわずか一〇キロほどの至近距離にあることも、この親しさに関係があるであろう。では、鎌倉御所と敵対関係にある小栗小次郎を、藤沢上人太空はなぜ助けたのであろうか。逆にいえば、小栗小次郎はどうして藤沢道場に走り込んだのであろうか。

(2) 他阿弥陀仏太空の活動

まず、時衆教団と鎌倉御所との親しい関係を史料で確認してみよう。足利持氏の父満兼は、応永六年（一三九九）に十二代遊行上人他阿弥陀仏尊観に宛てて、次のような書状を送っている（旧七条道場金光寺文書「鎌倉公方足利満兼書状案」(1)）。

去年悲嘆事、難レ尽二言語一次第候、就レ之如レ此承候之条、難二申尽一候、恐惶敬白、

六月廿四日　　満兼（花押）

これは、応永五年十一月満兼が父氏満を亡くしたことについての、尊観の悔やみ状に対する礼状である。

尊観の次の遊行上人が他阿弥陀仏尊明である。彼は、太空に遊行上人の職を譲ったあと、藤沢道場へ入ると、

鎌倉殿（足利持氏）、御信仰ありて日十念御申あり、

という（『遊行縁起』(2)）。持氏が尊明の勧めに従い、毎日必ず十遍の念仏を称えるようになったというのである(3)。

尊明の次の太空は、時衆史上でよく知られた人物で、将軍足利義満や鎌倉御所足利持氏との親しい関係もある。また太空には、遊行上人時代、『平家物語』に出る有名な武者斎藤実盛の迷える亡霊を救ったという話もある(4)。実盛は平安時代末期の武士で源義朝に仕えていたこともあったが、そののちは平宗盛の家来となっていた。寿永二年（一一八三）、平維盛に従って北陸で木曽義仲と戦った。実盛はすでに七十歳を過ぎていたが、若者に侮られまいと白髪を黒く染めて奮戦、加賀国篠原の戦いで敗走する平氏のなかでただ一人踏みとどまり、ついに討たれたのである。

『満済准后日記』(5)応永二十一年（一四一四）五月十一日条に、次の記事がある。太空が実盛の亡魂を救ったというのである。

斎藤別当真《サネ》盛霊、於二加州篠原一出現、逢二遊行上人一受二十念一云々、去三月十三日事歟、卒都婆銘一見了、実事ナラバ希代事也、

「斎藤真（実）盛の迷える亡霊が加賀国篠原において出現し、遊行上人（太空）の十遍の念仏を受けて極楽往生した。それは応永二十一年三月十一日のできごとのようで、ほんとうのことならば世にも珍しいことである」と、『満済准后日記』の執筆者満済は結ぶ。

満済は室町時代初期の真言宗の僧侶で、二条師冬の子である。将軍足利義満の猶子となり、応永二年（一三九五）から永享六年（一四三四）の間、七十四代醍醐寺座主を務め、正長元年（一四二八）には准三后を与えられた。それ

で「満済准后」と呼ばれたのである。満済は、義満・義持・義教と歴代将軍の信任厚く、政治向きの相談にも預かった。そのため、彼は黒衣の宰相と呼ばれていた。

このような立場の満済が五月十一日の日記に記したのが、遊行上人太空が斎藤実盛の亡霊を救ったといううわさである。篠原で太空の記した卒都婆の銘文を写してきた者がいたのであろう。それを読み、「ほんとうのことならば世にも珍しいことである」と感想を述べている。太空の名は京都に広まった。『時衆過去帳』を見ると、実盛には真阿弥陀仏の法名が与えられ、それが記入されていることがわかる。

まもなく、世阿弥（正式には世阿弥陀仏。中世では「世阿弥」といわれたことはない。時衆の法名から「陀仏」の二文字が省略されることはない。省略するのは、江戸時代に入ってからである。したがって、今日の私たちは、世阿弥陀仏の名を江戸時代的ないい方で呼んでいることになる。観阿弥も同様である）は太空の実盛亡魂救済の話にテーマを取り、謡曲「実盛」を作った。こうして、太空の活動はいっそう世のなかに知られるようになった。

足利義持は、尊明とも親しかった。尊明は、もともとは京都七条道場金光寺の住職であって、応永七年（一四〇〇）藤沢道場で遊行上人の職を継ぐと、また京都に帰った。そしてそのまま応永十九年までほとんどを京都で過ごしている。この間、足利義満夫人や義持の帰依を受けていた。応永十九年に藤沢上人になってから、鎌倉御所足利持氏の帰依を受けたことは前述したとおりである。

足利義持は太空に厚く帰依した。応永二十三年（一四一六）、義持は管領細川満元を通じ、国々の守護に、遊行上人・藤沢上人と時衆の自由な通行を認めるように命じている（「足利義持御教書」(6)）。

清浄光寺藤沢道場遊行金光寺七条道場時衆人夫馬輿已下諸国上下向事、関々渡以二押手判形一無二其煩一可二勘過一之旨、所レ被レ仰二付国々守護人一也、若於二違反之在所一者、就二注進一可レ処二罪科一之由、所レ被二仰下一也、仍執達如レ件、

応永廿三年四月三日　　　　沙弥　花押

当寺

義持は、関所や渡（船着場、港）などの自由な通行の許可証、いわゆる過所を太空に与えたのである。以後、時衆教団では代々の将軍からこの過所を与えられるのが慣例となり、江戸時代に入っても続いた。

やがて太空は藤沢上人となって関東に下った。太空の藤沢道場での活動の一端を示すのが「藤沢敵味方供養塔」である。この塔は清浄光寺の境内に現存し、高さ一二五センチ、幅二一・五センチの石塔（角塔婆）で、方形の台石上に建っている。昔から「怨親平等碑」とも呼ばれてきた。(7) その正面の中央上部に南無阿弥陀仏と名号が彫られ、その下に四行にわたって塔造立の趣旨が記されている。

自二応永廿三年十月六日一兵乱、至二同
廿四年一、於二在々所々一敵御方為二箭
刀水火落命人畜亡魂皆悉往生浄土一
故也、過二此塔婆之前一僧俗、可レ有二十念一者也、　応永廿五年十月六日

「応永二十三年十月六日から翌年に至る戦乱のなかで、各地で矢に当たり刀に斬られ、水に落ち火に焼かれて命を落とした敵味方の武士や動物たちの亡魂が皆すべて極楽浄土に往生するようにと祈っています。この塔婆の前を通る僧も俗人も、十遍の念仏を称えて亡魂の往生を祈ってください」と、太空は訴えている。

応永二十三年十月から翌年にかけての兵乱というのは、上杉禅秀の乱で、鎌倉の有力豪族上杉禅秀と足利持氏との戦いである（この乱については本書第三章第二節参照）。塔婆が建立された応永二十五年十月六日は、禅秀の乱が始まったときからちょうど三回忌に当たっている。小栗満重も禅秀方に味方してこの戦いに参加した。しかし禅秀は敗れて自殺し、満重は持氏に降伏して領地を大幅に削られる。(8) これを恨んだ満重はたびたび持氏と争った。そして

ついに応永三十年の小栗城落城となって、「小栗伝説」の世界が始まるのである。

足利持氏はこの戦争による戦没者の供養を思い立ち、藤沢上人太空に依頼して法要の導師を勤めてもらった。そのときの記念碑が右の塔婆なのである。鎌倉やその付近には寺も多く、すぐれた僧も多数いるはずなのに、持氏は太空を選んだ。これは持氏と太空の親しさを示すと同時に、敵味方にかかわらず供養してもらうには、藤沢上人であり遊行上人であった太空に頼むのがよいとの判断からであろう。

確かに、清浄光寺には敵も味方もなく逃げ込む者がいたし、同じく亡くなった者は埋葬された。禅秀の乱においても、その初期に持氏方の上杉氏定は禅秀軍に敗れて遊行寺に逃れ、やがて自害した。乱終了の直後、今度は禅秀方の新田満純の遺骸が清浄光寺に葬られた。清浄光寺は敵も味方もない恩讐を超えた世界であり、藤沢上人（遊行上人）はその教主であった。寺院は多かれ少なかれ、いわゆるアジール（治外法権的な権利を持つ場所）的性格を持つものであるが、清浄光寺は特にそれが強かった。厳しい政治と戦争に日を送りつつも、戦死者に対して心の痛みを覚える持氏は、太空に頼ったのである。また自分が打ち破った相手が太空に助けを求めてくるのも許していたのである。北陸での斎藤実盛に関するうわさもあるし、太空は亡くなった人の魂の救済に強い能力を発揮するとも考えたのであろう。

次に示す「鎌倉公方足利持氏書状」(9)は、持氏と太空の直接の交流をうかがう史料である。

奉レ雇光触寺申候処、懇承候、満足候、重而以二覚阿弥陀仏一剰三種送給候、恐悦候、何様以二舌入一彼此可レ申候、
委細者阿弥陀院可レ被レ申候、恐惶謹言、
三月十日　　　　　　　　　　持氏（花押）
藤沢上人

「藤沢上人の了承を得て持氏が雇った光触寺住職から、上人のご意向を詳しく承りました。満足です。その上、覚

阿弥陀仏を使者として三種の贈り物をいただきました。ありがたく思っております。なお、こちらの使者からいろいろと申し上げます。詳しいことは使者の阿弥陀院住職が申し上げるでしょう」

持氏が鎌倉御所となってから藤沢上人になったのは、十一代自空、十三代尊明、十四代太空の三人である。また右の書状にみえる覚阿弥陀仏というのは、太空の弟子で、のちに十八代遊行上人となった如象と推定される。そこでこの書状の宛先は太空であると判断される、ということなのである。

持氏の太空への信頼はますます厚く、永享七年（一四三五）、持氏は清浄光寺に百二十坪もの仏殿を建立したという（「遊行系図」(10)）。

鎌倉御所は、清浄光寺のみならず、近くにある他の時衆寺院の住職とも親密な関係にあった。前掲の光触寺は、現在の鎌倉市十二所にある。持氏の鎌倉御所のすぐ近くである。この寺の本尊阿弥陀如来（通称「頬焼阿弥陀」）の厨子は持氏の寄進と伝えられる。本堂内には氏満・満兼・持氏の位牌を祀っている。光触寺と鎌倉御所との深い関係を知ることができる。

また鎌倉市大町にある別願寺も鎌倉御所と関わりが深い。同寺には鎌倉御所からの寺領寄進状・安堵状が八通残されている。まず永徳二年（一三八二）、足利氏満が父基氏の菩提を弔うために下総御厨横須賀を寄進し、明徳二年（一三九一）には下野薬師寺庄も寄進している。その子満兼は、氏満の菩提を弔うために前記寺領を応永七年（一四〇〇）に安堵し、また十三年には報恩寺敷地・山林を寄進した。次に持氏は父満兼の菩提を弔うため、応永二十七年（一四二〇）右の所領を安堵し、門前畑地の寄進も行っている。他に、年未詳ながら次のような「鎌倉公方足利持氏書状案」(11)もある。

　　桜花度々到来、悦入候、恐々謹言、
　三月四日　　　　持氏

「桜の花を何度も送っていただき、喜んでおります」と、持氏は別願寺の住職に礼を述べている。住職は、美しく咲いた桜の枝を何度か持氏に贈っていたのである。両者の心の通いあいをうかがうことができる。

別願寺には、現在も高さ三メートルの宝塔があり、持氏の墓として伝えられてきた。しかし持氏の墓は同じ鎌倉市内の瑞泉寺にあるので、別願寺の宝塔は供養塔と考えられる。いずれにしても、別願寺は鎌倉御所と強い結びつきを保っていた。

持氏と時衆との親しい関係はのちの教団にも伝えられていった。二十一代遊行上人多阿弥陀仏知蓮が著した『真宗要法記』(12)第三「初夜以後ノ十念、二十遍ノ事」の項に、次のようにある。

本宗ノ初夜以後ノ十念ハ、二十遍称スルコト、初ノ十念ハ時衆ニオイテ種々ノ恩アル鎌倉二階堂刑部大輔入道珠阿弥陀仏ノ為、後ノ十念ハ鎌倉将軍長春殿御望ニヨッテ十四代上人以来之ヲ行ゼラル、

時衆教団では、一昼夜に六回の法要を行う。昼間は晨朝（夜明け）・日中（正午）・日没（夕方）の三回である。夜間は初夜・中夜・後夜の三回の法要である。初夜以後の法要では、それぞれ最後に上人が十念（念仏を一息に十遍称えること）を二度繰り返す。十念は浄土宗などでも行われているが、普通、一度だけである。それなのに、時衆教団の初夜以降の法要では二度にわたって称える。それはなぜか、ということについての説明が『真宗要法記』のなかでなされているのである。それによると、「初めの十念は時衆にとって種々の恩がある二階堂刑部大輔入道珠阿弥陀仏（未詳）のためのものである。後の十念は鎌倉将軍長春殿すなわち持氏の望みにより、十四代遊行上人太空以降、教団で称えているものである」というのである。

また太空と持氏に関する次のような話も伝えられている。永享十一年（一四三九）、将軍足利義教が持氏を追討した。いわゆる永享の乱である。このとき、将軍方についた新田義貞の子孫の有親・親氏は持氏に命を狙われた。そ

こで二人は所領のある上野国を出て漂白し、清浄光寺に入り、太空に救われて出家して有親は長阿弥、親氏は徳阿弥と号した。この二人が実は江戸幕府を開いた徳川氏の先祖であるという。『三河記』・『徳川記』などに出る話である。有親・親氏の命を狙ったのは鎌倉御所氏満（持氏の祖父）であり、救ったのは遊行十二代尊観であるという説もある。(13) しかし鎌倉御所に追われた徳川氏の祖先の二人が遊行上人（または藤沢上人）に救われたという図式があるとすれば、それは変わらない。

(3) 小栗伝説の展開と時衆

清浄光寺山内にある長生院は、小栗堂と呼ばれている。ここは照手姫の遺跡であるという。この堂が伝える「小栗略縁起」の話は『鎌倉大草紙』の小栗説話から多少変化している。まず、主人公は小次郎助重ではなく、父満重である。

鎌倉御所に打ち破られた満重は、三河国へ赴く途中、藤沢の横山大膳の館に泊まった。ところが大膳は旅人から金品を奪う山賊であった。この館に滞在中、満重はここに仕えていた照手姫と夫婦の約束をする。大膳は満重を殺そうとはかり、はじめ荒れ馬（名前は鬼鹿毛《おにかげ》）への乗馬を勧める。落馬させてかみ殺させようというのである。しかし満重は乗馬の名手で、これは失敗した。結局、満重は十人の部下とともに毒酒を飲まされ、上野ヶ原という所へ捨てられる。

その夜、清浄光寺の太空は閻魔大王から手紙をもらった夢をみる。その手紙には、小栗満重主従が毒を飲まされて殺されたこと、家来の十人は助からないが満重は生き返らせること、満重は熊野の温泉に送って養生させれば健康を回復することなどが書いてあった。夢からさめた太空は弟子の時衆に事実を確認させ、満重を連れてこさせる。その上で満重を車に乗せ、胸に次のような文章を書いた札をつけさせる。「この者は熊野本宮の湯に送る病夫である。

この車を引いて一歩あるいた人は、千人の僧を供養するよりも功徳がある」。太空は満重の看病のために二人の時衆をつけ、熊野へ送った。そこでの養生によって満重は全快した。

一方、照手姫は世をはかなみ、武蔵国金沢（横浜市金沢区）に逃れたが、横山大膳の家来に捜し出されて川に投げ込まれた。しかし観音に祈っておぼれ死ぬのをまぬがれ、漁師に救われた。照手姫は両親が子のないのを悩んで日光中禅寺の観音に祈願してできた子だったのである。川から助けられた照手姫は、嫉妬した漁師の妻に遊女に売られ、美濃国青墓の宿まで流れていく。

熊野の温泉で全快した満重は、幕府に訴えて常陸の旧領を回復し、横山を討って清浄光寺に詣でて上人の恩を謝し、閻魔堂で法要を営む。やがて照手姫が美濃青墓にいることを知り、藤沢へ呼び戻し、昔の恩に厚く謝した。満重は応永三十三年（一四二六）三月十六日に亡くなり、法名を重巌院満阿弥陀仏と授けられた。子の助重が家を継ぎ、清浄光寺に参詣し、亡父および十人の家来の墓を境内の八徳池のほとりに建てた。照手姫は出家して長生比丘尼と称し、清浄光寺山内の閻魔堂の傍らに住み、地蔵と観音の像を安置して朝夕の回向を怠らなかった。彼女は永享十二年（一四四〇）十月十四日に亡くなった。法名は長生院寿仏房という。今日に続く長生院が照手姫の遺跡であるという。

右の「小栗略縁起」には、時衆に関わる霊験譚がいくつもいくつも組み込まれている。まず清浄光寺の上人太空が閻魔大王から手紙をもらうというのは（夢のなかではあるが）、藤沢上人（あるいは遊行上人）の宗教的権威を示している。極楽浄土の教主阿弥陀如来のみならず、閻魔大王とも連絡を取り合えるということである。

また熊野は、開祖一遍が念仏の深い意味を悟った、時衆の聖地である。そして熊野は平安時代から観音菩薩の浄土として知られていた。さらには浄土教の発展とともに阿弥陀仏の浄土といわれるようになっていった。そしていつのころからか、衆生は熊野の浄土へ入って新しく生まれ変わることができるという、再生の効果も持つようになった。「小栗略縁起」で毒殺された小栗満重が時衆に熊野へ連れていかれて健康を回復したとあったのは、このような熊野の宗教的位置づけを背景としていたのである。

それに、「小栗略縁起」や『時衆過去帳』に出る「満阿弥陀仏」と「寿仏房」というは法名は、明らかに時衆風であることも、つけ加えておかねばなるまい。

さて、藤沢上人太空の宗教的活動や足利持氏の関係を考えれば、小栗城を落とされた小栗満重または助重が、三河国にいる一族を頼って行く途中で清浄光寺に駆け込んだとしても不思議はない。持氏もそれを黙認するはずである。そこから悲劇の伝説が発生した。そしてかりにそのような歴史的事実がなかったとしても、小栗氏が持氏のために特に悲運に落とされた豪族には違いないのである。というのは、持氏と対抗した多くの豪族のなかで、領地を奪われて完全に没落したのは小栗氏だけである。関東には、京都扶持衆という、将軍に味方する豪族たちが各地に点在していた。小栗氏はその一員である。京都扶持衆は常に持氏をはじめとする鎌倉御所と対抗関係にあったが、そのなかで小栗氏が特別に没落させられた一族であるということである。

永享十一年持氏が亡くなったのち、嘉吉元年(一四四一)、助重は幕府や佐竹氏を頼って常陸の旧領を回復している。しかし康正元年(一四五五)、助重は持氏の子成氏(古河公方)に攻められて再び没落する。このような歴史的事実を背景にした小栗氏の悲運が、遊行上人の救いをからめた小栗伝説を生んだと考えられる。世のなかの人びとは小栗満重・助重に大いに同情した。「九郎判官」と呼ばれた源義経がその悲運ゆえに同情を集めたように、小栗父子も戦国時代から江戸時代の社会のなかで、没落したがゆえに人気を高めていった。ここに「小栗判官」と小栗が呼ばれるようになった理由があろう。つまり、義経の悲運と小栗のそれとが重ね合わされていったのである。

ところで、永享十一年足利持氏が滅亡したのち、遺児春王丸と安王丸とは常陸の結城氏朝のもとに身を寄せた。しかし幕府の命を受けた上杉清方の攻撃によって城は落ち、氏朝は討死、二人の遺児は囚われの身となった。嘉吉元年（一四四二）のことである。二人は京都に護送されることになり、途中、美濃国垂井（岐阜県不破郡垂井町）の道場に宿泊する。ここは時衆の寺であり、金蓮寺ともいう。その住職はもと清浄光寺におり、持氏にも会ったことがあった。春王丸と安王丸は、この住職から極楽浄土への念仏の教えを懇ろに受け、ともに首を打たれた。春王丸は十三歳、安王丸は十一歳であった。持氏に追われた小栗が藤沢上人の助けを受け、時代は移ってその持氏の遺児が時衆の僧に極楽へ導かれるというのは歴史の皮肉である。

(4)　遊行の霊宝

小栗判官の話は、時衆教団の手によって全国に広められたようである。その結果が、清浄光寺山内の長生院に小栗堂や小栗主従の墓があるとして、世に知られるようになったのである。小栗判官が太空に救いを求めたのが小栗に関わる話の重要な一部であるとしても、小栗伝説が各地に広まった理由は別にあろう。実は遊行上人や時衆、および「藤沢の客寮」が各地を遊行していることに大いに関係があると考えられるのである。

遊行上人の一行は、戦国時代になると時衆に関する宝物（霊宝）を持ち歩き、それを行く先々で見せるようになった。一種の出開帳である。遊行上人三十一代同念が天正八年（一五八〇）二月五日、朝廷に参内したとき、種々の宝物を披露したことが『御湯殿上日記』[14]に出ている。

ゆぎやう（遊行）上人れいほう（霊宝）いろいろもちてまいらるる、小御所にて御たいめんありて御十ねん（念）、うへ（上、天皇）わたくしみなみなうくる、おかの御所も御十ねん御うけあり、れいほうどももみなみな御おがみあり、

同念の遊行について述べた『遊行三十一祖京畿御修行記』によると、このとき正親町天皇の上覧に供した「遊行代々の霊宝ども」は「十巻の御絵（『遊行上人縁起絵』）・一遍御磬・天神震（宸）筆六字名号・星硯以下」であったという。天神震筆六字名号というのは、菅原道真筆の六字名号という意味である。これら「遊行の霊宝」の種類はしだいに

増加し、のちには「斎藤実盛の兜」も加わるようになる（今日も清浄光寺〈遊行寺〉に伝えられている）。そしてまた遊行上人の救いにまつわる興味深い話も持ち歩かれた。その一つに小栗伝説があったのである。こうして小栗伝説は遊行上人や時衆によって各地に広められていった。

各地をめぐったのは、遊行上人や時衆だけではない。清浄光寺に所属していた半僧半俗の沙弥も各地をめぐった。彼らは「藤沢の客寮」(15)といい、「鉦打ち」ともいった。鉦打ちは、首から紐でかけた鉦を打ちながら和讃や念仏を称え、家々をめぐって布施を受けていた。そして遊行上人に関する、不思議な、ありがたい話を語った。つまりは霊験譚である。このなかに小栗伝説もあった。

さらにこの鉦打ちは清浄光寺だけにいたのではない。関東各地の時衆寺院にも鉦打ちがいた。その数は一ヵ寺につき二人程度であった。彼らは僧ではなく、その雑用をはたすのが任務で、身分的には低かった。しかし庶民と接する機会は多かった。彼らは、小栗伝説をわかりやすく、また感動的に語ったのであろう。このような話が説経節としてしだいに芸能化していったのである。

説経節は、戦国時代末期から江戸時代初めにかけて流行した。「小栗判官」はそのなかの一つで、大いに人気を博した。ここでは、悲運の小栗の流浪譚・霊験譚というより、小栗と照手姫の恋愛譚に話の重点が変化している。小栗判官は二条大納言兼家の子有若、ということになっている。その母が常陸国の源氏の流れで、常陸小栗殿と称したという。「小栗」はこの母に関わるだけで、所領の小栗御厨《みくりや》も小栗城も出てこない。重要な登場人物の一人であるべき足利持氏もいない。横山大膳もすでに盗賊ではなく、武蔵・相模両国の郡代である。照手姫はその大膳の姫君とされている。照手姫は売られて各地を転々とし、最後は美濃国青墓の宿の遊女の雑役婦として働く。このあたりは従来の照手の流浪譚をいっそう多様にしたものであるが、彼女はもはや遊女ではなくなっている。小栗判官が熊野の湯に車で引かれていくのも、例えば長生院の『小栗略縁起』と同じである。しかし青墓の宿の照手姫が、それとは知らずに前を通る小栗判官の車を引くといったような劇的な要素が新たにつけ加わっている。やがて小栗判官は熊野で健康を回復し、照手姫を妻に迎えるのである。本来の話の筋では、小栗判官は照手姫に恩返しはするけれども、結婚はしない。説経節では小栗判官と照手姫の恋愛の成就で結ぶこととなる。さらに、元禄十一年（一六九八）に初めて興行された人形浄瑠璃「当流小栗判官」によって、小栗の話はいっそう有名になった。近松門左衛門の作である。このののち、浮世絵・名所案内・歌舞伎にも取り上げられていく。

小栗伝説関係の遺跡は、小栗城のある茨城県真壁郡協和町の他にも、同じく新治郡八郷町の西光院（天台宗）、東茨城郡茨城町鳥羽田の円福寺（天台宗）・真照寺（真言宗）などにある。円福寺には、古来から小栗判官・照手姫像と称されてきた二体の座像（木像）がある。この二体は、もと近くの真言宗の龍含寺にあったが、大正年間に廃寺になったため円福寺に移されたものである。この龍含寺には寛文四年（一六六四）、遊行上人四十一代独朗が訪れ、零落した同寺を復興している。このため独朗は小栗判官・照手姫の座像を江戸へ持っていって開帳している。それで得た収益金で龍含寺を復興したのである。江戸では、おりからの説経節の流行に便乗し、大いに利益をあげたようである。[16]また茨城町鳥羽田付近は小栗判官の終生の地であるという伝説もある。[17]

こうして小栗判官の伝説は世間に広まった。広めたもとの人たちが遊行上人や時衆・鉦打ちであったということもあって、清浄光寺を訪れる人も増えたと思われる。やがて山内の長生院には小栗判官と照手姫および判官の部下十勇士の墓碑が建てられた。馬の鬼鹿毛の墓もできている。清浄光寺に参詣した人たちは、小栗の話を聞き、また長生院に参詣して感慨を新たにしたことであろう。そしてまた、故郷に帰ってまわりの人たちにその印象を伝え、小栗伝説はいっそう広まっていったのである。

注

（1）京都・長楽寺蔵。
（2）神奈川県立歴史博物館蔵。
（3）橘俊道『遊行寺』（名著出版、一九七八年）八五―八六、一〇三―一〇四頁。
（4）拙著『中世社会と時宗の研究』（吉川弘文館、一九八五年）。
（5）『続群書類従』補遺一。
（6）清浄光寺蔵。『新編相州古文書』第三巻。
（7）橘俊道「謡曲『実盛』と怨親平等碑」（同『時宗史論考』法蔵館、一九七五年）二四三頁以下。
（8）『協和町史』（協和町史編さん委員会、一九九三年）一六七頁以下。
（9）（10）清浄光寺蔵。『新編相州古文書』第三巻。
（11）別願寺蔵。『新編相州古文書』。
（12）『定本時宗宗典』（時宗宗務所）。
（13）前掲拙著。
（14）『続群書類従』補遺。
（15）橘俊道「藤沢の客寮について」（同『時宗史論考』）三三七頁以下。
（16）『鳥羽田小栗判官伝説』（和光大学文学科自主ゼミナール伝説研究一九八一年度報告集、一九八一年）、高達奈緒美「常陸における小栗判官説話」（『藤沢市史研究』一六、一九八三年）など。
（17）『茨城町史』地誌編（茨城町史編さん委員会、一九九三年）三一九頁。

第五章　時衆の変質――中世から近世へ――

第一節　相模と常陸の時衆本山「藤沢」

永正十年（一五一三）正月二十九日、藤沢清浄光寺は炎上し、諸堂宇は灰燼に帰した。本拠を伊豆から小田原に移し、相模国全域、さらには関東制覇を狙う北条早雲の軍のためであった。清浄光寺は、北条氏の進出を阻止しようとして滅んだ相模の名族三浦氏に味方していたのである。この結果、時衆（遊行派）は本山格の寺院を失った。藤沢の地を支配下に収めた北条氏は、清浄光寺の再建を許さなかったからである。

もともと、時衆のなかで最大の集団である遊行派には本山格の寺院が二ヵ寺あった。清浄光寺と京都七条の金光寺である。金光寺の住職は遊行上人の兼帯ということで、常に寺に住んでいたわけではない。清浄光寺は、遊行上人をした藤沢上人が住んでいた。本来、遊行上人の方が藤沢上人より上位であるとはいうものの、寺にずっと住んでいる方が教団の運営上は責任ある立場になっていかざるを得ない。かくて、成文化されたわけではないけれども、藤沢上人の住む清浄光寺が実質的に唯一の本山の働きをするのであった。

時衆遊行派は、本山を失って半世紀以上が過ぎる。この間代々の藤沢上人たるべき人物は、そのときどきの状況に応じて留まる寺を変えた。例えば遊行上人二十一代他阿弥陀仏知蓮は駿河国府の長善寺（静岡県静岡市）に、同二十二代意楽は近江上坂の乗台寺（滋賀県長浜市）に、同三十代有三は越前敦賀の西方寺（福井県敦賀市）にといった具合に。(1) むろん、この時期が時衆の発展期であるはずがない。十五世紀後半以降の衰退傾向にいっそうの拍車がかけられていたのである。

ここに現れたのが遊行上人十二代・藤沢上人十三代他阿弥陀仏普光である。彼が清浄光寺の再建を成し遂げ、時衆復興に力を尽くし、やがて江戸幕府体制化において遊行派が時衆諸派を統率する基礎を築いたのである。

ところで普光が藤沢上人の職にあった時期の前半、十六世紀末から十七世紀初めにかけての十余年、本山としての機能は常陸国水戸の神応寺《じんのうじ》が果たしていた。普光はこの寺にとどまって宗政にあたっている。当時、神応寺は「藤沢道場」と称しており、「神応寺」の寺号がつけられたのは普光が再建なった清浄光寺に去ってからである。普光と水戸の「藤沢道場」のことについては、本書第三章第三節で詳述した。

ここで本節を設けた目的を明らかにしておきたい。右の十余年とは、正確にいえば普光が水戸藤沢道場を創建した天正十九年（一五九一）から清浄光寺に帰った慶長十二年（一六〇七）までである。この間に発給された文書で、充所（受取人）が「藤沢」と記されている時衆関係文書が数点、清浄光寺と神応寺その他に分蔵されている。この「藤沢」は「藤沢道場」の略であり、相模国藤沢の清浄光寺を指す場合と、水戸藤沢道場を指す場合とがあることを明確にするのが本節の目的である。従来、混乱して把握されている例がまま見られるからである。

以下、本節ではそれぞれの文書を検討する形で考察を進めていきたい。すでに本書第三章第三節、およびかつて検討を加えた文書もあるので、それは簡単に触れるにとどめたい。

(1) 直江兼続判物（神応寺蔵）

藤沢上人御帰国之条、伝馬宿送等無二異義一可レ有二馳走一者也、仍如レ件

天正十七年
九月七日
直江
兼続（花押）
所々領主中

本号文書は天正十九年以前の発給であるが、本節の構成上必要なので取り上げたい。

他阿弥陀仏普光は、天正十二年（一五八四）八月、日向国で遊行上人三十一代他阿弥陀仏同念から遊行上人の職を譲られた。四十二歳のときである。その後、普光は鹿児島から山陽道を経て京都へ入り、西に戻って備前国をめぐり、転じて関東へ移り、天正十七年（一五八九）には越後国に現れた。同年八月二十七日、同国北条の専称寺（新潟県柏崎市）で遊行上人職を他阿弥陀仏満悟に譲り、普光は十三代藤沢上人となった。翌月七日、越後領主上杉景勝の家老直江兼続が発給した判物が本号文書である。

本号文書では、藤沢上人（普光）が帰国されるので、伝馬・宿送等が順調にいくようにと、上杉領国内の領主たちに通達している。普光の旅に保護を加えているのである。その理由は、全国をめぐる時衆は政治的に利用価値があるとふんだことにあろう。これに加え、遊行上人を譲られた満悟について、『時宗血脈相続之次第』(2)に、

生国不知、但元直江、中古杜井氏也、杜井三郎左衛門丞原吉正二男ナリ、

とあるところによれば、直江兼続の一族であったようである。この点については、すでに早く『新編相模国風土記稿』の編者が気づいていている。同書鎌倉郡清浄光寺の項に、

按ずるに、遊行歴代譜に満悟が俗姓直江氏とあれば、必兼続が支族なるべし、故に此印状の事に及びしならん、

と述べている。『遊行歴代譜』とは『時宗血脈相続之次第』(3)の異本である。普光の次の遊行上人が直江兼続の一族で

あってみれば、兼続は普光を最大限に保護するはずである。

普光の帰国先については、二ヵ所が考えられる。第一は、相模国藤沢である。永正十年（一五一三）以来、半世紀以上にわたって清浄光寺の再建はなかった。ただ寺域は残されており、時衆の内部では「元藤沢」「藤沢古跡」と呼ばれて、時衆の存在は続いていた。小堂がいくつか並んでいたのであろう。第二は常陸の佐竹氏領内である。

天正十五年（一五八七）九月三日、佐竹義重は次のような下知を下した（佐竹義重判物）。

道場造営に附而、誰人於㆓領中㆒も用木見当次第可㆑取㆑之候、

佐竹氏の領地内で、どこでもよいから寺を建てるのに適当な用材が見つかれば伐採してよいというのである。この文書は清浄光寺に伝来されてきたけれど、発給者を示す花押は佐竹義重のものである。したがって、文中の「道場」は相模国ではなく、常陸国ということになる。神応寺の前身の「水戸」藤沢道場の、そのまた前身の話である。水戸はいまだ佐竹氏の領地ではなかったからである。水戸の領主は江戸氏であった。また、判物の宛先は普光ということになる。つまり佐竹義重は、一族出身の遊行上人普光を自領内に迎えるべく、すでに普光と話し合いが終わっていたとみるべきである。

したがって普光の帰国先は佐竹氏領内であったと考えられる。天正十八年、佐竹義重・義宣父子は水戸城を急襲して江戸氏を滅ぼし、翌年、水戸藤沢道場が建立された。佐竹氏が建立あるいはもとの本拠地太田から移したのはもちろん藤沢道場だけではない。菩提寺の天徳寺、祈願所の宝鏡院、氏神の八幡宮など諸寺社も太田から移転させている。

(2) 徳川家康寺領寄進状写[1]（清浄光寺蔵）

寄進　藤沢寺

相模国東郡藤沢之内百石之事

右、如㆓先規㆒令㆓寄附㆒畢、殊寺中可㆑為㆓不入㆒、弥守㆓此旨㆒、仏法相続不㆑可㆑有㆓怠慢㆒者也、仍如㆑件

天正拾九年辛卯十一月日　大納言源朝臣御直判

天正十八年（一五九〇）八月、徳川家康は江戸に入り、関東の大部分を支配下に収めた。相模国藤沢は直轄地とし、その状態を十年間続けた(5)。そのなかで、天正十九年藤沢の内で百石の朱印地が下されたとするのが本文書である。中世から近世にかけて、清浄光寺が「藤沢寺」と呼ばれた記録は他にない。しかも本文書は写しであるから、「藤沢寺」が清浄光寺を指すかどうかについて疑問符がつけられないことはない。むろん、水戸藤沢道場が天正十九年の段階で徳川家康から百石の朱印地を相模国藤沢において受けるはずがない。

ところで、江戸時代の朱印地は、将軍の代替りごとに新しく朱印状を下付し直されるのが通例である。その都度古い朱印状は召し上げられる。最後の朱印状は、明治初年に政府によって上納させられている(6)。結局、形式的には領地に関する朱印状の正文は一通も手元に残らないのである。ただ写しのみ、大切に保管されることとなる。

清浄光寺の場合も同様である。現在、清浄光寺には寺領百石に関する朱印状の写しが六種残されている。それぞれ天正十九年・元和三年（一六一七）・寛永十三年（一六三六）・寛文八年（一六六八）・貞享二年（一六八五）・享保三年（一七一八）の発給である。元和三年の写しの文を先に記してみよう(7)。

当寺領相模国東郡藤沢之内百石事、任㆓天正十九年十一月先判之旨㆒弥不㆑可㆑□（在）㆓相違㆒之状如㆑件

元和三年二月廿八日　御朱印

藤沢

清浄光寺

寛永十三年以下の文書の文面もほぼ同文である（「先例」の日付は増加していく）。近世において清浄光寺が早くから

百石の朱印地を得ているのは明白であり、元和三年以下の写しと本号文書の比較によっても、内容は信頼してよいと結論できる。とすると、「藤沢寺」も清浄光寺を示すと判断せざるを得ない。元和三年以降の朱印状にはすべて宛所として「藤沢清浄光寺」あるいは「清浄光寺」と記されている。「藤沢寺」の語はない。天正十九年の文書に「藤沢寺」とあったのは、当時、清浄光寺が炎上したままであったという事情によろう。「藤沢」にある寺、という意味である。清浄光寺は天正十七年に再建途中で焼失し、同十九年にはまだ惨めな状態であった。神応寺本の「佐竹系図」に、

此歳（天正十七）、小田原城陥、旁近皆所二掠略一、以レ故寺罹二兵燹一時、以二騒乱一弗レ得三輙加二営建一、

とある。「小田原城陥」とは、豊臣秀吉による小田原城陥落のことである。

ただ、この寺の重要性は徳川家康も認識していたのである。時衆を把握するという政治的効果を考えて、百石の寄進となったものであろう。

(3)　佐竹義宣黒印状（神応寺蔵）

茨木之内　かしわい
一、弐百石也　中どろ
文禄四年乙未七月拾六日（黒印）（佐竹義宣）
藤沢

文禄四年（一五九五）七月十六日とは、豊臣秀吉政権下で佐竹五十四万五千八百石の知行割の基本方針が公表され、大規模に領内の知行割が開始された日である。宛所の「藤沢」は、当然、義宣の所領内の水戸藤沢道場である。徳川家康の支配下に入った相模国藤沢の清浄光寺に寺領を寄進すべきいわれはない。

「かしわい」・「中どろ」とは、柏井村と長兎路村であり、ともに茨城郡のなかに境を接して存在した。現在の茨城県西茨城郡友部町字柏井と字長兎路の地である。水戸藤沢道場から西南方約十五キロの距離である。なお、友部町には中世以来の時宗教住寺がある。また近世において、長兎路には教住寺の末寺である玄中寺があったが、文禄四年当時存在していたかどうかは不明である。(8)

水戸藤沢道場が寄進された二百石は、義宣の家臣団のなかでは中士層に属し、(9)かなり優遇された石高である。ただし、他の多くの家臣たちと同様、相給(一村を複数の人数で知行する)であったようである。元禄十五年(一七〇二)当時の石高であるが、柏井村は百四十石四斗二升二合、長兎路村は二百八十九石八斗八升二合である。(10)ところで、この寺領二百石については後日談がある。佐竹氏が秋田へ転封になり、普光が再建成った清浄光寺へ移ってしまうと、水戸藤沢道場は一転して困難な道を歩むこととなる。寺領は四十三石に減らされ、(11)まったくの一地方寺院にすぎなくなった。ところが神応寺本「佐竹系図」には、

東照神君モ亦加二附ス柏井・長兎路二百石ヲ一、

とあり、神応寺と寺号を付された水戸藤沢道場はこれを強く主張する。佐竹の転封以前に、家康から柏井と長兎路をもらっていたともいう。貞享元年(一六八四)、神応寺が寺社奉行へ提出した「口上之覚」(12)に、

従二権現様一被二下置一候弐百石之寺領上リ申候儀者、義宣御国替被二仰付一候以前、上人(普光)相州藤沢山ェ罷越、気分悪鋪候付、保養仕、久々相州ニ罷有候節、御国御改之御役人衆御越候節、当寺無住ニ而御座候而、其上　御黒印をバ上人相州江持参仕候故、様子　御公儀御役人衆江可二申上一者茂無二御座一候付、御黒印之寺領、御公儀江上リ申候間、其後御代々之御朱印頂戴不レ仕候事、(中略)右之通ニ御座候所、今度諸国一同、御朱印之御改御座候付、藤沢上人より被二御黒印遣一被レ申候間、罷出願申上候

と、運悪く家康から与えられていた二百石が没収されてしまったことを述べ、家康の黒印状を添えて願い出るので、

元のように寺領二百石を認めてほしいと要請している。

貞享三年（一六八六）、寺社奉行は神応寺に対し現有の除地四十三石のみを認め、黒印状による二百石については、「重而御吟味可レ被レ下」（元禄十五年九月付の神応寺の願上書）と認めなかった。このため神応寺は再び元禄十五年に同様の趣旨で願い出たが、結局、徒労に終わった。(13)

寺社奉行へ提出した黒印状は、本号文書に相違ない。神応寺に権現様の黒印状の写しとして残されている文書が、本号文書と同文だからである。つまり、義宣の黒印状を家康のそれとして提出したのである。神応寺が意図的であったのか、あるいは家康の黒印状として信じていたのかはわからない。

神応寺本「佐竹系図」では、義宣寄進の寺領について、

　義宣点シテ田谷・国井・長岡之地三百石ヲ寄二附ス之一

とあるけれども、これは疑問としなければならない。田谷・国井・長岡は旧那珂郡と旧茨城郡に所属した三つの村で、現在の那珂郡那珂町（田谷）、と水戸市（国井）、東茨城郡茨城町（長岡）とにある。義宣が三百石を与えた黒印状の写しと称するものが、前述した家康の黒印状の写しなどと同一の用紙に記されている。しかし、これは家康の柏井・長兎路寄進説を成立させるために、義宣は他の地域を寄進していたのであると後世に偽作されたとみるべきである。

(4)　佐竹義宣禁制（神応寺蔵）

札　　　　藤沢

一、寺内諸役免許之事

一、寺内殺生狼藉すべからざる事

一、見物貴賤高声歌舞戯笑すべからざる事
一、らくがきすべからざる事
右条々於二違犯輩一者、可レ処二厳科一者也、仍如レ件
文禄四年
十一月九日　　義宣（花押）

佐竹義宣は、文禄四年（一五九五）七月十六日に水戸藤沢道場に禁制を下したのである。もういうまでもないが、宛所の「藤沢」は水戸藤沢道場のことである。義宣が相模国藤沢在の寺に禁制を下せるはずもない。秋田藩採集文書中の本号文書の写し[14]には、「常州水戸藤沢山神応寺制札」と頭部に朱書してあり（神応寺の山号は藤沢山である）、『大日本史料』が当該年月日に「常陸水戸ノ佐竹義宣、同国神応寺ニ禁制ヲ下ス」と記しているのは妥当である。

(5)　他阿弥陀仏普光書状[12]（秋田龍泉寺蔵）

其元御移之後者、以二書状一不二申頼一事、本意之外候、此度龍泉寺被二罷下一候、不二相替一御親切処、於二拙僧一可レ為二本望一候、其国此下末寺等数多退転候、哀候、一ヶ所成共被レ及二御建立一、龍泉寺被レ為二指置一、源真御位牌所被レ成候而尤候歟、諸国末寺等不レ滅、迷惑候条、乍レ憚如レ此申入候事候、龍泉寺被二申達一候、穴賢穴賢
返々御国替之後、藤沢之儀も寺領笑止千万歎ヶ敷、夏中御上洛待入候
二月二十日　　他阿弥陀仏（普光）
佐竹御閑居
人々御中

本号文書は、長い間、「佐竹騒動」の根拠となってきた。しかしながら、本号文書は佐竹騒動の史料として使うべ

きではなく、また佐竹騒動そのものの存在も立証しがたいことがすでに明らかとなっている。[16] 佐竹騒動とは、時宗教団において、中世盛んであった時衆の勢力が衰えた直接のきっかけとされてきたので、以下その概要を述べておきたい。

佐竹氏が減封のうえ秋田に移されたとき、佐竹氏の家中は大混乱に陥った。彼らは悲運の主家を思い、徳川氏を深く恨んだ。その恨みをはらそうと、佐竹一族の普光が住む相模国藤沢清浄光寺付近に集結し、上洛途中の将軍家光を扼そうとしたが失敗に終わった。この結果、普光は水戸に引退を余儀なくされ、清浄光寺の法阿はその責任をとって割腹自殺し、八平方里に及ぶ寺領はそのほとんどが没収された。そのことが全国の時衆末寺に伝わり、累が及ぶのを恐れた多くの末寺は急ぎ他宗に転じた。以上が佐竹騒動の概要である。

右の話が成立した背景には、車丹波なる者の反乱事件があったようである。車という珍しい名字を持つこの人物は常陸北部の豪族で、佐竹氏の遺臣であった。彼は転封があった年にひそかに水戸城奪回を企てた。しかし事前に発覚し、丹波をはじめとする首謀者数名が逮捕・処刑されたという。丹波は藤沢道場の門前（または内部）に隠れていたところを捕まったのだという。[17]

丹波がほんとうに反乱を計画していたのかどうかは不明であり、あるいは常陸国内の不穏な動きを未然に抑える目的でデッチあげられた事件かもしれない。残念ながら車丹波事件については信頼すべき史料がなく、確実なところはわからない。ただ、「藤沢道場」付近に隠れていた、と後世に伝えられていたことは事実である。水戸藤沢道場は水戸城のすぐ近くにあるから、その付近に佐竹の遺臣がいても不思議ではない。そしてこの「藤沢道場」が相模国の藤沢道場すなわち清浄光寺と混乱し、佐竹騒動の話が成立していったのではなかろうか。

さて、慶長五年（一六〇〇）九月、関ヶ原の戦いで徳川家康は石田三成を破って勝利を得た。実戦には加わらなかったけれど、三成に心を寄せていた佐竹義宣は相当の弾圧を覚悟しなければならなかった。佐竹氏はひたすら恭順の意を表し続けたが、慶長七年五月、佐竹氏はとうとう出羽秋田への転封を命ぜられた。五十四万五千石から二十万五千石への大幅な減封である。当然のように多くの家臣が整理された。また、平安時代末期の佐竹氏成立以来の結びつきが強い寺社の秋田移転も制限しなければならなかった。

この混乱時に、義宣は、徳川方に人質同様京都伏見に滞留させられていた。歴代の祈願所である宝鏡院の秋田移転希望の問い合わせに対して、義宣は六月二十日付で次のように答えている。(18)

此般国替ニ付而、遠路以二御使僧一承候、本望之至候、仍先達も如二申越一、常陸諸寺家之儀、秋田御越之儀、堅御無用ニ而候、遠境与云、其上少分之身上与云、一とおり之御届も御無用ニ而候、畢境我等迷惑之儀ニ候、其儘常陸御残最候、巨細使僧可レ被レ申候

寺社は常陸にとどまってくれ、というのである。秋田へ一緒に行きたいといわれても、領地も激減したことだし、私としても困ってしまう、と義宣はいう。「迷惑」は、現代でいうところの「邪魔」という意味ではなく、「迷い」「惑う」つまりは「どうしたらよいかわからない」という意味である。

もっとも、寺社全部が常陸に残留したのではない。氏神の八幡宮、菩提寺の天徳寺などは秋田に移った。右の宝鏡院も、実は無理に移転を果たしている。

佐竹氏が去った後に入部してくる常陸国の新領主のもとで、旧来の寺社領がそのまま認められるとは限らない。人間関係も断ち切られる。多くの寺社が秋田移転を望むのは当然である。これは立場を変えていえば、秋田実季十九万石の支配下にあった秋田においても同様である。秋田氏の移転先は偶然にも常陸国宍戸（茨城県西茨城郡友部町内）であり、こちらはわずかに五万石である。いっそう混乱が激しかったというべきであろう。もちろんこれは関ヶ原の戦い後の、全国的な状況であった。

普光はいかなる動きを示したであろうか。彼は水戸藤沢道場の秋田移転は望まなかった。時衆の発展のためには、

秋田という僻遠の地へ移るより、残留をとるべきことは明らかである。かといって佐竹氏との関係も友好的でなければならない。何といっても頼りにすべき一族であり、大檀那である。かくて普光と藤沢道場は残留し、その代わりに龍泉寺の秋田移転を望むという形をとることになった。このときの嘆願書が本号文書である。あらためて現代語訳してみよう。

あなた（佐竹義重―義宣の父―）が秋田へ御移りになってからは、書状で御様子を伺ったりしなかったことを申し訳なく思っております。このたび、龍泉寺住職が秋田へお邪魔します。今までどおりに親切にしていただければ私も本望です。秋田（其国）や常陸（此下）の時衆の末寺の多くが断絶してしまいました。悲しいことです。一ヵ寺でも結構ですから建立され、使者の龍泉寺住職をそのまま住職としていただき、源真（源高浄安寺殿源真其阿弥陀仏、義重の父佐竹義昭）の御位牌所としていただきたいものです。諸国の末寺が残らず破滅してしまえば、途方にくれてしまいますので、はばかりながらこのようにお願いしている次第です。詳しくは龍泉寺住職から申し上げます。穴賢穴賢

ほんとうに御国替の後、水戸藤沢道場も寺領が残念なことになって嘆かわしいきわみです。夏中に上洛されるのをお待ちしています。

右の書状を理解するポイントは、「藤沢」を水戸藤沢道場と判断することである。水戸の新領主武田信吉（家康の息子）からどの程度の寺領が与えられたのかは不明である。慶長八年（一六〇三）には信吉の奉行の連署で藤沢道場に禁制が出されている（次号文書）から、無視されていたのでないことは確かである。しかし次の徳川頼房（家康の息子）流の時代には寺領はわずかに除地四十三石余であるから、すでに信吉の代に大幅に減らされていたものとみてよい。それ故にこそ、普光は「藤沢之儀も寺領笑止千万歎ヶ敷」と義重に訴えたのである。

本号文書の発給年は慶長八年とみてよいであろう。この年は転封の翌年で、夏には普光が在京しているからであ

る。『徳川実紀』同年四月二十八日条に、普光が伏見城で徳川家康に面会したことが記されている。

この日藤沢の清浄光寺・遊行、伏見に参り拝謁す

「藤沢の清浄光寺」とは普光であり、「遊行」とは遊行上人三十三代他阿弥陀仏満悟である。普光が家康に面会したのはおそらくこれが初めてである。関ヶ原の戦いで石田三成は敗れ、佐竹氏も秋田へ転封となって、普光は慎重に考えたに相違ない。佐竹氏に頼って時衆の復興をはかる計画は不可能となった。家康に頭を下げていかなければならないが、今までのいきさつから快く受け入れてくれるかどうか。一方では佐竹氏との関係も従来どおりうまくやっていきたい。それを家康が認めるかどうか。さらにいえば、遊行上人満悟が直江兼続の一族であることである。

関ヶ原の戦い直前、上杉景勝は会津若松百二十万石を領し、家老直江兼続は米沢三十万石を有していた。この時代、陪臣でこのような大領を有したものはいない。しかし関ヶ原の戦い直前、彼らは家康に抗して最上義光・伊達政宗と戦った。戦後、景勝領はすべて没収され、米沢の兼続領へ引き取られる形で存続が認められた。出身の一族がこのような状態であってみれば、遊行上人満悟の立場にも苦しいものがあったはずである。

時衆を率いる普光は、いろいろ考えをめぐらし、各方面に打診し、その結果方針を決定して公表できたのが佐竹氏転封後約九ヵ月の慶長八年二月であった。佐竹氏には秋田での寺院の建立と有力弟子の取り立てを頼んで友好関係を保つ。当主義宣にではなく隠居義重に頼んだのは、家康に対する政治的配慮からであろう。家康には四月に面会に行けることになった。時衆の最高責任者で、しかも佐竹・上杉の親しい関係者である藤沢上人・遊行上人の二人が面会を許された時点で、普光はほっと安心したに相違ないのである。これで徳川氏の覇権のもとで普光を頂点とする時衆の存続が確実になったからである。佐竹義重に書状を送ったのは、実はその後からではなかったか。

家康に対し、普光は「藤沢清浄光寺」と名のった。普光は一宗を代表しつつも家康に不快感を与えないように気を使わねばならない。佐竹氏と関係の深い水戸藤沢道場のイメージは払うべきである。幸い、清浄光寺には天正十

九年に家康から寺領百石をもらってあり復興が進んでいる。普光の正式の立場は藤沢上人であり、それは本来、藤沢清浄光寺住職のことである。水戸藤沢道場には寺号をつけておかなかったことが、ここにきて効果を発揮したのである。水戸藤沢道場は仮りに留まっていた所、という論理が成り立つのである。

しかしながら、実際に本山の役割を担ってきた水戸藤沢道場は、放棄される運命にあることが宣言されたことになる。

さて、佐竹義重に対する普光の願いは聞き届けられ、秋田で一寺が建立された。使者龍泉寺住職が開山となり、寺号も常陸時代と同じく龍泉寺とされたのである。「佐竹家中系図」(19)に、

龍泉寺開山の事、義照(昭)公永禄二年霜月三日御逝去の砌、遊行二十一代上人太田へ執行、不思議の時節遊行廻国故、焼香御頼、太田常光寺(浄)にて御葬礼なり、依レ之常光寺に御石塔あり、御位牌を前沢筑後弟坊主六寮秋田へ持参申によって寺立置、寺領五十石被レ下、龍泉寺と号

開山六寮其阿弥、前沢筑後弟

とある六寮其阿弥（其阿弥陀仏）が、普光の使者「龍泉寺」である。普光には年上の甥に同じく六寮其阿を名のる人物がいる。水戸藤沢道場の事務長格であった。この人物と「龍泉寺」とは別人である。普光の甥は、秋田で正体寺が建立されたとき、その二代目の住職となった。「佐竹家中系図」に、

清浄山正体寺開山の事、遊行卅二代上人小野大和守(義高)息たるによって常陸に道場を立、居住、義重・義宣両公秋田御下向の時、為二御見廻一可二罷下一旨申上るに依て、小野右衛門(義雅)子六寮上人のおいなるにより壱年前御召、正体寺を御建立、秋田藤沢と号す、卅弐代上人此寺に弐年居住、罷上候時、甥の六寮を住持とす、義宣公寺領三十石被レ下

小野六寮其阿弥

と記されている。

また正体寺は「秋田藤沢」と号したというから、普光は時衆本山をこちらに移したと思わせる工夫も行っていたことになる。相模国藤沢清浄光寺が危うくなったときのための、一種の保険である。

(6) 武田信吉奉行連署禁制(20)（清浄光寺蔵）

禁制

一、於㆓于寺中㆒殺生事

一、竹木伐採之事

一、門内にて鞠相撲等狼籍（藉）之事

右条々違犯之族有㆑之者、可㆑処㆓厳科㆒之旨、被㆓仰出㆒者也、依如㆑件

慶長八年癸卯

六月六日

万沢主税助
君基（花押）

馬場八左衛門
忠時（花押）

宮崎理兵衛
三楽（花押）

近藤伝次郎
吉久（花押）

河方織部
永養

帯金刑部助
君松（花押）

藤沢

常陸国では、慶長七年（一六〇二）五月に佐竹義宣の秋田転封が決定した後、六・七月ころから徳川家康の検地が始まった。水戸の新領主には同十一月武田信吉が入り、十五万石を領した。信吉は家康の五男で、天正十一年の生まれである。甲斐武田の名跡を継ぎ、関東最大の所領を有し、将来を大いに嘱望された。しかし病身のためにほとんど政務をとることなく、慶長八年九月十一日、水戸で亡くなった。享年わずか二十一歳であった。したがって信吉の水戸支配は十一ヵ月で終わった[21]。この間に残した信吉自身ないし奉行発給の文書は、信吉の書状三通、奉行の奉書三通が数えられるのみである。本号文書は、奉書のうちの一通である。

本号文書連署の奉行のうち、万沢主税助と河方織部はともに三千石を領した。信吉の家臣団の中では最大の知行高である[23]。

本号文書はごく普通の寺院禁制というべきであろう。第四号文書の佐竹義宣の禁制にみる「寺内諸役免許」の特権はすでになく、政治的にも経済的にも水戸藤沢道場が圧迫されていると思われる。ただし奉書が下され、保護の形を取っているところから見て、信吉も水戸藤沢道場（依然として時衆遊行派の本山である）を無視することはできなかったのである。

なお、『大日本史料』慶長八年六月六日条に、「常陸水戸城主武田信吉、相模清浄光寺に禁制を掲ぐ」と、『相州文書』を根拠に記してあるのは誤りというべきである。「藤沢」が水戸藤沢道場であるのはもはや明らかであるし、まして武田信吉が慶長八年に相模国藤沢に禁制を出すいわれもない。同様に、『時衆年表』[23]同日の記事も訂正されるべきである。

また、『水戸市史』中巻(1)には、本号文書を「時宗の本山清浄光寺（天正十八年、兵火に焼かれて相州藤沢から水戸の神生平、のちの藤沢小路に移る—原註—）に出した殺生禁断などの禁制」と解説している[24]。「藤沢」を水戸藤沢道場と判断したのは妥当であるが、水戸藤沢道場すなわち清浄光寺ではない。両者はあくまでも別である。

ところで、清浄光寺に保存されている二枚の制札について記しておかねばならない。二枚は同文で、文章は次のようになっている。

禁制

一、於二于寺中一殺生事

一、竹木伐採之事

一、門内にて鞠相撲等狼籍(藉)之事

右条々違犯之族有レ之者、可レ処二厳科一之旨、被二仰出一者也、依如レ件

慶長八年癸卯

六月六日

つまり、差出しと宛所がなく、年紀が「年癸卯」から「癸卯年」と、いかにも江戸時代らしく入れ代わった表現をしているのを除けば、本号文書と一文違わず同じ文章なのである。江戸時代の清浄光寺ではこの制札を立て、風雨にさらされて読みにくくなると新しいのと取り替えた。それが現在は二枚残っているのである。

しかし慶長八年六月六日付で清浄光寺に禁制が下された事実はない。この制札の根拠は、おそらく本号文書の武田信吉奉行連署の禁制であろう。本号文書が清浄光寺に伝来されたことがポイントである。普光は慶長十二年（一六〇七）清浄光寺に帰山するにあたり、水戸藤沢道場から重要文書をかなり持っていったようである。[25]当然のことであるが、その結果、水戸藤沢道場に伝来されるべき文書群も清浄光寺と神応寺に分かれて伝えられることになったのである。本号文書も清浄光寺へ移され、宛所の「藤沢」が水戸藤沢道場であることがいつしか忘れられ、清浄光寺の制札の文章に使用されることとなったと推定される。

さて、武田信吉の没後、水戸城主となったのは徳川頼宣である。家康の十男で、慶長七年三月の生まれであるか

ら、このときわずか二歳（数え年）である。水戸領には十五万石に五万石が加えられ、翌慶長九年にはさらに五万石が加増され、二十五万石となった。頼宣は慶長十四年（一六〇九）駿河・遠江・三河に転じ五十万石を領した。この間、頼宣は一貫して駿府の家康のもとで育ち、水戸へはまったく来たことがなかった。頼宣の次の水戸領主が徳川頼房である。

普光は頼宣時代の慶長十二年、再建成った相模国藤沢清浄光寺に帰住する。水戸藤沢道場の外護者佐竹氏はすでに去り、新領主によって寺領は大幅に減らされた。機会を見計らっていたであろう普光は、清浄光寺の再建と普光受け入れの条件（普光と対立していたらしい再建の功労者である龍華院法阿の死去―慶長九年―）が整うと、ためらわずに清浄光寺に移ってしまうのである。[26]

水戸藤沢道場が、二代住職が来るまでの十余年間、具体的にどのように扱われたかをうかがわせる史料はないが、依然として「藤沢道場」のままであったことはほぼ確実である。普光は、清浄光寺および自分自身の万一の場合に備えて、水戸藤沢道場に寺号をつけず、専任の住職を置かず、そのままにしておいたのであろう。それが江戸幕府体制下における清浄光寺と自分の安定を感じたとき、はじめて水戸藤沢道場を本山のしがらみから切り離し、二代専任住職を送り込み、地名に基づく寺号「神応寺」をつけたものと思われる。神応寺本「佐竹系図」に、

元和五年ノ仲秋、其阿露眼自二リ会津西光寺一移二住ス茲ノ所一ニ、其ノ無二寺号一因テ額シテ曰二神応寺ト一、是由三

其地□与二雷神ノ有一レ応也

とあり、神応寺と名づけたのは元和五年（一六一九）のことであったと記されている。[27]

注

（1）時衆教団では、十六世紀の清浄光寺焼失の間の藤沢上人は、正式の歴代には数えていない。

(2) 新潟県十日町来迎寺蔵。大橋俊雄『時宗の成立と展開』(吉川弘文館、一九七三年)三五〇頁以下。
(3) 同種の異本中では、『時宗血脈相続之次第』が最も古い写本である。
(4) 『藤沢市史』第一巻(藤沢市史編さん委員会、一九七二年)九八三頁。
(5) 『藤沢市史』第五巻(藤沢市史編さん委員会、一九七三年)一頁以下。
(6) 圭室諦成『日本仏教史』III(法蔵館、一九六五年)三〇六—三〇九頁。
(7) 『時宗史料第二　時宗末寺帳』(時宗教学研究所、一九六五年)清浄光寺の項。
(8) 『新編常陸国誌』二三三頁および『時宗末寺帳』による。
(9) 『水戸市史』上巻(水戸市史編さん委員会、一九六三年)七六五頁。
(10) 『新編常陸国誌』二三三頁。
(11) 『時宗末寺帳』。
(12)(13) 神応寺蔵。
(14) 『秋田県史』資料、近世編上(秋田県史編さん委員会、一九六三年)三一頁。
(15) 橘俊道『遊行寺』(名著出版、一九七八年)三五三頁。
(16) 橘俊道「佐竹騒動の虚実」(同『時宗史論考』法蔵館、一九七五年)、大橋俊雄「清浄光寺の再建と遊行上人普光の行動」(『時衆研究』六七、一九七六年)など。
(17) 『新編常陸国誌』三四五頁。
(18) 『水戸市史』上巻、附録、五二—五三頁。
(19) 『秋田県史』資料、近世編上、一〇八頁。
(20) 『改訂新編相州古文書』第五巻、一〇四—一〇五頁。
(21) 『水戸市史』中巻(一)(水戸市史編さん委員会、一九六八年)、一二—一八頁。
(22) 『水戸市史』中巻(一)、二〇頁。
(23) 望月華山編、角川書店、一九七〇年。
(24) 『水戸市史』中巻(一)、一八頁。
(25) 本文で取り上げた神応寺蔵「口上之覚」のなかに、「上人(普光)相州藤沢山江罷越(中略)、御黒印をバ上人相州江持参仕候」とあるのは、一面の真実を述べていよう。

(26) 大橋、前掲論文。

(27) なお他に取り上げるべき文書として、内容の異なる二点の「佐竹義久判物」があるが(それぞ清浄光寺と神応寺の蔵)、以前拙著『鎌倉新仏教の研究』(吉川弘文館、一九九一年)二〇二頁以下で詳しく分析したので、ここでは省略することとする。

第二節　近世遊行上人の廻国

時衆史研究において、近世は研究文献の少ない時代である。どうしても一遍およびそれに近い時代に関心が集中するからである。それでも近年、遊行上人の廻国史料をもとに、近世の廻国の実態や意義、また大名・武士や庶民との接触の様子が明らかにされつつある。遊行上人の廻国の記録である『遊行日鑑』が活字化されたこと（角川書店）や、清浄光寺（遊行寺）の毎日の記録である、膨大な『藤沢山日鑑』の翻刻が進められていること（昭和五十八年より。藤沢市文書館）は、近世の時衆史解明に大きな役割を果たしつつある。本節では、すでにいくつかの同種の論考があることを承知した上で、(1) 遊行上人の廻国と在地の人びとの対応について検討していく。なお、近世以降、時衆の法名は「―阿弥陀仏」が省略されて「―阿」が一般的になった。たとえば、他阿弥陀仏は他阿である。

(1)　近世の遊行の概観

幕藩体制下における遊行上人は、遊行三十二代他阿普光から遊行四十一代他阿尊澄まで二十九人である。『時衆年表』(2) などからうかがえるこれら遊行上人の活動をみれば、およそ以下のことがいえるであろう。

(一)　十七世紀初頭において、他の宗派と同様時衆も幕府の支配体制のなかに組み込まれ、遊行上人の廻国も幕府の直接管理のもとに置かれたこと。これは次の二点によって確認できる。第一は、遊行上人の法燈を受け継ぐ形式についてである。元来、遊行上人の法燈を受け継ぐには、前代上人の旅先・止住地・入滅地などで相続の儀式を行い、新遊行上人が誕生するのが例であった。ところが遊行三十五代他阿法爾（相続は寛永四年〈一六二七〉のときから、前代上人の動静にかかわらず藤沢清浄光寺で儀式を行い、江戸城に登城して将軍に御目見えするのが例となったこと。(3)第二は、これに先立ち遊行上人三十四代他阿燈外が慶長十八年(一六一三)江戸浅草日輪寺で遊行上人の職を相続したとき、幕府は伝馬五十疋の朱印状を与えて廻国を保護するとともに、支配下に組み込んだのである。

(二)　十七世紀中期から廻国のコースがほぼ固定された。社会の一応の安定期に対応してということであろう。全国を計画的に一周しようとする場合、必然的に関東→陸奥→出羽→北陸→中国→九州→四国→近畿→東海→関東というコースか、その逆のコースをたどることになる。近世では前者のコースが慣例となった。もっともコース全体を遊行したのは、正徳二年(一七一二)に遊行上人四十九代となった他阿一法からであるのを見てもわかるとおり、全部の遊行上人がコース全体をまわったわけではない。これは遊行上人の職に何年いたかも関係があろう。

(三)　一遍以来ほとんど途絶えたことがなく、途絶えても一、二年にしかすぎなかった遊行上人の職が、長期間空位のままで置かれることが多くなったこと。享保六年(一七二一)に他阿一法が藤沢に止住して藤沢上人となったあとの五年間、次の遊行上人五十代他阿快存が藤沢上人となってからの七年間、五十一代賦存が止住してからの三年間、五十二代一海の止住後八年間、さらに五十三代尊如が藤沢上人となってから次の五十四代尊祐が遊行上人の職を次ぐ寛政三年(一七九一)までの実に十五年間が空位であった。続いて十二年間・九年間・十三年間・七年間と、新しい遊行上人が決定するまでに空白がある。(4)つまり近世では、空位の期間が存在することが普通であったのである。これは近世の遊行上人の廻国の本質にかかわる問題が背景にあると判断される。つまり、喜び迎えられるべき遊行上人の一行が多分に大名行列化し、受け入れ側の負担が過重となっていたのである。受け入れ側の町村や末寺の財政事情の悪化にともない、遊行上人はしだいに敬遠されるようになった。

教団側が決定したくても、遊行上人を決めることができなかったのである。

では次に、遊行上人の廻国を具体的にみていこう。基本史料は遊行上人四十九代他阿一法の『遊行日鑑』である。一法は正徳二年（一七一二）から享保六年（一七二一）まで全国を遊行している。

(2) 他阿一法の遊行

①廻国のコース

正徳二年三月十八日の『遊行日鑑』（以下、引用史料は断りのないかぎり『遊行日鑑』から）に、

　暮六ッ半時御相続、

とある。ここに他阿一法は四十九代の遊行上人となった。翌日、

　御相続為二御届一、江府へ御使僧立、

と幕府への連絡（時宗総触頭の浅草日輪寺を通じて）を行う。同二十五日藤沢上人他阿転真から伝馬五十疋の朱印状を渡された。この朱印状を持っていれば、どこででも伝馬五十疋と人夫五十人を徴集できる。五月十六日に幕府へ差し出した口上書によれば、

　従二前代一御朱印本紙遊行留申候、

と、遊行上人から受けついでいくものであった。江戸時代の遊行上人は、このような特権を幕府から与えられて、全国をめぐったのである。ちなみに、転真は、正徳元年十一月二十四日に江戸品川の善福寺（東京都品川区）で入滅した藤沢上人他阿賦国（遊行上人四十八代）のあとを受け、同十二月二日に甲府一蓮寺より藤沢に入山したばかりである。[5] 遊行上人の経験はない。つまり、賦国が同年八月に藤沢上人になってから、遊行上人は決定していなかったのである。

五月十四日、幕府より登城についての連絡がくる。

堀田伊豆守様在所ゟ御状到来、従レ是御報可レ被レ出旨被二仰遣一候、（中略）常住（日輪寺住職）八時本多弾正様へ罷越、其後七過立越、則御継目之御礼明日被二仰渡一候旨、御注進被二申上一候、

こうして十五日に一法は江戸城へ入る。同日条に、

六半時之御登城、御礼前於二御広間一諸大名中御礼御化益、九時前於二御白書院一本多弾正様□御礼之式・僧正席御指図、日輪寺・衆領軒桜間迄御［　　］御目見被二仰上一候、御大老・御老中・若御老中・寺社奉行・御側用人衆御礼御出、（中略）御広間へ返ル、諸大名衆難レ去□御所望御封札少々被レ遣レ之、

とあって、将軍に会い、諸大名たちにも賦算を行って引き上げる。将軍家宣からの新しい伝馬五十疋の朱印状は、同月二十日に渡されている。

こののち、全国遊行に旅立つことになる。その年は武蔵・常陸・磐城などを経て南部光林寺で年を越した。

正徳三年（一七一三）八戸・青森・弘前・酒田・長岡・出雲崎を経て、加賀金沢玉泉寺で越年。

正徳四年（一七一四）敦賀・鳥取・松江・広島・浜田・萩を経て周防山口善福寺で越年。

正徳五年（一七一五）唐津・佐賀・熊本・鹿児島・志布志・延岡・竹田から宇和島を経て伊予奥谷宝厳寺で越年。

正徳六年（一七一六）高松・徳島・丸亀から鞆・岡山を経て、京都に到着（七月）、享保四年まで七条金光寺に滞在。

享保四年（一七一九）四月金光寺を出発、和歌山・熊野（和歌山に戻る）・熊野神宮を経て、尾張萱津光明寺で越年。

享保六年（一七二一）二月四日称願寺を出発、同月九日に藤沢に帰入、そのまま藤沢上人の職につく。

途中、諸寺社へ参詣する。その記事に、

塩竈御参詣、明神鳥目壱貫文上（正徳二年十月二十五日の条）、

という簡単な内容しかないものから、

篠原御着、松平備中守様ゟ仮屋真盛塚之前弐間四方、藁筵仮屋十間程、南弐間・拾弐三間之仮長屋立候、廻ㇾ竹之囲有、御法事之次第、帰三宝・弥陀経念仏（正徳四年二月朔日条）

とやや詳しく記していることもある。後者は遊行上人十一代他阿太空が康応二年（一三九〇）斎藤実盛の霊を化導したとして以後慣例の行事を記録したものである。(6) また越前敦賀西方寺と気比神社における「お砂持」（遊行上人二代他阿真教に関する故事）の行事などは大変詳しく記入されている（正徳四年五月九、十日条）。これらの記事は、近世においては慣例化した行事を示すにすぎないとはいえ、中世における古い宗教行事の様子を類推させるものがある。

次に宿泊場所について。近世においては遊行上人の一行が野宿するということはない。原則として時衆寺院に宿泊する。ただし、全国どこにでも時衆寺院があるわけではないから、その時には他宗派の寺院や、村の有力者の家に泊まる。他宗派の寺院というのは、浄土宗がいちばん多いが、ほとんどの宗派にわたっている。もっとも、この宿泊場所は前もってその地の領主に依頼した結果であり、遊行上人の側で場所を指定するわけではない。したがって、浄土宗寺院が多いのも時衆側の選択の結果ではない。ただし、日蓮宗寺院に宿泊することはない。

②一行の人数・持ち物など

一法が備前国岡山へ来たときの記録に、

遊行一法上人五月七日津山発駕、御国被ㇾ移、大衆六拾三人・医者壱人・若党弐人・中間拾四人、合八拾壱人、

とあって、一行の人数は八十一人にも上っている（「遊行上人御馳走留」(7) 正徳六年閏二月五日、岡山寺社役所宛書状）。こ

のほかに朱印状により徴発された馬と人足が従うのである。右の文書に、

御朱印伝馬五拾疋・人足五拾人、外馬廿壱疋・人足廿壱人支度、

とあり、さらに案内係がつくから、一法が岡山へ到着したときには総勢百五十二人以上であった。

また元禄八年（一六九五）三月、遊行上人四十四代他阿尊通の九州遊行を見たある日蓮宗の僧侶は、

今日遊行発駕、人馬数百、行粧厳重、恰も宮門跡の回国に似たり、

と驚き、あきれているが、遊行上人三十二代他阿普光・四十二代他阿尊任などが目指した教団体制は、まさに「宮門跡」と同様の状況に引き上げることにあったのである。

当然、一行の持ち物も多くなっている。寛保三年（一七四三）、遊行上人五十一代他阿賦存が下総布施善照寺へ到着したときの記録には次のようにある（『遊行上人御修行書物控[8]』）。

一、御殿　八人　一、御輿　八人　一、御召替　六人　一、御道具　六人　一、御茶弁当　三人　一、両掛箱　弐人、合羽籠　六人　一、長持四ッ　三十弐人　一、御志やくし箱　弐人　一、御膳道具　三人　一、山かご壱ヶ　六人、

人数は、荷物を持たせる人足の数である。「御殿」とは熊野権現がおさめられているものであり、遊行廻国の持ち物では最も大切にされた。ほかに大事に持ち歩いたものとして、「遊行の霊宝」がある。いろいろいわれのある品物を秘宝とし、時に応じて貴賤に見せていたのである。いわば「出開帳」である。「遊行の霊宝」の初見は、『御湯殿上日記[9]』天正八年（一五八〇）二月五日条に、

ゆきやう上人れいほういろ〳〵もちてまいらる、、

とあり、また遊行三十一代他阿弥陀仏同念の『遊行三十一祖京畿御修行記』の同日条に、

遊行代々霊宝共十巻の御絵・一遍御磬・天神宸筆六字名号・星硯以下、

とあるものである。万治三年（一六六〇）大蔵虎明《こみょう》著すところの『わらんべ草』には、

遊行の宝物

一、実盛の太刀・甲　一、仏面帳、是ハはせの観音より、寄進なりと云　一、いぼ硯、龍宮よりきしん

一、しゃくし、同断　一、中将姫の、ぬいのあみだ　一、行平の、脇指、元祖の守りがたな也　一、吉光、脇指　一、志津の小刀　一、熊野権現の、わに口のかたわれ、則扣鐘にして有　一、天神の自画自賛　一、縁起、後光厳院様、寄進、絵ハ、土佐

とあり、嘉永五年（一八五二）の成立と判断される『遊行無畏宝物縁起』(10)には、

称光天皇の綸旨、後小松上皇の院宣、唐団扇、溜息の面、実盛太刀兜、同馬具、尊観法親王御影、足利義持の御教書二種、一遍上人絵詞伝、一遍上人御真跡、一遍上人御所持の金磬、星硯、搗和布杓子、刀壱腰

という十四種とともに、それぞれの由来が詳しく記されている。

一遍の遊行では、これらのたぐいを持ち歩かなかったことはいうまでもないが、一行をとりまく人びとのなかにいわゆる「絵解《えとき》」らしい者がみえる。たとえば、『一遍聖絵』第三巻の一遍が熊野から伊予国へ帰ったくだりの絵に、開いた傘に巻物をぶらさげた人物がある。また同じく第六巻の尾張国甚目寺《じもくじ》の場面の絵には、腰に巻物をぶら下げて笠をかぶった女がいる。これらが恐らくは「絵解」である。(11)

「絵解」とは絵を見せながら話をする語りの徒であり、「熊野比丘尼」などはこの系統から出たものである。一遍没後の時衆の間では、伝道の一手段としてこの「絵解」の手法が採用された。すなわち、一遍の行状を描いた絵巻物を作成し、これを見せながら教えを説くのである。『遊行上人縁起絵』に多くの写本のあることがそれを物語っており、その一つが『遊行三十一祖京畿御修行記』の記すところの「十巻の御絵」であって、『わらんべ草』の「縁起、後光厳院様、絵ハ土佐」、『遊行無畏宝物縁起』の「一遍上人絵詞」などである。これに多くの品物がつけ加わって

いったのであろう。

近世においては、世人の方でもあたかも秘仏の開帳でも見るような期待を遊行の霊宝に抱いた。正徳二年（一七一二）九月十日条に、

内藤下総（野）守御参詣、宝物出、

とあり、同十一月四日条には、

若狭殿家老衆三人窺㆓御機嫌㆒被㆑参候、御什物拝見之所、

正徳三年四月十一日条には、

町奉行両人来、什物開帳有㆑之、

などとある。「什物」・「宝物」はいずれも遊行の霊宝のことである。なかには末寺がこれを利用して金集めをはかったりしたこともあった。享保十二年（一七二七）下総国布施の善照寺は、寺再建費用捻出のために、おりから結城に滞在中の遊行上人五十代他阿快存に、

当寺御移候ハヾ、御宝物拝借、開帳願申、

したところ、

所願之通被㆓仰付㆒、

と許可され、一週間借用して公開している（享保十二年二月九日、同十二日条）。

ではこのような遊行上人一行の本来の目的と、具体的な伝道活動について検討してみよう。

③伝道活動

正徳三年七月二十八日条に、

遊行代々御朱印頂戴致、日本国中修行申候意趣ハ、神勅之御札為㆓弘通㆒御座候、

とあるように、廻国の目的は、第一に賦算《ふさん》である。これを「神勅の御札」と称するのは、かつて一遍が熊野神から授けられたもの、としているからである。第二の目的は、教団の統率である。たとえば正徳三年八月、一法は佐渡から越後国を巡っていた。この間、佐渡の松山大願寺の末寺宿禰宜称光寺の直末願を審理し（八月七日条）、二名の僧の階級を上げ（八月二十三日、同二十六日条）、越後国北条専称寺の住職を「不届成仕方有レ之」と隠居させ（八月二十七日条）、同国狩野庄古町合生寺の住職を「年来出家不二相応一行作付、先月上旬旦方ゟ右の旨委細訴候之上、於二所々訴之趣一二同之風聞相聞」と「追放」の処分を行っている。

第三の目的は、やはり文字どおりの「修行」であろう。大名行列化しているとはいえ、数年あるいはそれ以上も旅を続けるのは容易なことではないのである。

では具体的に伝道活動を見てみよう。賦算がその第一である。賦算は本来どこにおいてでも、誰を相手にしてでも、行われるべきものなのである。

正徳四年七月二十六日条に、

寺社奉行木次官右衛門殿、町奉行長谷川平蔵・矢嶋清兵衛、勘定頭小栗安兵衛・弥島六左衛門・米村勘右衛門、右ハ御着之日御前へ被二罷出一御札頂戴、

とあったり、正徳三年七月晦日条に、

於二中山峠一御札御化益被レ遊候、

などとあるように、ときと場合に応じて多くの人びとに札をくばっている。

寺院に滞在している時には、参詣の人びとを対象にして、場所・時刻を定めて賦算を行う。寺院側では、遊行上人が来る前に必ずその準備を整えている。寺院の一隅に「札配り所」とか「札棚」と呼ばれる賦算所を設けるのである。寺によりその形は多少異なるが、正徳六年の岡山正覚寺の場合は、本堂の東北の隅に出張る形で、一間四方

の、縁よりやや高めの台をこしらえた。遊行上人はこの上に座って参詣の人びとに札を手渡した（『遊行上人御馳走留』）。寛保三年（一七四三）の布施善照寺の場合は、竪九尺・横一間、破風造の屋根を作っている（『遊行上人御修行書物控　二』）。熊野神との関係を思いおこさせるため、神社建築に用いられる破風造を使用したのであろう。善照寺の記録の文化十年（一八一三）の図によれば、本堂の西南の隅に出張る形に設けられている（『遊行上人御移記　六』）。

この「札棚」の図の初見は、すでに中世にさかのぼる。『遊行縁起』がそれである。これは遊行上人十三代尊明（応永八―十九年〈一四〇一―一二〉）・十四代太空（応永十九―二十四年〈一四一二―一七〉）・十五代尊恵（応永二十四年〈一四一七〉―正長二年〈一四二九〉）の伝で、同時代に作成されたと推定される。このなかの絵に、「札棚」が記されているのである。(12)

次に「神勅の札」以外の諸種のお札を与える活動がある。代々の遊行上人によりお札の種類に多少の差があるが、一法の場合は矢除・雷除・除病・御封札などであり、次の他阿快存は矢除・雷除・除病・御封札・弁天・大黒・愛染・普賢・天神・三社詫・安産・疱瘡・摩利支天・毘沙門・三福神などである。これは明らかに現世利益を求める世相に対応したものである。これらのお札の初見は、元禄六年（一六九三）、遊行上人四十四代他阿尊通が岡山へ来た時にこれを接待した人びとの記録に、

上人私直札守被レ下候、（『遊行上人来藩記』(13)）

とあるものである。どの階級の者にはどのお札、と決まっていたわけではないが、矢除は大名をはじめとする武士、雷除はその妻に与えた例が多い。またこれらのお札はすべて土産物的・札物的要素が強い。たとえば正徳二年十一月二日の条によれば、一法は陸奥国涌谷《わくや》において、

領主安芸殿以二修領軒一矢除・御歌、奥方雷除、御子息源九郎殿矢除、同奥方雷除被レ遣レ之、家老四人矢除銘々被レ下レ之、同心□軒也、御相伴給仕衆十弐人守名号被レ下レ之、茶道壱人・料理両人御守名号被レ下レ之、

を与えたことや、同月二十九日条に、

宮森御一泊、亭主金弐百疋、御名号被レ下候、

とあるように、「南無阿弥陀仏」の名号も含めて、『遊行日鑑』にはこの種の記事が非常に多く見受けられる。快存の場合はお札の種類も多く、与えた記録も最も克明であるといってよい。

お札を一般の人びとから要求する場合も当然あった。明和六年（一七六九）五月十一日の条には、

河野権右衛門殿ゟ使者井上茂兵衛と申仁来、訳ハ息女病気付御封札被二仰交一度段、

とある。「御封札」とは恐らく「護符札」のことで、病気回復の目的で求めてきたものである。

これらのお札は、「神勅之御札」と異なり、遊行上人自身が直接手渡す必要はなかった。代わりの者に贈らせることで充分であった。

時衆の檀那を特に対象とした活動に、「過去帳入り」がある。正徳三年（一七一三）八月朔日条に、佐渡において、

松山御付八ッ時御着被レ遊事、から物文庫一ッ、朱塗蒔絵、辻八郎左衛門殿ゟ献上、依レ之夫婦御過去帳入、御名号被レ遣候事、

とあるのがその一例である。ただ、「依レ之」からみて、かなりの金品を遊行上人に寄進する必要があった。また「名号」は過去帳に名前を記入した証拠に与えたものである。それは、例えば遊行上人四十七代他阿唯称（元禄十五年〈一七〇二〉―宝永四年〈一七〇七〉）が下総国諸川向龍寺（茨城県猿島郡《さしまぐん》総和町）の檀那に与えた名号をみればわかるのである。この名号には、「南無阿弥陀仏」および過去帳入りした夫婦の戒名が唯称の署名とともに記されている。さらに別筆で二人の命日と「代々相伝之載二過去帳一」の文が記入されているのである。したがってこの名号は、延宝四年（一六七六）と寛文十三年（一六七三）に没した夫婦の過去帳入りを求めて認められ、その結果与えられたものと判定される。(14)

最後に一年間の行事を見ておこう。これは全国遊行中なので多いわけではない。まず毎日の勤行は、朝・昼・晩の三回で、それぞれ晨朝・日中・初夜と称する。むろん一日の日程によっては省略されることもあった。一年を通して調べてみよう。

一月元旦　明七ッ半（午前五時）に起き、書初・大服茶・勤行・雑煮など。

一月二日　連歌初始め―遊行上人と弟子・役僧などが連衆として参加する。

一月十一日　御算切―賦算の時の札を作る儀式。版木で印刷する。

一月十七日　二祖忌―真教の命日。

七月十四日　庭躍（今日に薄念仏《すすきねんぶつ》として伝わる）。

七月十五日　施餓鬼。

八月二十三日　元祖忌―一遍の命日。

十二月下旬　別時勤行。

十二月下旬から一月にかけては、毎年一ヵ所に長く滞在している。

④遊行批判

遊行上人の廻国にきびしい批判の目を向けていた人もいる。明暦三年（一六五七）、遊行上人三十九代他阿慈光が岡山へ到着したとき、領主池田光政は冷たくあしらった。その理由は、

あき・筑前・豊前などにて、むざとけっこうニ仕なし候故、おごり候、

と、一行の奢った態度を憎んだためである（『池田光政日記』明暦三年五月―六月条）。池田光政は有名な排仏論者であるうえ、岡山城下には時衆の末寺がなかったからなおさらのことであった。また日向国佐土原に流されていた日蓮宗不受布施派の僧日講《にちこう》は、その日記『説黙日課』(15)元禄八年（一六九五）三月二十六日条に、

聞く、今日遊行発駕、人馬数百、行粧厳重、恰も宮門跡の廻国に似たり、予思ふ、近年遊行廻国過奢の旅行、尤一遍廻国結縁の風俗に違すべし、

とあって、遊行廻国が過奢になり、一遍のころの遊行とは似ても似つかぬ状況になっていると非難する。さらに『塩尻』第二十七巻でも、

北条氏鎌倉の権を執ける頃、諸国の事を聞えきはかりごとに遊行上人の廻国夫馬の証印を出しこゝろのまゝに国郡を経歴し其留止の所にては守護地頭にもてなさせけり、（中略）此風俗にて足利家武将たる時も夫馬の証印御教書賜はりける、但し此時は間者を成しにはあらず、やうやく世の費となりて民のわづらひにて侍りし、今とてもむかしのまゝに伝馬人夫を思ふまゝに遣ひて多くの僧を引つれ、遊行遊食して天下を横行す、

と、「世の費」「民のわづらひ」であると攻撃する。しかし、なかには遊行上人をほめた人もいる。松浦静山はその著『甲子夜話』第五十巻で、

予この六月（甲申）日輪寺に書画を観に往て思はずも遊行上人に逢たり、この人年六十六とか聞たるが、見る所は四十とも覚しき、髭髪も黒くして痩形の壮健なる人なり、又聞くかねて云所、我が宗体はもとより官僧にもあらず、又学業を旨とするにも非ず、全体乞食僧ゆゑ、曾て、尊大に為べき者ならずとて慇懃を尽すと云き、成ほど容体、さ可〻有と見へたり、

と感心している。これは文政七年（一八二四）のことである。ちょうどその年の四月十七日に遊行上人五十六代を継いだ他阿傾心が廻国の旅に出て、将軍に御目見えのために浅草日輪寺に逗留中のことであった。個人的には遊行上人は尊敬されるべき態度であったろうが、廻国の体制が非難の的になったということであろう。

以上、回国に対する批判は別として、今までは遊行上人の側からの廻国を眺めてきた。では次に迎える側の人びとの立場にから見なおしてみよう。

(3) 在地の人びとと遊行上人

①下総国布施村と善照寺

遊行上人を迎えた在地の人びとの対応を見るための舞台として、下総国布施村を選ぶこととする。ここは農村であり、同時に商品流通の一集散地でもあった。この地には遊行上人接待の記録が、享保十二年（一七二七）以降、毎回残されている。この史料により、年代を追って見ていこうと思う。

布施村は現在、千葉県北部の柏市に属している。江戸から水戸街道を北上し、松戸宿・小金宿を経て、次が布施である。街道は布施から水戸へ行く道と、北西方向の水海道（茨城県水海道市）方面へ行く道とに分かれる。この二つの道のうち、水海道方面へ一キロほど行ったところに時宗善照寺がある。布施村は農村であるとともに、利根川の渡しに面していたので、享保年間（一七一六—三六）以降は特に商品流通の基地として発展している。

寛文十一年（一六七一）三月付の『時宗善照寺檀家改帳』(16)によれば、善照寺の檀家は六十二軒であって、寺の財政は豊かではなかったようである。少し時代は下るが、享保十二年（一七二七）の『遊行上人御修行書物控　一』には、

　善照寺義、貧寺御座候、

とあり、寛保三年（一七四三）の『遊行上人御修行書物控　二』には、住職が、

　先年修行御座候節、(中略)村方旦那勤化仕、其助力儀以仕候、然所去年大風雨水損ニ付、村方悉困窮仕候時節、殊拙僧義貧化之儀御座候得共、一向支度之心当ニ無二御座一候、

と、遊行上人を迎えるための準備費用の援助を領主本多氏に対して求めている。

しかしこれが文化九年（一八一二）になると檀家数は百十五軒に増加し、しかも多額の寄付が集まっている（『遊行上人御移記　六』）から、時代が下るに従って裕福になっていったとみてよい。

また布施村では、後藤家と成島家が名主の職にあった。この両家は同時に大檀那として善照寺および檀徒を指導

していた。文化六年（一八〇九）の「村明細帳」によれば、村の軒数は百八十九軒である。したがって、先の文化九年の記録と考えあわせれば、村の過半数の家が善照寺の檀家ということになり、かつ二軒の名主が善照寺の檀家であるから、遊行上人来村のときには文字どおり村中で迎えている。

名主の一人後藤氏は、遊行上人接待の記録を享保十二年からつけ始めた。同年の『遊行上人書物控　一』に、

当御領主様相成初之御修行と相見候付、是を一といたし置候、

とあり、前回の元禄年間の来寺の事は、

年寄之者共申伝候計、別書物等無二御座一候、

とあるように、まとまった記録はなかったのである。

ここで善照寺そのものについて見ておこう。寺伝によれば、善照寺は他阿弥陀仏真教の開基という。それを証明するものは何もないけれども、鎌倉末期に下総・常陸あたりに時衆教団の教線がのびていたことはすでに明らかである。布施よりやや南方の松戸市上本郷には時宗本福寺があり、この寺には直径二一センチの鉦鼓が伝来されている。その銘文に、

嘉元政元癸卯天九月

本福寺開祖他阿弥陀仏

とあり、嘉元元年（一三〇三）真教によって本福寺が開かれたことが判明する。したがって街道に沿う布施にも時衆の直接の影響があったとみて誤りないであろう。

それにしても、中世においては、布施の時衆寺院はその姿を現さない。「善照寺」の初見は、寛文十一年（一六七一）の『檀家改帳』の表題に「時宗善照寺檀家改帳」とあるものである。こののち、『藤沢山過去帳』元禄十五年（一七〇二）十月十三日条に、

布施善照寺満也、

とあるのは、善照寺住職であろう。

天明八年（一七八八）の「時宗遊行派本末書上覚」(17)によれば、

一、境内除地二千九百坪　善照寺

とあって、広大な寺域を有していたことが知られる。

では、順を追って遊行上人接待の様子を見ていこう。

②布施村と遊行上人

イ、遊行上人五十代他阿快存以前

『遊行上人御修行書物控　一』享保十二年（一七二七）正月条に、

先年此筋御修行之義、三拾余年以前遊行四十六代上人本郷村本福寺御一宿、当村善照寺御昼休、

とある。遊行上人四十六代とは、他阿尊証である。彼は元禄十年（一六九七）三月十八日に藤沢で遊行上人職を相続し、十二年加賀国篠原、翌年山陰から備後国尾道、続いて四国にわたり土佐国高知称名寺で入滅している（『時衆年表』）。他の史料は明らかになっていないが、恐らく元禄十年に江戸から北関東へ遊行を開始し、一日、善照寺で昼休みをとったのであろう。また「先年」とあるから、遊行上人四十七代から四十九代までは布施村には来なかった。

ただ享保十二年正月二十三日条に、

遊行四十八代上人先年廻国之節、右善照寺廻国之供被レ致、国々被二相廻一候、

とあるから、遊行上人四十八代他阿賦国に従って善照寺住職も廻国したのである。

ロ、遊行上人五十代他阿快存

普通、遊行上人の一行は前もって遊行先へ連絡し、迎える準備を依頼する。依頼先はまず領主、次に現地の代官・

寺院・名主などである。一行を宰領しているのは、「修領軒《しゅりょうけん》」と呼ぶ役僧である。彼がいわば事務長としての役割を果たしている。その修領軒から享保十一年十二月十四日付で次のような回状を善照寺に送ってきた。

態以二回章一令二啓達一候。然来春御修行順路其寺々御移被レ成候間、其御支度可レ有レ之候。猶又御移時節之遅速可レ有レ之旨存候。兼為二御心得一如レ斯候、以上、

十二月十四日　　遊行上人役者
　　　　　　　　　修領軒

古河西光寺
水海吉祥寺
諸川向龍寺
下妻新福寺
嶋名妙徳寺
布施善照寺

続いて翌年正月、遊行上人自身からの書状が送られてきた。

一筆申達候。然バ老衲今度就レ令二廻国一、当二月上旬之比於二其寺一可レ令二化益一候。為二心得一申遣候、穴賢、

正月十一日　遊行

布施村
善照寺

これを受けて、布施村では代官鈴木勘蔵・名主後藤善右衛門・成島善兵衛・善照寺住職（名前は不明）を中心に準備を始める。一行の滞在場所の整備、人馬の調達、進物の調整が主である。

遊行上人の一行の荷物や人数は、

宝物長持荷物等拾太余、惣人数衆僧・中間共凡七拾人、

であるから、それに応じた場所が必要である。遊行上人は善照寺に泊まり、その他の多くは四軒の家に分宿することになった。善照寺においては、

居間其外畳表替、湯殿・雪隠・行水所、可レ入二諸道具一算棚と申候御札小屋、供之中間逗留中小屋等、

を整えるように指示されている。費用は、

布施村旦方以二入用支度一仕候、

と檀家が供出している。

人馬の調達については、迎え送りの馬・人足と、一行が滞在中の雑用をする足軽と中間とともに、

何国ニ而も逗留之所以レ為二御朱印一近村ゟ被レ集、

という理由で、近隣の村からも徴発している。足軽と中間は一日につきそれぞれ六人と九人ずつである。遊行上人一行は二月八日から二十一日までの十四日間滞在したので、のべ人数は二百十人となった。

遊行上人への進物については、どの程度贈ったらよいのかわからないので、

上人結城逗留中見舞申候時分、役者中覚日記写取候、

と、結城における例を他ならぬ遊行上人側から教えてもらっている。その結果、領主本多豊前守の名で「白米五俵、昆布一折、薪二百束」を贈っている。また善照寺の名で、「上白米一斗、白味噌一樽」を遊行上人に、「味噌一樽、阿部茶一袋、牛房弐把、大根百本、醤油三升、油一升、炭弐俵」をお供の僧たちに贈っている（善照寺分は『遊行日鑑』享保十二年二月八日条による）。

二月八日、遊行上人の一行が到着した。以下、布施村における遊行上人の行動を追ってみよう。二月十日には使

僧文峯軒を遣わして本多豊前守に対し「御札・矢雷除・弁天・大黒・丹杷古」を贈り、奥方に「雷除・御札」、若殿に「矢除・御札」、家老二人に「矢除」、代官鈴木勘蔵に「矢除」を贈っている。また善照寺および檀中の願により、寺再建費用捻出のため、「遊行の霊宝」を善照寺に貸すことになった。期間は二月十二日から十八日までの七日間であり、善照寺はこれを開帳して見物料をとるのである（前述）。十九日には、

当所渡入水之者、村中ゟ願二施餓鬼一仕候、

と、利根川の渡で入水した者の霊をなぐさめている。

『遊行日鑑』・『遊行上人書物控　一』ともに檀家の者が毎日のように遊行上人に会いに来ていることを記録している。檀家以外でも、多くの者が寺に集まってきた。すでに遊行上人が来る前から、

大勢之参詣集リ候事ニ御座候、

と予想されていた。また、寛保三年（一七四三）に書かれた『遊行上人御修行書物控　二』にも、

諸人可レ致二群集一候之間、其村々ゟ参候者共、喧嘩口論等其外共随分相慎候様ニ、惣百姓水呑等迄名主宅へ呼寄、
能々可レ被二申付一候、

と、代官嶋七右衛門が布施を中心とする村々へ回状を出したことが記されている。このことからみれば、遊行上人一行が来ることによる経済的・肉体的負担は大きいにしても、一行に対する人気は高かったとみなければならない。

確かに一行は幕藩権力に保護された存在であり、その枠を踏み越えた形での救済者にはなり得なかった。それに遊行上人は毎年やってくるわけではない。何十年に一回ということもまれではない。その意味で一過性のものである。

けれども「諸人可レ致二群集一」とか「惣百姓水呑等迄」という口調から、幕藩体制下に抑えつけられて苦しんでいる人びとの鬱憤のはけ口として、遊行上人が喜び迎えられたといえないだろうか。その勢力は代官が抑えようとし

ても抑えることはできないのである。遊行上人は何といっても宗教的権威を背負っているし、なにやら神秘的な賦算の札や、諸種の現世利益のお札も授けてくれるという。楽しみの少ない地方の人びとにとって、珍しくもあり、ご利益もあるということが直接の魅力になったのである。

遊行上人を迎える在地の農民を中心とする庶民の心情は、以上のようであったと考えられる。

二月二十一日、一行は次の宿泊地である下総国臼井（千葉県佐倉市）へ向けて出発した。以下、代々の遊行上人の来村をみていくが、重複する内容については省略する。

ハ、遊行上人五十一代他阿賦存

今度の来村は、寛保三年閏四月二日から十七日までの十六日間であった。遊行上人五十一代他阿賦存は、あらかじめ修領軒を通じて、

其外普請等之儀は其寺勝手ニ成候ハヾ、格別別役ニ御馳走之心ヲ以致候事堅無用候、

とか、

相定候献上物相持前等之儀は、其寺古来相勤来候分限相応ニ仕、其外会下音信贈答堅可レ為二無用一

などと、あわせて四点についての注意を回状にして送ってきた（『遊行上人御修行書物控　二』）。各地では、見栄もあって接待の準備に多くの費用をかけるようになり、またそれに対する苦情も出ていたと考えられる。なんといっても、準備の負担は重いのである。

一方、布施村一帯は前年の「大風雨水損」によって被害を受けていた。このため、準備の費用調達が困難であるとして領主本多紀伊守に善照寺名で援助を願い出たが、あっさり断られた。紀伊守の言い分はこうである。水害の被害をこうむった農民たちは、すでに助けてやったではないか。

彼坡御手当等も夥敷義御座候義、其弁も無二御座一麁忽之御願申上、不調法思召候、自今ヶ様之義、急度申出間敷

旨、被㆓仰渡㆒、

費用は、結局、村全体および善照寺壇家の寄付でまかなわれた。今度も前回と同じく、賦算や宝物の開帳が行われた。

ニ、遊行上人五十二代他阿一海

宝暦八年（一七五八）九月二十七日から二十八日まで。今回は領主本多伯耆守が「御差控」のため、

諸事此節之義付、穏便御取計（『遊行上人御修行書物控　三』）、

ということで、滞在を一泊二日にしてもらったのである。伯耆守正孟《まさたけ》は前年十二月に徳川綱吉の養女竹姫の用人を辞し、寄合入りとなっている（『寛政重修諸家譜』第二十一）。これが「御差控」の事情であろう。そして、

領分中之者致㆓参詣㆒候義、無用可㆑仕、

と領内の者が遊行上人のもとに集まるのは禁止された。領主が謹慎しているのに領民がはしゃぐことはなかろうというわけである。ただし、遊行上人の立場もあり、

御他領之者参詣之義は勝手次第可㆑致事、

と、他領の者の参詣は自由とした。なお、

商人小屋かけ、惣商人差置候儀は、村役人ゟ差おさへ可㆑申、

と、商人たちが「小屋かけ」などをする風潮が生まれていることが示されている。以後、毎回このような風潮が認められる。

ホ、遊行上人五十三代他阿尊如

明和七年（一七七〇）六月四日から十八日までの十五日間である。今回は特記すべき事項はない。慣例どおりに行われている。

へ、遊行上人五十四代他阿尊祐

前回の他阿尊如についての接待記録である『遊行上人書物控　四』の末尾に、次のように記されている。

寛政元己酉年

遊行五十四世尊祐上人御修行之節、関東筋大水損之場所有レ之付、御勘弁を以御内府ゟ奥州辺御移之由、御除に相成申候。

寛政元年（一七八九）、他阿尊祐は布施には来なかったのである。というより、尊祐は拒否されたのであった。遊行上人の救済は平和な時代にのみなされることになってしまい、混乱の時代の燈とはならなかったのである。

ト、遊行上人五十五代他阿一空

文化十年（一八一三）四月一日から十日までの滞在であった。前述のように、布施村は十八世紀を通じてしだいに豊かになっているので、今回の費用調達は楽であったようである。『遊行上人御移記　六』によると、村全体として七両弐分、檀家百十九軒から計三十九両二朱と十九貫二百文を集めている。

遊行上人滞在中の参詣者を目当てに商売をする商人が出てきたことは前述した。これに関し、さる商人から次のような一札が善照寺に差し出された。

差出申一札之事

一、此度　遊行上人様被レ為二遊御移一候ニ付、御逗留中諸商人渡セとして、売買仕度段、御頼申上候所、早速御聞済被二下成一、難レ有仕合奉レ存候、

一、火之元大切ニ仕可レ申事、

一、御法度之博奕諸勝負為致申間敷事、

一、御会下之御僧并御中間衆へ不礼仕申間敷候事、

一、魚鳥之類決而為二相売一申間敷候事、
一、喧嘩口論其外如何様之六ヶ敷儀出来仕候茂、少しも御難儀相掛申間敷候事。
右之条々被二仰渡一、奉二承知一急度為二相守一可レ申候、以上、

商人帳元
常陸屋忠右衛門　印
世話人総代
福田屋卯三八　印

文化十年酉三月十一日

善照寺
御納所中様

こうしてみれば、あたかも縁日を迎える気分であったことがうかがわれる。

右のような商人は「冥加料」を払って善照寺の門前で店を開くのであるが、

参詣之者御札頂、裏門へぬけ候儀、甚相歎キ、又者寺内借用仕度と色々相頼候、

と記録されているのには思わず苦笑を覚える。寺の方では「前通り」にやれと、この要求を一蹴しているから、今回も参詣者は裏門から抜けたのであろう。賦算の時には多くの人が集まるから、混乱を恐れて一方通行とするのである。

遊行上人滞在中雑用を勤める足軽と中間は、毎日それぞれ四人と五人ずつであって、賦存のとき以来変わらず、上人に対する進物は快存のときから同じである。

では今回の他阿一空の滞在記録を追ってみよう。

四月一日　遊行上人は昼八ッ時（午後二時）到着。村役人はじめ檀那四十人など合わせて五十人ほどが村境まで

出迎えた。遊行上人一空は輿に乗っている。六十六歳である。
四月二日　領主からの贈物。快存の時から全く同じ品物。
四月三日　領主・家老・代官・名主らへ上人から御守の札を贈る。檀頭の後藤善右衛門・成島善兵衛両家から一行全員に赤飯を献じている。「任二先例一」であるという。
四月四日　布施弁財天への道筋整備のため、人足二十七人を召集し、「盛砂・掃除厳重」に行った。布施弁財天は利根川沿岸にあり、上野不忍の池の弁財天、江ノ島の弁財天とともに、「東国三弁天」として人気を集めており、江戸からの参詣客も多かった。遊行上人は賦存の時から毎回参詣している。本日の「盛砂・掃除」はそのための準備である。
四月五日　遊行上人、弁財天に参詣。
四月六日　代官、遊行上人を見舞う。
四月七日　次の遊行先である松戸宿の本福寺へ僧ら三名出発。村人五人が小金宿まで付添。
四月八日　遊行上人の使僧が代官の所へ別れのあいさつに赴く。使僧は善照寺住職。
四月九日　弁財天の別当である東海寺へ使僧があいさつに赴く。
住職らは次の品々を遊行上人から与えられる。
○住職―本尊名号および「洞雲院」という僧階（時衆教団において「桂光院」に次ぐ第二位の僧階、庫裏《くり》再建に力を尽くしたからという）。
○小僧二人・下男―百文ずつ。
○檀頭の後藤善右衛門・成島善兵衛―和歌一幅ずつ。
○名主五郎右衛門―和歌。

○庫裏再建世話人十八人―名号。
○下宿坊四軒―名号・風呂敷。
○組頭十人―名号。

翌日の遊行上人の出発に備え、馬六十疋と人足百五十人が準備される。

四月十日　遊行上人一行は朝六ッ半時（午前七時）に出発。

四月十五日　善照寺住職が松戸の本福寺に逗留中の遊行上人のもとへ「追参上」する。これで今回の接待の仕事は終わりである。

今回の接待記録である『遊行上人御移記　六』は大変詳しく、しかもきれいな文字で書かれている。これは、後藤善右衛門の奥書によると以下の事情による。

遊行上人御移書物是迄之分も有レ之候得共、御本山ゟ之御触書并御領主御役所訴書等之控計ニ而、寺之支度其外之事一向無レ之、実ニ大差支ニ可二相成一と存、

すなわち、支度の実際の記録が今までは足りなかったというのである。今後のために差支えないようにしなければならぬ。それについては、住職は本山で経験も積み、よく事情を知った者であり、この人に詳しく記録をつけてもらえば間違いはない。

当住専冏和尚儀先年
御本山ニ相勤、御修行之御供被二仰付一候方ニ付、支度之義者不レ及レ申ニ、諸事能々心得之方故、少之差支も無レ之、

というわけである。

チ、遊行上人五十六代他阿傾心

天保四年（一八三三）に来村しているが、特別のこともないので省略する。

リ、遊行上人五十七代他阿一念

一念は布施村には立ち寄らなかったが、嘉永元年(一八四八)五月付で、『遊行五拾七代一念上人様御修業付、江戸御逗留中御機嫌伺罷出候控』が残っている。なお、この一念は遊行上人としてはじめて北海道を遊行している。嘉永二年閏四月十八日から五月二十八日までのことである。

ヌ、遊行上人五十八代他阿尊澄

布施村に文久二年(一八六二)十月二十二日から十一月二日まで滞在。また、『遊行藤沢御歴代系譜』によれば、尊澄はこの年のうちに遊行回国を中止して藤沢に帰っている。理由は、黒船が来て都鄙騒然としているからであるという。

以上、布施村の記録を中心にして、遊行上人を迎える側の対応の様子を見てきた。そこでいえることは次の諸点である。

第一に、遊行上人一行を迎えるのはかなりの経済的負担であったこと。これは時代が下るにしたがってより大きくなるが、布施村においては十八世紀を通じて豊かになっていくという特性から、むしろ楽になっていく。

第二に、遊行上人は混乱した世の中の救済者、また支配体制外の救済者ではなく、安定した時代・体制内での救済者であった。

第三に、それにもかかわらず、在地の人びとの人気は高かった。その理由は次の四点であろう。

①一村落内で完結した生活をおくっている人びとにとっては、外来の、しかも日本中をめぐっている遊行上人が珍しいこと、

②宗教的権威を中世から持ち続けている遊行上人が、直接「神勅之御札」を手渡してくれることの喜び。

③現世利益のお札も期待できること。
④〝縁日〟的な要素も楽しめること。

注
(1) 近世の遊行上人の廻国に関する研究論文は近年、かなり多く公にされた。金井清光「近世遊行の研究について」(『時宗教学年報』第二七輯、一九九九年)は、それらの研究を集大成した観のある力作である。また、長谷川匡俊「近世遊行上人の房総巡行ノート」(『長谷川仏教文化研究所研究年報』七、一九八〇年)は、本節の後半と同じく、主に千葉県柏市内に残る遊行上人廻国の受け入れ側の史料を題材にして研究した成果である。
(2) 望月華山『時衆年表』(角川書店、一九七〇年)。
(3) 高野修「遊行・藤沢上人御参府記」(『時宗教学年報』九、一九八一年)。
(4) 注(2)と同書、一一〇―一三八頁。
(5) 甲府の一蓮寺住職は、次代の藤沢上人になることが予定された立場にあった。
(6) 拙著『中世社会と時宗の研究』(吉川弘文館、一九八五年)三〇五頁以下。
(7) 岡山大学池田家文庫蔵。
(8) 布施善照寺関係文書(千葉県柏市・後藤氏蔵)。
(9) 岩波文庫。
(10) 『時衆研究』四二、一九七〇年。京都市・西蓮寺蔵。
(11) 岡見正雄「絵解きのことなど」(『日本古典文学大系』月報、一九六五年三月)
(12) 神奈川県立歴史博物館蔵。
(13) 注(7)に同じ。
(14) 茨城県猿島郡三和村・小林氏蔵。
(15) 辻善之助『日本仏教史』第十巻(岩波書店、一九五三年)。
(16) 注(8)に同じ。
(17) 茨城県水戸市・彰考館蔵。

初出一覧

いずれの論考も、発表後の研究の進展に対応するため、および本書のテーマに即するため改稿した。またほとんどの論考も改題した。

序　章　新稿
第一章　一遍と時衆の信仰
第一節　一遍――人びとをひきつける念仏聖――（『国文学 解釈と鑑賞』八一六、至文堂、一九九九年）
第二節　遊行の誕生、一遍上人の遊行と一向俊聖（時衆の美術と文芸展実行委員会編『時衆の美術と文芸』東京美術、一九九五年）
第三節　一遍と妻　法然と恋人（『大乗仏典』中国・日本篇21、月報二八、中央公論社、一九九五年）
第四節　一遍智真と捨身往生（『日本仏教史学』一二、日本仏教史学会、一九七七年）
第二章　時衆と他宗派との交流
第一節　法燈国師伝説考――一遍上人の参禅説をめぐって――（今枝愛真編『禅宗の諸問題』雄山閣出版、一九七九年）
第二節　鎌倉時代の浄土真宗と時衆（浄土真宗教学研究所編『蓮如聖人研究』教義編Ⅰ、永田文昌堂、一九九八年）
第三節　新善光寺の展開（『友部町史』友部町史編さん委員会、一九九〇年）
第三章　時衆と武将たち
第一節　時房流北条氏と時衆（大隅和雄編『鎌倉時代文化伝播の研究』吉川弘文館、一九九三年）
第二節　鎌倉の佐竹氏（『三浦古文化』四八、三浦古文化研究会、一九九〇年）
第三節　遊行上人と時衆（『茨城県史』中世編、茨城県史編集委員会、一九八六年）
第四節　戦国時代の岡本氏（『大子町史研究』一一、一九八三年）、戦国時代の岡本氏・補論（『大子町史研究』一二、一九八四年）
第五節　『大和田重清日記』にみる文録二年の時衆（『常総の歴史』四、崙書房、一九八九年）
第四章　時衆と芸能

第一節　戦国時代の時衆と芸能（中尾堯編『論集日本仏教史』五、雄山閣出版、一九八六年）
第二節　時衆教団と鎌倉御所、小栗伝説と時衆（『協和町史』協和町史編さん委員会、一九九三年）
第五章　時衆の変質——中世から近世へ——
第一節　時宗文書にみる「藤沢」（『藤沢市史研究』一三、藤沢市文書館、一九七九年）
第二節　近世の遊行廻国——遊行上人と在地の人びと——（『時宗史研究』二、時宗史研究会、一九八七年）

4.事　項

3.書　名

た

な

2.寺 社 名

た

索　　引

1.人名　2.寺社名　3.書名　4.事項

1.人　　名

著者略歴

今井雅晴（いまい　まさはる）

1942年　東京都に生まれる。
1977年　東京教育大学大学院文学研究科博士課程修了。
茨城大学教授，プリンストン大学客員教授等を経て，
現　在　筑波大学歴史・人類学系教授。文学博士。
著　書　『時宗成立史の研究』『中世社会と時宗の研究』『捨聖　一遍』『鎌倉新仏教の研究』『親鸞と東国門徒』（以上，吉川弘文館），『一遍――放浪する時衆の祖――』（三省堂），『親鸞と本願寺一族』（雄山閣出版），『茨城の禅宗』（筑波書林）その他。
現住所　水戸市双葉台１－21－３　〒311-4145

一遍と中世の時衆

2000年３月１日　第１刷発行

著　　者　今井雅晴
発 行 者　鈴木正明
発 行 所　大蔵出版株式会社
〒161-0033　東京都新宿区下落合2-5-8
TEL.03(5996)3291／FAX.03(5993)7434
印 刷 所　㈱興英文化社・㈱厚徳社
製 本 所　㈱関山製本社

ISBN4-8043-1049-5 C3015